9급 공무원·경찰·소방·군무원

박문각 공무원

기본서

출제자가 좋아하는 문법·어휘 포인트

New 공무원 국어 출제 기조 전환 완벽 반영

문법+독해 결합형, 최빈출 문법과 어휘까지!

2025 국어 문법·어휘 신유형 완벽 마스터!

박혜선 편저

동영상 강의 www.pmg.co.kr

박문각

박혜선 국어 출좋포 문법·어휘

All In One

PREFACE · 이 책에 들어가기 전에

최단기 합격의 절대 공식! 만점 릴레이 적중 신화!
박문각 국어 1위 赤功 국어 박혜선 선생님이
赤功이들의 단기 합격을 간절하게 기원하며

안녕하세요. 박문각에서 국어를 가르치는 박혜선입니다.
2025년 대대적인 출제 기조 변화로 공무원 국어가 이례적으로 아주 큰 변화를 겪게 되었습니다.
문법 영역에서는 '공문서 문장 고쳐 쓰기'를 포함하여 총 3문제가 출제될 예정입니다.
비중이 크지 않다고 생각하실 수 있지만 아이러니하게도 독해의 비중이 커지면서
문법 영역의 중요도는 더 커졌습니다.
절대적인 시간 부족이라는 고질적인 문제를 극복할 수 있는 key가 바로 문법 영역이기 때문입니다.
위기는 기회라고, 제대로 된 방향으로 혜선 쌤과 공부한다면
누구보다도 더 빠르고 정확하게 '공문서 문장 고쳐 쓰기, 문법+독해 결합형'을 격파하실 수 있을 겁니다.
그러려면 변화된 문법의 형태를 확실하게 아셔야겠지요? 아래의 표들을 봐주세요~^^
Type 1 공문서 문장 고쳐 쓰기 Type 2 문법+독해 결합형'으로 유형을 나누어 설명 드리겠습니다.

2024 이전 샘플	2025 인사혁신처가 제시한 샘플
다음 글을 퇴고할 때, ㉠~㉣ 중 어법상 수정할 필요가 있는 것은? 주지하듯이 ㉠ 기후 위기는 날이 갈수록 심각해지고 있다. 극지방의 빙하가 녹고, 유럽에는 사상 최악의 폭염과 가뭄이 발생하고 그 반대편에서는 감당하기 어려울 정도의 폭우가 쏟아져 많은 사람이 고통받고 있다. ㉡ 우리의 삶을 지속적으로 위협하는 이러한 기상 재해 앞에서 기후학자로서 자괴감이 든다. 무엇이 문제인지, 상황이 얼마나 심각한지 잘 알고 있으면서도 지구의 위기를 그저 바라만 볼 수밖에 없다. 그러나 우리가 기후 문제에 관심을 가지고 적극적으로 대처한다면 아직 희망이 있다. 크게는 신재생 에너지와 관련하여 ㉢ 국가 정책 수립과 국제 협약을 체결하기 위해 힘을 기울여야 한다. 작게는 일상생활에서 불필요한 소비를 줄이고 에너지 절약을 습관화해야 한다. 만시지탄(晩時之歎)일 수는 있겠으나, ㉣ 지구가 파국으로 치닫는 것을 막을 기회는 아직 남아 있다. 우리 모두 힘을 모아 지구의 위기를 극복하여야 한다. ① ㉠ ② ㉡ ③ ㉢ ④ ㉣	**〈공공언어 바로 쓰기 원칙〉에 따라 〈공문서〉의 ㉠ ~ ㉣을 수정한 것으로 적절하지 않은 것은?** 〈공공언어 바로 쓰기 원칙〉 ○ 중복되는 표현을 삼갈 것. ○ 대등한 것끼리 접속할 때는 구조가 같은 표현을 사용할 것. ○ 주어와 서술어를 호응시킬 것. ○ 필요한 문장 성분이 생략되지 않도록 할 것. 〈공문서〉 **한국의약품정보원** 수신 국립국어원 제목 의약품 용어 표준화를 위한 자문회의 참석 ㉠ 안내 알림 1. ㉡ 표준적인 언어생활의 확립과 일상적인 국어 생활을 향상하기 위해 일하시는 귀원의 노고에 감사드립니다. 2. 본원은 국내 유일의 의약품 관련 비영리 재단법인으로서 의약품에 관한 ㉢ 표준 정보가 제공되고 있습니다. 3. 의약품의 표준 용어 체계를 구축하고 ㉣일반 국민도 알기 쉬운 표현으로 개선하여 안전한 의약품 사용 환경을 마련하기 위해 자문회의를 개최하니 귀원의 연구원이 참석해 주시기를 바랍니다. ① ㉠: 안내 ② ㉡: 표준적인 언어생활을 확립하고 일상적인 국어 생활의 향상을 위해 ③ ㉢: 표준 정보를 제공하고 있습니다. ④ ㉣: 의약품 용어를 일반 국민도 알기 쉬운 표현으로 개선하여

첫째, 'Type 1 공문서 문장 고쳐 쓰기'입니다. 인사혁신처는 공무원이 갖춰야 할 실무 능력을 함양하는 방향으로 학습하라는 목표를 제시하면서 공문서를 고쳐 쓰는 문제를 2025 샘플로 제시하였습니다. 기존의 출제 방식에서는 제시문 안에서 어법상 적절하지 않은 부분을 찾는 문제가 나왔지만 2025년부터는 공문서의 〈지침〉에 따라 문장을 고쳐 쓰는 문제가 출제될 것입니다.

따라서 우리는 이에 맞춰 '출좋포 문법·어휘, 출좋포 독해·문학, 천기누설 혜선팍 공문서 문장 고쳐 쓰기'에서 집중적으로 공문서 문장 고쳐 쓰기에 대한 학습을 해야 합니다.

2024 이전 샘플

6. 다음을 참고할 때, 단어의 종류가 같은 것끼리 짝지어진 것은? 2024. 국가직 9급

> 어떤 구성을 두 요소로만 쪼개었을 때, 그 두 요소를 직접구성요소라 한다. 직접구성요소가 어근과 어근인 단어는 합성어라 하고 어근과 접사인 단어는 파생어라 한다.

① 지우개－새파랗다
② 조각배－드높이다
③ 짓밟다－저녁노을
④ 풋사과－돌아가다

9. ㉠~㉣을 활용하여 음운변동을 설명한 것으로 적절한 것은? 2024. 지방직 9급

> ㉠ 교체: 한 음운이 다른 음운으로 바뀌는 현상
> ㉡ 탈락: 한 음운이 없어지는 현상
> ㉢ 첨가: 없던 음운이 새로 생기는 현상
> ㉣ 축약: 두 음운이 합쳐져 제삼의 음운으로 바뀌는 현상

① '색연필'의 발음에서는 ㉠과 ㉢이 나타난다.
② '외곬'의 발음에서는 ㉠과 ㉣이 나타난다.
③ '값지다'의 발음에서는 ㉡과 ㉢이 나타난다.
④ '깨끗하다'의 발음에서는 ㉢과 ㉣이 나타난다.

2025 인사 혁신처가 제시한 샘플

다음 글에서 추론한 내용으로 적절하지 않은 것은?

> '밤하늘'은 '밤'과 '하늘'이 결합하여 한 단어를 이루고 있는데, 이처럼 어휘 의미를 띤 요소끼리 결합한 단어를 합성어라고 한다. 합성어는 분류 기준에 따라 여러 방식으로 나눌 수 있다. 합성어의 품사에 따라 합성명사, 합성형용사, 합성부사 등으로 나누기도 하고, 합성의 절차가 국어의 정상적인 단어 배열법을 따르는지의 여부에 따라 통사적 합성어와 비통사적 합성어로 나누기도 하고, 구성 요소 간의 의미 관계에 따라 대등합성어와 종속합성어로 나누기도 한다.
> 합성명사의 예를 보자. '강산'은 명사(강) + 명사(산)로, '젊은이'는 용언의 관형사형(젊은) + 명사(이)로, '덮밥'은 용언 어간(덮) + 명사(밥)로 구성되어 있다. …(중략)

① 아버지의 형을 이르는 '큰아버지'는 종속합성어이다.
② '흰머리'는 용언 어간과 명사가 결합한 합성명사이다.
③ '늙은이'는 어휘 의미를 지닌 두 요소가 결합해 이루어진 단어이다.
④ 동사 '먹다'의 어간인 '먹'과 명사 '거리'가 결합한 '먹거리'는 비통사적 합성어이다.

둘째, 'Type 2 문법+독해 결합형'입니다. 인사혁신처는 단순 암기의 비중을 줄이고 '문해력, 추론력, 논리력'을 늘릴 수 있는 방향성을 제시하며 기존에 암기 영역이었던 문법 영역을 독해 영역과 결합하여 출제할 것임을 발표했습니다.

따라서 2025년부터는 출제자들이 좋아하는 형태론, 통사론, 음운론, 어문 규정에서의 포인트를 독해 소재로 쓴 후 문법 예시를 선지에 구성하는 식의 문제를 출제할 것입니다.

하지만 주의해야 할 것이 있습니다. 문법 문제를 독해 문제처럼만으로 풀게 되면 독해 문제가 15문제, 18문제로 늘어나게 되어 20문제를 25분 안에 풀 수 없게 되고, 이는 다른 과목에도 부정적인 영향을 끼칠 것입니다.

따라서 평소 공부하기에 까다롭더라도 문법 개념을 확실하게 공부하여
시험장에서는 경쟁자들보다 빠르고 정확하게 답을 골라야 합니다.
이 문제 유형을 정복하려면 출좋포 문법(콤단문 문법, 족집게 적중 노트)에서 형태론, 통사론, 음운론, 어문 규정의 개념과 최빈출 문법 예시에 대해서 암기하고 이를 적용하여야 합니다.
그리고 나머지 팁은 혜선 쌤의 야매 꼼수 팁으로 남겨 드리겠습니다~^^

수업에 집중하시면 정말 많이 느실 겁니다~^^ 혜선 쌤만 잘 믿고 그럼 출발합시다!

수석합격 릴레이, 최단기간 합격의 절대공식, 혜선 쌤의 신화는 2025에도 계속된다!

赤功 국어의 관전 포인트 1

"출제자들이 좋아하는 포인트" 완벽 커리! 무료 적중 특강으로 만점 릴레이!

혜선 쌤 수강생의 점수가 높을 수밖에 없는 이유는 시험에 다다를수록 '콤팩트, 적중'에 집중하는 혜선 쌤의 완벽한 커리 때문입니다. 기본서부터 최근 경향을 보면 공부량을 늘리는 공부 방식은 올바른 공부 방법이 아님을 알 수 있습니다. 공부량을 줄이면서도, 적중이 될 수밖에 없는 '무료 적중 특강'과 '교재'를 통해 학습하면 단기 합격이 될 수밖에 없습니다. 시험이 점점 가까워질수록 1년의 커리를 4시간 안에 뇌에 발라주는, 그러면서도 100% 적중이 이루어지는 혜선 쌤의 커리를 기대해 주세요.

赤功 국어의 관전 포인트 2

출좋포 독해·문학뿐만 아니라 출좋포 문법·어휘에 있는 문제를 모두 해설해 주는 "주독야독 시즌 1"

보통 All In One 만점 출좋포 시즌을 진행하게 되면 가장 많이 듣는 요청이 "쌤..ㅜㅜ 레벨별 역공 기출 훈련 답지만 보니까 너무 어려워요. 해설 다 듣고 싶어요."입니다. 중간 중간 아쉬워하는 赤功이들을 위해 고민하다가 어느 순간 생각났습니다. 그럼 주독야독 시즌 1을 赤功이들의 요구를 채워주는 강의로 만들어 주면 되겠다고! All In One 강의를 들으며 궁금증이 100% 해소되실 수 있게끔 최고의 서브 강의 '주독야독 시즌 1'을 준비해 드렸습니다. 赤功이들의 불편함을 모두 해소하는 그날까지! 혜선 쌤이 최선을 다하겠습니다~^^

赤功 국어의 관전 포인트 3

선지에 구성될 예정일 최빈출 문법 예시를 철저하게 익히는 "적중용" 콤단문으로 보는 대표 기출!

문법+독해 결합형으로 출제가 되지만 선지는 여전히 기출의 빈출도에 따라 출제될 예정입니다. "적중용" 최빈출 문법 예시를 확실하게 공부하고 가서 다른 학생들보다 더 빠르고 정확하게 풀 수 있는 힘을 길러야 합니다. 문법+독해 결합형을 아예 독해처럼 푸는 것은 절대적인 시간 부족이 예상되는 현재 2025 출제 기조에서는 독이 될 수 있습니다.

赤功 국어의 관전 포인트 4

2025 출제 기조를 완벽하게 반영한 "훈련용" 콤단문으로 보는 대표 기출!

아무리 최빈출 문법 예시가 나온다고 하더라도 해결이 되지 않는 선지들은 제시문에 있는 독해 단서를 통해 판단해야 합니다. 이를 훈련할 수 있는 "훈련용" 문제를 각 단원의 앞부분에서 혜선 쌤과 함께 풀고 훈련함으로써 실제 2025 출제 기조 변화에 알맞은 최고의 독해 능력을 함양합니다.

亦功 국어의 관전 포인트 5

독해에도 자주 출제되는 "출제 가능한 한자 어휘 50"

추론이 안 되는 이유는 어휘력이 부족하기 때문입니다. 내가 안다고 생각했던 어휘의 뜻이 정확하게 설정이 되지 않았기 때문에 추론이 잘 되지 않은 것이므로 아는 단어도 모르는 단어도 확실하게 하는 단원입니다. 또한 어휘도 2025년에는 2문제가 고정이 되어 있으므로 그에 대한 대비도 가장 효율적으로 할 수 있습니다.

亦功 국어의 관전 포인트 6

2025 출제 기조에 따라 반드시 출제되는 어휘 유형을 실전 모의고사로! "어휘 실전 모의"

'문맥적 의미 추론, 고유어→한자어 유사한 표현으로 바꾸기, 한자어→ 고유어 유사한 표현으로 바꾸기'를 양적으로 공부하기 위해 어휘 실전 모의고사 섹션을 따로 만들었습니다. "출제 가능한 한자 어휘 50"에서 공부한 후 자신의 어휘 상태를 점검하고 어휘 문제 유형에 대한 훈련을 강화합니다.

亦功 국어의 관전 포인트 7

고대 수석 혜선 쌤의 공부 노하우가 들어간 메타인지 숙제 관리 표

완벽한 개념과 강력한 훈련만이 단기합격을 만들어 내기에, 자기 주도 학습이 가능한 메타인지 숙제 관리표를 제공하여 자신의 학습 일정을 자신이 컨트롤할 수 있는 장치를 마련했습니다. 더불어, '머릿속에 목차 지도 그리기' 파트를 통해 자신의 취약 파트를 적고 그 파트에 대해 집중적으로 훈련할 수 있도록 하였습니다. 그럼 여러분들은 취약 파트를 보완하기 위해 어떻게 해야 할 것인가를 물을 것입니다. 그 대답은 바로 아래에 있습니다.

亦功 국어의 관전 포인트 8

망각을 방지하는 박문각 스파르타 일일 모의고사, 만점 릴레이 하프 모의고사

하프 모고에서 문법 영역은 All In One의 수업 진도(출좋포 문법 · 어휘 교재)에 맞게 체계적으로 치러질 예정입니다.
예를 들어 지난주에 '형태론'을 했다면 그 다음 주에는 '형태론'과 관련된 문법 문제를 풀게 되는 것입니다. 일주일이 지난 후 보통 인간의 뇌에는 지식이 30%밖에 남지 않으므로 이 시기에 한번 더 상기하면 망각을 방지할 수 있습니다.
또한 여러분들의 취약점을 보완하고 다발적으로 일어나는 망각을 방지하고자 매일 10문제씩 실시하는 박문각 일일 모의고사라는 장치를 마련해 두었습니다. 일일 모고에서 문법 영역은 수업 진도에 맞게 체계적으로 치러질 예정입니다.

본 교재를 통해 꼭 단기 합격을 이루시기 바랍니다. 여러분의 단기 합격을 간절하게 응원합니다.

2024년 7월 편저자

박혜선 惠旋

GUIDE · 이 책의 구성과 특징

출제자들이 좋아하는 포인트

출▼좋▼포 1 일반적인 단어 배열법에 따른 분류

비통사적 합성어	개념	우리말의 일반적인 단어 배열법과 일치하지 않는 합성어	
	예시	관형사형 어미 생략	접칼, 덮밥, 곶감, 늦잠, 감발, 누비옷, 묵밭, 꺾
		연결 어미 생략	높푸르다, 오르내리다, 여닫다, 보살피다 뛰놀다, 굳세다, 날뛰다, 돌보다, 굶주리다
		부사 + 명사	살짝곰보, 보슬비, 척척박사, 딱딱새, 산들바람, 헐떡고개, 볼록거울, 흔들바위
		어순이 다른 한자어	독서(讀書), 급수(汲水), 등산(登山), 귀향(歸鄕) (일몰(日沒), 필승(必勝), 고서(古書)는 통사적 합

- 작년 책에서 3분의 1이나 출제 포인트를 줄여 학습의 부담도 확 줄였습니다.
- 시험에 나오는 문법 예시를 빈출 순위별로 배열한 것은 박혜선 책이 유일!!
- 철저한 연구 끝에 출제자가 좋아하는 포인트라는 섹션을 따로 두어 역공이들의 노력이 쓸데없는 곳으로 가지 않게끔 하였습니다. 저와 수업을 들으신 후 '출좋포' 위주로 복습하시면 됩니다.
- 최고 어려운 어문 규정도 혜선 쌤의 쉬운 언어와 신박한 암기팁으로 외울 수 있게 만들어 드립니다.

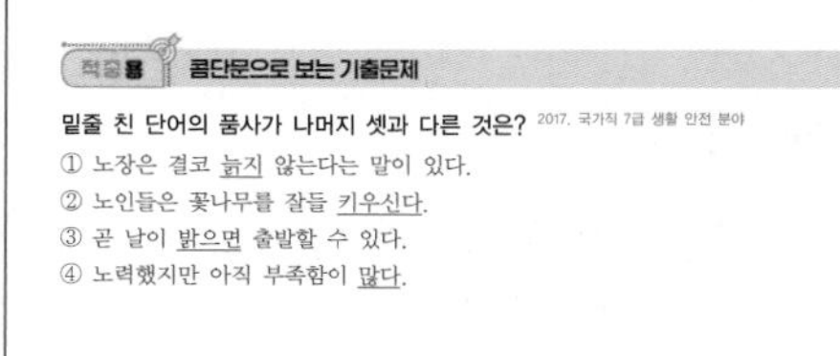

적중용 콤단문으로 보는 기출문제

밑줄 친 단어의 품사가 나머지 셋과 다른 것은? 2017. 국가직 7급 생활 안전 분야

① 노장은 결코 늙지 않는다는 말이 있다.
② 노인들은 꽃나무를 잘들 키우신다.
③ 곧 날이 밝으면 출발할 수 있다.
④ 노력했지만 아직 부족함이 많다.

"적중용" 콤단문으로 보는 기출문제!

- 해당 단원에서 가장 많이 출제될 가능성이 있는 포인트와 최빈출 문법 예시를 보여주는 문제입니다.
- "적중"을 목표로 하는 기출문제이므로 꼭 익혀야 하는 섹션입니다.

"훈련용" 콤단문으로 보는 대표 기출!

각 단원의 앞부분에서 혜선 쌤과 함께 풀고 훈련함으로써 실제 2025 출제 기조 변화에 알맞은 최고의 독해 능력을 함양합니다.

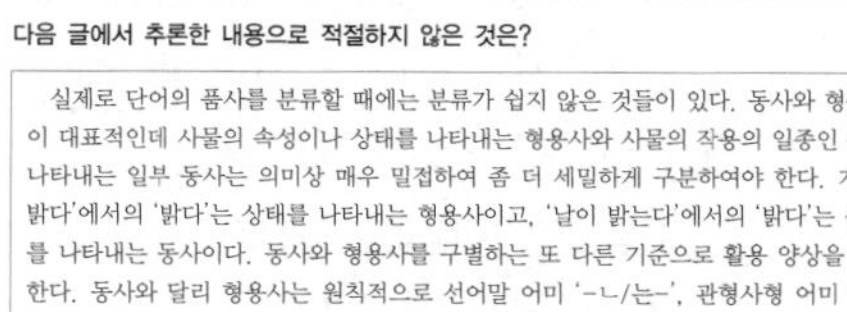

훈련용 콤단문으로 보는 대표 기출

다음 글에서 추론한 내용으로 적절하지 않은 것은?

실제로 단어의 품사를 분류할 때에는 분류가 쉽지 않은 것들이 있다. 동사와 형용
이 대표적인데 사물의 속성이나 상태를 나타내는 형용사와 사물의 작용의 일종인 상
나타내는 일부 동사는 의미상 매우 밀접하여 좀 더 세밀하게 구분하여야 한다. 가
밝다'에서의 '밝다'는 상태를 나타내는 형용사이고, '날이 밝는다'에서의 '밝다'는 상
를 나타내는 동사이다. 동사와 형용사를 구별하는 또 다른 기준으로 활용 양상을
한다. 동사와 달리 형용사는 원칙적으로 선어말 어미 '-ㄴ/는-', 관형사형 어미 '-
형 · 청유형 종결 어미, 의도나 목적을 나타내는 연결 어미 등과 결합하여 쓰이지
만, '있다'의 경우는 품사를 분류할 때 더욱 주의해야 한다. '존재', '소유'와 같이 상

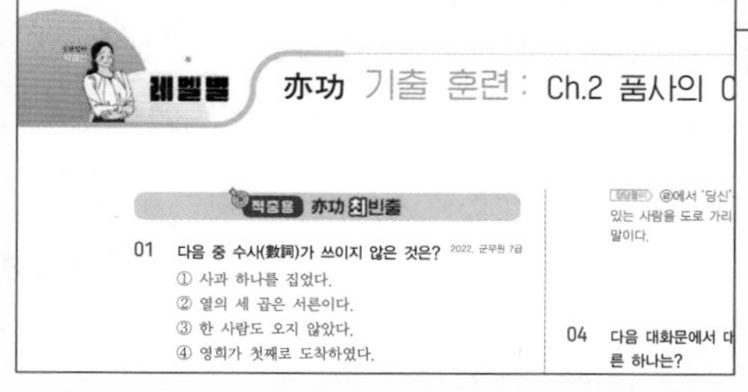

레벨별 亦功 기출 훈련 : Ch.2 품사의 0

적중용 亦功 최빈출

01 다음 중 수사(數詞)가 쓰이지 않은 것은? 2022. 군무원 7급

① 사과 하나를 집었다.
② 열의 세 곱은 서른이다.
③ 한 사람도 오지 않았다.
④ 영희가 첫째로 도착하였다.

정답풀이 ②에서 '당신' 있는 사람을 도로 가리 말이다.

04 다음 대화문에서 다른 하나는?

레벨별 亦功 기출 훈련

- 풍부하고 다양한 기출 문제와 역공 적중 문제로 이제까지 배운 문법 이론을 적용하여 풀어본 후, 본인의 약점을 체크할 수 있습니다.
- 최빈출, 중간 빈출 등 빈출 정도를 구분하여 중요도 평정하며 문제를 풀 수 있도록 하였습니다.
- 모든 선택지에 대한 해설이 꼼꼼하게 들어가, 메타인지를 활용한 학습이 가능합니다.

5

주독야독 시즌 1!

출좋포 문법·어휘에 있는 레벨별 역공 기출 훈련을 해설해 드림으로써 문법이 처음이라 어려운 역공이들이 쉽고 재밌고 편안하게 문제 풀이를 할 수 있도록 하였습니다.

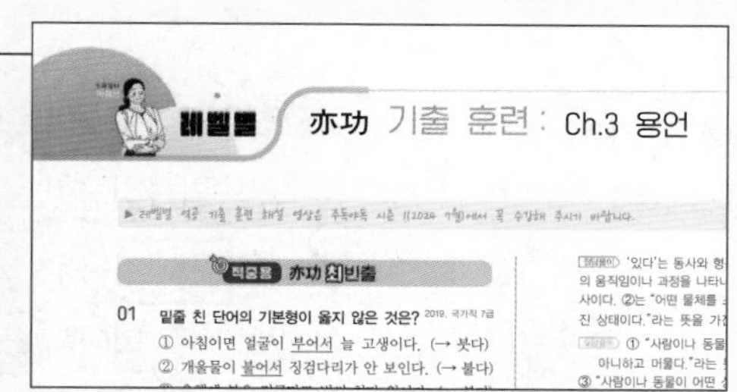

6

출제 가능한 한자 어휘 50

- 2025 출제 기조 변화에 딱 맞는 어휘를 최소한으로 줄여서 어휘를 효과적으로 공부하게끔 하였습니다.
- 또한 독해에 자주 나오고 애매해서 독해가 어려운 단어들도 함께 정리하여 독해 능력까지 올라갈 수 있도록 하였습니다.

7

어휘 실전 모의

문맥적 의미 추론, 유사한 표현으로 바꾸기(고유어→한자어, 한자어→고유어)라는 유형으로 모두 분류하여 어휘 문제를 모의고사처럼 풀 수 있게 하였습니다.

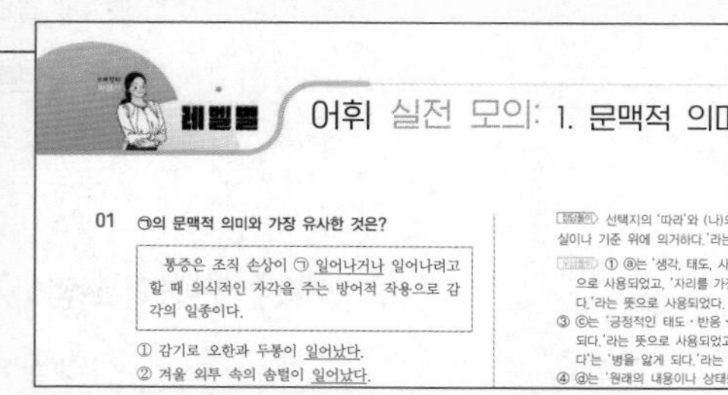

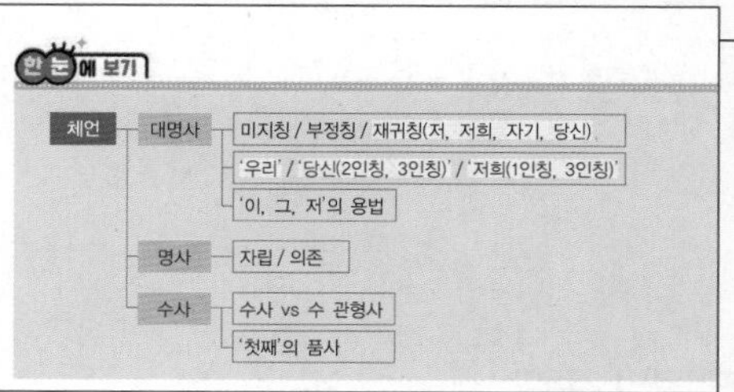

8

한눈에 보기

- 한눈에 보기를 통해 각 단원의 숲을 보게 하여 머릿속에 전체적인 지도가 형성되게 하였습니다.
- 각 단원에 학습 포인트를 미리 두어 출제가 많이 되는 포인트를 집어 시험의 출제 방향을 제시하였습니다.

9

메타인지 숙제 관리표, 머릿속에 목차 지도 만들기

- 완벽한 개념과 강력한 훈련만이 단기합격을 만들어 내기에, 자기 주도 학습이 가능한 메타인지 숙제 관리 표를 제공하여 자신의 학습 일정을 자신이 컨트롤할 수 있는 장치를 마련했습니다.
- 더불어, '머릿속에 목차 지도 그리기' 파트를 통해 자신의 취약 파트를 적고 그 파트에 대해 집중적으로 훈련할 수 있도록 하였습니다.

단원	학습 내용		공부 날짜	총 복습시간 (타이머)
PART 01 형태론	1일	ALL IN ONE 출좋포 문법·어휘 사용법 OT (필수적으로 기억해야 하는, 혜선 쌤과의 약속)	___/___	___:___
	2일	CH.01 형태소와 단어	___/___	___:___
	3일	CH.02 품사의 이해와 체언	___/___	___:___
	4일	CH.03 용언	___/___	___:___
	5일	CH.04 관계언 / 수식언 / 독립언	___/___	___:___
	6일	CH.01 문장과 문장 성분	___/___	___:___

2024 국가직
9급 3번

3 밑줄 친 부분이 표준어로 쓰인 것은?

① 그 친구는 허구헌 날 놀러만 다닌다.

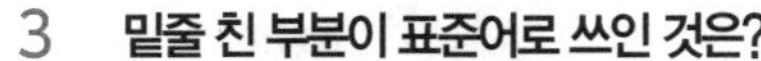

② 닭을 통째로 구우니까 더 먹음직스럽다.

③ 발을 잘못 디뎌서 하마트면 넘어질 뻔했다.

④ 언니가 허리가 잘룩하게 들어간 코트를 입었다.

콤단문 문법
(콤팩트한 단원별
문제풀이)
179p 28번

28 밑줄 친 말이 어문 규범에 맞는 것은?

① 옛부터 김치를 즐겨 먹었다.

② 혜선이가 햄버거 20개를 통채로 먹었다.

③ 찬물을 한꺼번에 들이키지 말아라.

④ 우리 집은 대물림으로 이어받은 땅이 많았다.

콤단문 문법
(콤팩트한 단원별
문제풀이)
59p 31번

31 밑줄 친 단어의 쓰임이 맞는 것은?

① 엄마가 이부자리를 거둬 갔다.

② 거지 고은 얼굴이 나타났다.

③ 퇴근하는 길에 포장마차에 들렸다가 친구를 만났다.

④ 그는 허구헌 날 술만 마신다.

콤단문 문법
(콤팩트한 단원별
문제풀이)
215p 63번

63 맞춤법 사용이 올바르지 않은 것으로만 묶인 것은?

① 웃어른, 사흗날, 배갯잇

② 닐리리, 남존녀비, 맥줏집

③ 아무튼, 생각컨대, 하마트면

④ 홑몸, 밋밋하다, 선율

2024 국가직
9급 6번

6 다음을 참고할 때, 단어의 종류가 같은 것끼리 짝 지어진 것은?

> 어떤 구성을 두 요소로만 쪼개었을 때, 그 두 요소를 직접구성요소라 한다. 직접구성요소가 어근과 어근인 단어는 합성어라 하고 어근과 접사인 단어는 파생어라 한다.

① 지우개 – 새파랗다　② 조각배 – 드높이다
③ 짓밟다 – 저녁노을　④ 풋사과 – 돌아가다

콤단문 문법
(콤팩트한 단원별
문제풀이)
29p 10번

10 다음 중 단어 형성 방법이 나머지와 다른 것은?

① 먹이　② 낯섦
③ 지우개　④ 꽃답다

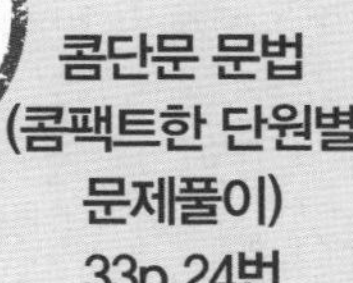

콤단문 문법
(콤팩트한 단원별
문제풀이)
33p 24번

24 다음 중 합성어로만 묶인 것은?

① 앞뒤, 똥오줌, 맛있다, 힘차다
② 잠보, 점쟁이, 일꾼, 덮개, 넓이, 조용히, 새롭다
③ 군것질, 선생님, 먹히다, 거멓다, 고프다
④ 맨손, 군소리, 풋사랑, 시누이, 빗나가다, 새파랗다

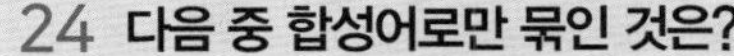

콤단문 문법
(콤팩트한 단원별
문제풀이)
31p 17번

17 다음 중 합성어로만 묶인 것은?

① 밑바닥, 짓밟다　② 막내둥이, 돌부처
③ 개살구, 산들바람　④ 앞서다, 가로지르다

완벽적중

콤단문 문법
(콤팩트한 단원별
문제풀이)
35p 27번

27 통사적 합성어로만 묶인 것은?

① 톱질, 작은형, 돌아가다
② 새언니, 젊은이, 교육자답다
③ 풋고추, 올벼, 잡히다
④ 가져오다, 어린이, 가로

2024 국가직 9급 9번

9 다음을 참고할 때, 단어의 종류가 같은 것끼리 짝 지어진 것은?

> ○ 현실을 (가) 한 그 정책은 결국 실패로 돌아갔다.
> ○ 그는 (나) 이 잦아 친구들 사이에서 신의를 잃었다.
> ○ 이 소설은 당대의 구조적 (다) 을 예리하게 비판했다.

	(가)	(나)	(다)
①	度外視	食言	矛盾
②	度外視	添言	腹案
③	白眼視	食言	矛盾
④	白眼視	添言	腹案

2024 3월 [국가직 대비] 파이널 적중 동형모의고사2

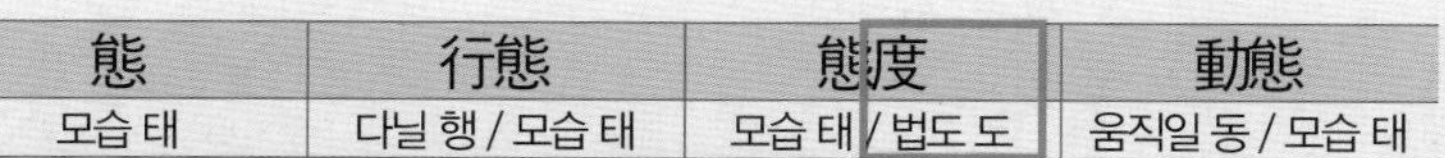

態	行態	態度	動態
모습 태	다닐 행 / 모습 태	모습 태 / 법도 도	움직일 동 / 모습 태

(해당 강의 7강 23:15 발췌)

盾	矛盾
방패 순	창 모 / 방패 순

2024 3월 일일 모의고사 3회 10번

10 한자 표기가 옳은 것은?

① 앞뒤가 안 맞는 영숙이의 말에는 모순(矛盾)이 느껴진다.
② 그는 인종에 다르다는 이유로 그들을 배척(背斥)하였다.
③ 지식인들은 일제강점기에 끊임없이 내적 갈등(葛等)하였다.
④ 잦은 비방(祕謗)으로 그는 채팅방에서 퇴장당했다.

2024 3월 일일모의고사 11회 10번

10 밑줄 친 ㉠~㉣의 한자 표기와 뜻이 적절하지 않은 것은?

> • 권력의 ㉠ 남용(濫用)과 부정을 막을 수 있는 제도적 장치가 필요하다.
> • 이 세부 사항들은 기본 원칙에 ㉡ 모순(矛盾)되므로 수정되어야 한다.
> • 이제부터 우리가 살길을 ㉢ 모색(摸索)해 보자.
> • 그것은 무지한 백성들을 노예로 묶어 두고자 ㉣날조(捏助)해 낸 거짓말이었다.

① ㉠ 남용(濫用): 권리나 권한 따위를 본래의 목적이나 범위를 벗어나 함부로 행사함.
② ㉡ 모순(矛盾): 어떤 사실의 앞뒤, 또는 두 사실이 이치상 어긋나서 서로 맞지 않음을 이르는 말.
③ ㉢ 모색(摸索): 일이나 사건 따위를 해결할 수 있는 방법이나 실마리를 더듬어 찾음.
④ ㉣ 날조(捏助): 사실이 아닌 것을 사실인 것처럼 거짓으로 꾸밈.

2024 국가직 9급 15번

15 다음 글을 감상한 내용으로 적절하지 않은 것은?

> 내 님믈 그리ᄉᆞ와 우니다니
> 산(山) 졉동새 난 이슷ᄒᆞ요이다
> 아니시며 거츠르신 ᄃᆞᆯ 아으
> 잔월효성(殘月曉星)이 아ᄅᆞ시리이다
> 넉시라도 님은 ᄒᆞᆫᄃᆡ 녀져라 아으
> 벼기더시니 뉘러시니잇가
> 과(過)도 허믈도 천만(千萬) 업소이다
> ᄆᆞᆯ힛 마리신뎌
> ᄉᆞᆯ읏븐뎌 아으
> 니미 나ᄅᆞᆯ ᄒᆞ마 니ᄌᆞ시니잇가
> 아소 님하 도람 드르샤 괴오쇼셔.

① 자연물을 통해 화자의 처지를 드러내고 있다.
② 천상의 존재를 통해 화자의 결백함을 나타내고 있다.
③ 설의적 표현을 활용하여 화자의 정서를 부각하고 있다.
④ 큰 숫자를 활용하여 임을 향한 화자의 그리움을 강조하고 있다.

赤功 기본서 출좋포 문학 249p 작품 수록

'정과정' 완벽 적중

4 정서, 〈정과정(鄭瓜亭)〉

내 님믈 그리ᄉᆞ와 우니다니	내 님을 그리워하여 울고 있으니
山(산) 졉동새 난 이슷ᄒᆞ요이다	산 접동새와 내 신세가 비슷합니다.
아니시며 거츠르신 ᄃᆞᆯ 아으	(모함들이 사실이) 아니며 거짓인 줄을
잔월효성(殘月曉星)이 아ᄅᆞ시리이다	잔월효성(지는 달 뜨는 별)이 아실 것입니다.

▶ 기: 자신의 결백함 주장

넉시라도 님은 ᄒᆞᆫᄃᆡ 녀져라 아으	넋이라도 님과 함께하고 싶습니다.
벼기더시니 뉘러시니잇가	(내가 죄가 있다고) 우기시는 이가 누구입니까
과(過)도 허믈도 천만(千萬) 업소이다	잘못도 허물도 전혀 없습니다.
ᄆᆞᆯ힛 마리신뎌	뭇 사람들의 말입니다.

체계적인 시스템, 웃긴 두문자 암기팁, 메타인지 숙제 관리 표 최고!

올인원 강의를 처음 딱 들었을 때 좋았던 장점이 몇 가지 있었어요. 첫 번째는 체계적이었고 무엇보다도 백지화 과정이 가장 좋았던 것 같아요. 공부하면서 백지화 과정을 거의 한 적이 없었거든요. 백지화가 상당히 중요하다는 걸 이번에야 절실히 느낀 거 같아요. 두 번째는 두문자 암기법이 머리에 쏙쏙 들어오고 좋았습니다. 예를 들어 표준어에서 웃만 쓰는 단어가 있는데 웃국 웃기 웃어른 웃옷 을 국기에 돈비가 내리면 어른들이 웃는다 이런 식으로 문장을 만들어서 외우기 쉽게 도와주는 도구가 있다는 게 좋았습니다. 세 번째는 메타인지 숙제 관리표가 좋았던 것 같아요. 메타인지 숙제 관리표는 그날그날 공부를 함으로써 모르는 부분을 체크하며 무엇이 부족한지 알 수가 있어서 좋은 거 같습니다.

aksmsqkqk33

다시 공부를 시작할 때는 박혜선 쌤 커리를 따라가고자 마음을 먹고 바로 2023 콤단문 수업을 들었습니다!

기출을 할까 생각했지만 저는 빠르게 회독하는 게 머리에 빨리 들어올 거 같아 선택했는데 탁월한 선택인 것 같습니다. 먼저 이 책의 장점은 반복되는 문제가 없어서 기간을 짧게 잡고 여러 번 문제를 풀 수 있어서 좋습니다. 또 문제 배치가 빈출순으로 되어 있어서 뭐가 중요한지 아닌지 수험생이 구분할 필요 없이 바로 공부하면 됩니다. 또 인강을 몇 시간씩 듣다 보면 집중도가 떨어지고 스퍼트가 떨어지기 마련인데 톡톡 튀는 선생님의 목소리를 듣고 있으면 다시 집중할 수 있어서 좋습니다. 여러 장점이 있지만 그중에 가장 인상 깊었던 점은 문법과 관련 없는 한자나 문학 수업에서도 문법 관련 문제를 내시는 것이었습니다. 그러면 자기가 그 부분을 잘 알고 있는지 한번 더 점검 할 수 있어서 부족한 점이 무엇인지 알고 갈 수 있었습니다. 그리고 이번에 어플이 나와서 자투리시간에 한자 성어나 한글 맞춤법을 짬짬이 암기하는 데 큰 도움이 됩니다. 앞으로도 계속 박혜선 선생님의 커리를 따라가면 국어는 더 이상 발목 잡히지 않을 것입니다.

모디

국어 유목민 탈출! 공부 안 해도 될 부분과 공부해야 할 부분을 명확하게 해주세요!

국어를 초시 재시 때 타 교수님 수업을 따라가기 어려워 기초를 탄탄히 잡지 못하고 매 시험마다 좋은 점수를 받지 못한 국어 유목민이었습니다. 혜선 쌤을 만나 뵙고 그동안 이해가 가지 않았던 파트들이 좀 더 명확하게 머릿속에 자리 잡았으며 암기할 부분과 이해해야 할 부분 명확하게 구분해주시고 개인적으로는 정리하기 힘들었던 파트별 중요도순으로 목차 등을 배치해주셔서 집중해서 공부해야 할 부분과 아닌 부분을 확실하게 알 수 있었습니다. 강의를 들어보신 분들은 모두 아시겠지만 혜선 쌤 강의가 너무 재미있습니다. 한편의 강의마다 웃음 포인트가 있어 인강 복습 시 매 회차마다 혼자 웃어가며 강의를 들은 적이 정말 많네요. 이제 다음 시험까지 많은 기간이 남지 않았지만 마지막까지 쌤과 함께 최선을 다해 내년엔 정말 좋은 결과가 있길 바라고 있습니다.

준빵

정말 여러 번 추천할 만한 강의인 것 같고 항상 열심히 수업해주셔서 감사합니다.

작년에 시험 보고 전공과목이 점수가 낮게 나와서 전공과목에 집중하느라 국어를 조금 집중을 못했던 거 같아서 국어는 실강으로 들어오게 되었고 그중에서도 박혜선 선생님 수업을 선택하게 되었습니다. 수업을 듣기 전에는 지금 다시 기본강의를 듣는 게 맞을까 고민을 많이 했는데 혼자 하는 것보다 문학, 비문학, 문법을 균형 있게 수업해주셔서 체계적으로 잡아주시고 중간에 문제도 풀어주시고 숙제나 사자성어를 공부했는지 인증하는 그런 과정들이 공부하는 습관을 계속 만들어주시고 잘 따라가면 정말 잘 맞겠다고 생각이 들었습니다. 선생님께서 너무 밝으시고 파이팅 있게 해주셔서 같이 파이팅하게 되고 열심히 하게 되는 것 같습니다. 그리고 설명 자체도 약간 혼자서는 개념을 잡기 힘든 부분이나 헷갈리는 부분들을 쉽게 할 수 있는 방법들로 만들어주시고 키워드를 만들어주시고 헷갈리는 두 개념 차이점을 딱 간단하고 명료하게 알려주셔서 아 이게 이런 거였구나, 하고 깨닫게 되는 것이 있고 결과적으로 잘 선택했다고 생각합니다.

지혜1

인강생이라 선생님의 강의 스킬과 전달력이 굉장히 중요한데 완전 만족입니다.

혜선 쌤 국어 출좋포 All in one 강의 이틀차까지 듣고 갔었고 이 수업에서 다뤘던 문법 내용이 시험에 딱 바로 나와 쉽게 맞출 수 있었습니다. 선생님께서 그 지루하고 어려운 문법을 정말 쉽고 재미있게 썰 풀어가시면서 해주시거든요. 강의만 들어도 어느 정도 머릿속에 남는 게 있었어요!! 강의 안 듣고 갔으면 문법 문제는 분명히 틀렸을 거예요. 그리고 일단 다른 파트는 준비가 안 되어 있었기 때문에 혜선 선생님께서 25년 출제 기조 전환 분석해주시는 수업을 잘 숙지하고 시험에 들어갔습니다. 재미없는 과목이라고 생각했던 국어를 재미있고 귀에 쏙쏙 박히게 수업을 잘 해주셔서 너무 재미있게 수업하고 있어요!! 현장은 갈 수 없고 인강으로만 공부를 해야 하는 상황이라 선생님의 강의 스킬과 전달력이 굉장히 중요한데(아니면 너무 졸리고 강의 꺼버리고 싶고 그러거든요….) 혜선 쌤은 일단 너무나 에너지가 크고 밝으시고 강의 전달력이 너무 좋으셔서 졸릴 틈이 없어요. 혜선 쌤으로 선택하길 너무 잘했다는 생각이 들어요. 일단 자꾸 처지는 저를 업 시켜 주셔서 너무 좋습니다.

노아맘

혜선 쌤 덕분에 이번에 100점 나왔습니다!! 혜선 쌤 아니었다면 이 점수 받기 힘들었을 거예요!!

혜선 쌤이 하라는 공부 방법대로 하루하루 복습하고 공부하니 좋은 결과를 얻을 수 있었습니다! 모든 커리마다 그날그날 배운 내용들을 꼭 당일에 복습하시길 바랍니다. 모든 내용을 복습하기보다 출좋포 위주로 꼭 복습하셨으면 좋겠습니다! 이번에 재시이긴 했지만 문법과 한자가 약하다고 판단해서 다시 기초부터 들었습니다. 문법도 단원별로 중요한 것들 위주로 설명해 주시고 쉽게 기억할 수 있게 야매 꼼수와 암기팁들을 알려주셨어요ㅎㅎ (중요도를 구별할 수 있게 해주는 혜선 쌤의 굿즈는 덤이랍니다! ㅎㅎ)

이*민

아직 길과 감을 못 잡으신 분들, 쉽게 중요 포인트들을 얻고 가고 싶으신 분들께 정말 강추!

대학교 졸업 후 공무원 준비를 하고 있는데 국어를 안한 지 오래되기도 하고 제가 기억력이 안 좋아서 정말 다 잊어버려서 처음에 많이 낙담을 했습니다 ㅠㅠ 하지만 혜선 쌤의 텐션과 외우게 해주시려고 반복해주셔서 제가 외우려고 힘들이지 않아도 잘 외워지는 거 같아요!

그리고 확실히 수업시간에 아 너무 어려운데…?라고 생각했던 개념들도 풀어보고 나면 오 풀리긴 풀린다라고 생각했던 게 많았던 거 같아요! 처음부터 어떻게 효율적으로 공부해야 할까… 이 많은 양을 어떻게 공부해야 하지?라는 생각을 많이 했는데 혜선 쌤께서 알아서 잘 이끌어주시는대로 과제 착실히 하고 그날 공부한 거 복습하고 있어요! 이렇게 따라가면 못하려고 해도 잘할 수 있지 않을까?라는 믿음이 듭니다 ㅎㅎ

김*선

2025 출제자가 좋아하는 포인트만 배운다!

박혜선 赤功 국어 정규 커리큘럼

단계별 커리큘럼	강의명
1단계 [초보 입문]	시작! 초보자들의 능력 up!
2단계 [All In One] ☆ 초시·재시 필수!	2025 독해 신유형 공부 2025 출제기조반영 "정규 과정" 만점 출좋포 (출좋포 문법·어휘/ 출좋포 독해·문학) 총 교재 2권
3단계 [기출 분석] ☆☆ 합격자 최고 추천	[적중용] 2025 콤단문 문법 2025 콤단문 독해 시즌 1
4단계 [단원별 문풀] ☆☆☆ 합격자 최고 극찬	[훈련용] 2025 콤단문 문법+독해 2025 콤단문 독해 시즌 2
5단계 [동형 모의고사, 요약 정리]	2025 파이널 적중 동형 모의고사 2025 족집게 적중 노트

* 2, 3, 4단계는 필수 커리큘럼입니다.

선택 사항이지만, 약점이 되는 부분은 듣는 것을 강추! (수업이 너무 좋아서 듣게 될 거임.)

단원	학습 내용		공부 날짜	총 복습시간 (타이머)
PART 01 형태론	1일	ALL IN ONE 출좋포 문법 · 어휘 사용법 OT (필수적으로 기억해야 하는, 혜선 쌤과의 약속)	____ / ____	____ : ____
	2일	CH.01 형태소와 단어	____ / ____	____ : ____
	3일	CH.02 품사의 이해와 체언	____ / ____	____ : ____
	4일	CH.03 용언	____ / ____	____ : ____
	5일	CH.04 관계언 / 수식언 / 독립언	____ / ____	____ : ____
PART 02 통사론	6일	CH.01 문장과 문장 성분	____ / ____	____ : ____
	7일	CH.02 문장의 짜임새	____ / ____	____ : ____
	8일	CH.03 높임	____ / ____	____ : ____
	9일	CH.04 사동 / 피동	____ / ____	____ : ____
	10일	CH.05 종결 / 시제 / 부정	____ / ____	____ : ____
PART 03 [공문서] 문장 고쳐 쓰기	11일	CH.01 올바른 문장 구조	____ / ____	____ : ____
	12일	CH.02 문장의 중의성	____ / ____	____ : ____
	13일	CH.03 중복된 의미의 표현 삭제하기	____ / ____	____ : ____
	14일	CH.04 올바른 어휘 선택하기	____ / ____	____ : ____
	15일	CH.05 번역 투의 표현	____ / ____	____ : ____

단원		학습 내용	공부 날짜	총 복습시간 (타이머)
PART 04 음운론	16일	CH.01 음운의 체계	____ / ____	____ : ____
	17일	CH.02 음운의 변동	____ / ____	____ : ____
PART 05 어문 규정	18일	CH.01 표준 발음법	____ / ____	____ : ____
	19일	CH.01 표준어 규정	____ / ____	____ : ____
	20일	CH.03 한글 맞춤법	____ / ____	____ : ____
	21일	CH.04 띄어쓰기	____ / ____	____ : ____
	22일	CH.05 문장 부호	____ / ____	____ : ____
	23일	CH.06 로마자 표기	____ / ____	____ : ____
	24일	CH.07 외래어 표기	____ / ____	____ : ____
PART 06 어휘	25일	CH.01 혼동 어휘 구별 CH.02 출제 가능한 한자 어휘 50	____ / ____	____ : ____
PART 07 어휘 실전모의 3회	26일	1회 문맥적 의미 추론 2회 유사한 표현으로 바꾸기(고유어→한자어) 3회 유사한 표현으로 바꾸기(한자어→고유어)	____ / ____	____ : ____

CONTENTS · 이 책의 차례

Part 01 형태론

Part 02 통사론

Part 03 [공문서] 문장 고쳐 쓰기

Part 04 음운론

Part 05 어문 규정

어휘

Part 06 어휘

Part 07 어휘 실전 모의 3회

Part

01

형태론

CHAPTER 01 형태소와 단어
CHAPTER 02 품사의 이해와 체언
CHAPTER 03 용언
CHAPTER 04 관계언 / 수식언 / 독립언

형태소와 단어

한눈에 보기 형태소와 단어

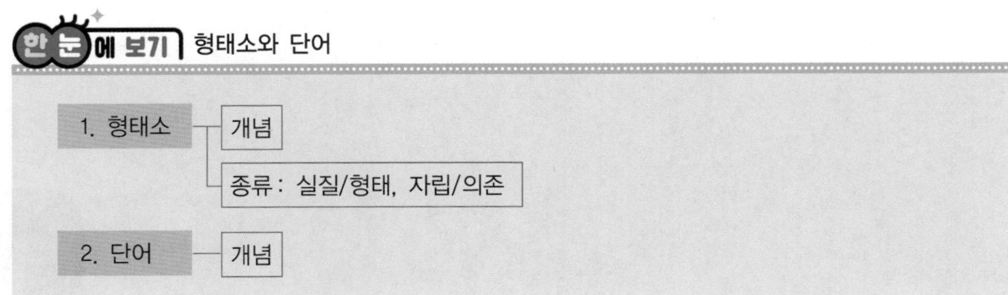

훈련용 콤단문으로 보는 대표 기출

다음 글에서 추론한 내용으로 적절하지 않은 것은?

형태소란 뜻을 가진 가장 작은 말의 단위로, 여기에서 뜻이란 어휘적, 문법적인 뜻을 말한다. '철수가 밥을 먹었다'에서 형태소의 개념에 따라 형태소를 분석하면 '철수/가/밥/을/먹/었/다'로 나눌 수 있다. 이러한 형태소는 일정한 기준에 따라 나뉘는데, 어휘적인 의미를 지닌 형태소를 실질 형태소, 문법적인 역할을 하는 형태소를 형식 형태소라고 한다. 자립성의 유무에 따라 자립 형태소, 의존 형태소로 나눌 수 있다. 예를 들어 '철수, 밥, 먹-'은 실질 형태소, '가, 을, -었-, -다'를 형식 형태소로 볼 수 있다. '철수, 밥'은 자립 형태소, '가, 을, 먹-, -었-, -다'는 의존 형태소라고 볼 수 있다. 특히 여기에서 주목해야 할 점은 용언의 어근 '먹-'인데, 실질적인 의미를 가지면서 의존적인 특성을 가진다는 특별한 점이 있다.

① '사과가 빨갛다'의 '사과'는 실질 형태소이다.
② '영자는 아기에게 책을 읽혔다'에서 '-히-'는 형식 형태소이다.
③ '학교에 갔다'의 '가-'는 실질 형태소이면서 자립 형태소이다.
④ '영희는 책을 놓았다'에서 '는'은 의존 형태소이다.

해설

"특히 여기에서 주목해야 할 점은 용언의 어근 '먹-'인데, 실질적인 의미를 가지면서 문법적인 역할을 한다는 특별한 점이 있다."라고 했으므로 용언의 어근인 '가-'는 실질 형태소이면서 의존적인 특성을 가진다는 점에서 '자립 형태소'가 아니라 '의존 형태소'임을 알 수 있다.

오답풀이 ① 제시문에서 '어휘적인 의미를 지닌 형태소를 실질 형태소'라고 했으므로 어휘적인 의미를 지닌 '사과'는 실질 형태소임을 알 수 있다.

② 제시문에서 '문법적인 역할을 하는 형태소를 형식 형태소라고 한다.'라고 했으므로 어휘적인 의미 없이 문법적인 의미만 지닌 '-히-'는 형식 형태소임을 알 수 있다.

④ '자립성의 유무에 따라 자립 형태소, 의존 형태소로 나눌 수 있다.'고 했으므로 '는'은 의존적인 특성을 가진 의존 형태소임을 알 수 있다. ▶ ③

1 형태소(形態素)

01 형태소의 이해

1. 형태소의 개념 : 의미(→ 실질적, 문법적)를 지닌 말의 가장 작은 단위

(1) 분류 기준 1 : 실질 의미의 유무

실질 형태소	① 실질적인 뜻을 가진 형태소 ② 용언의 어간(어근) / 명사, 대명사, 수사 / 관형사, 부사 / 감탄사
	예 철수, 영희, 보-
형식 형태소	① 문법적인 뜻을 가진 형태소 ② '접사, 어미, 조사'
	예 가, 를, -았-, -다

형태소	철수	가	영희	를	보	았	다.
실질/형식	실질	형식	실질	형식	실질	형식	형식

(2) 분류 기준 2 : 자립성 유무

자립 형태소	① 혼자 쓰일 수 있는 형태소 ② 명사, 대명사, 수사 / 관형사, 부사 / 감탄사
	예 철수, 영희
의존 형태소	① 혼자 쓰일 수 없는 형태소 ② 어미, 조사, 접사 / 용언의 어간(어근)
	예 가, 를, 보-, -았-, -다

형태소	철수	가	영희	를	보	았	다.
자립/의존	자립	의존	자립	의존	의존	의존	의존

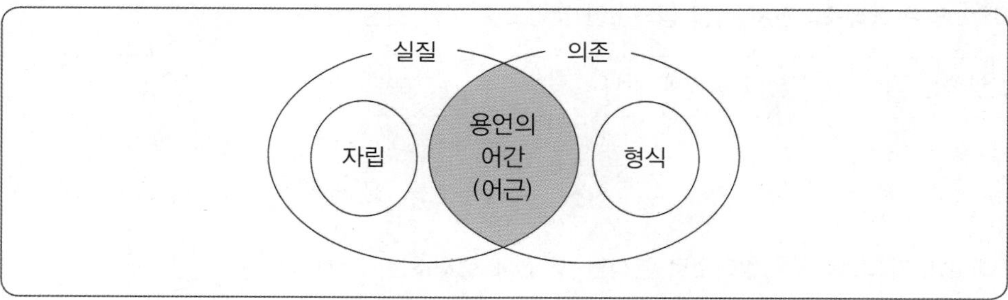

02 단어의 이해

: 자립성이 있는 말 + 분리성이 있는 말(조사)

(야매꼼수) 단어를 나누는 방법 = 띄어쓰기로 나눈 후,
조사를 분리하면 각각의 단어를 확인할 수 있다!

더 알아두기 형태소 심화

1 이형태(異形態)란?

개념	하나의 형태소가 주위 환경에 따라 다른 형태를 가지는 것
사례	기린이/사자가 : 받침 뒤 : '이' / 모음 뒤 : '가' 기린은/사자는 : 받침 뒤 : '은' / 모음 뒤 : '는' 잡으시다/가시다 : 'ㄹ' 제외한 받침 뒤 : '으' / 'ㄹ, 모음' 뒤 : ×

2 형태소들의 이론적 특징

① 모든 체언은 자립 형태소이면서, 실질 형태소이다.
② 모든 용언의 어간은 의존 형태소이면서, 실질 형태소이다.
③ 모든 어미, 조사, 접사는 의존 형태소이면서, 형식 형태소이다.
④ 자립 형태소는 항상 실질 형태소이지만, 실질 형태소가 항상 자립 형태소인 것은 아니다.

적중용 콤단문으로 보는 기출문제

01 〈보기〉에 사용된 단어의 개수와 형태소의 개수를 모두 더하면? 2017 기상직 9급

〈보기〉
이 고기는 매우 기름지다.

① 10　② 11
③ 12　④ 13

02 의존 형태소이면서 실질 형태소인 것만으로 묶인 것은? 2012. 국가직 9급

영희는 책을 집에 놓고 학교에 갔다

① 놓-, 가-　② -고, -ㅆ-
③ 영희, 책, 집　④ -는, -을, -에

03 〈보기〉의 문장을 형태소로 분석할 때 전체 형태소는 몇 개인가? 2015 경찰 2차

〈보기〉
떡볶이를 팔 사람은 어서 가.

① 8개　② 9개　③ 10개　④ 11개

해설

01 형태소의 개수는 '이 / 고기 / 는 / 매우 / 기름 / 지-(접사) / -다.'로 총 7개이다.
접사 '지다'에서 '다'는 어미로서 형태소로 나눌 수 있다.
단어의 개수는 '이, 고기, 는, 매우, 기름지다'로 총 5개이다.
(참고로 단어의 개수는 '어절의 수+조사의 수'이므로 '어절 4개+조사 1개'이므로 5개이다. 따라서 형태소와 단어의 개수를 모두 더하면 12개이다.) ▶ ③

02 의존 형태소이면서 실질 형태소인 것은 용언의 어간(어근)이므로 '놓-, 가-'이다. ▶ ①

03

	떡	볶	이	를	팔	ㄹ
자립 / 의존	자립	의존	의존	의존	의존	의존
실질 / 형식	실질	실질	형식	형식	실질	형식

	사람	은	어서	가	아
자립 / 의존	자립	의존	자립	의존	의존
실질 / 형식	실질	형식	실질	실질	형식

→ 총 11개의 형태소로 구성되어 있다.
파생어 '떡볶이'는 형태소 분석하면 '떡+볶+이'가 된다.
'팔'의 경우 '팔(어간)+ㄹ(어미)'로 분석되며, '가'의 경우 '가(어간)+아(어미)'로 분석된다. ▶ ④

2 단어의 형성

한눈에 보기 단어의 형성

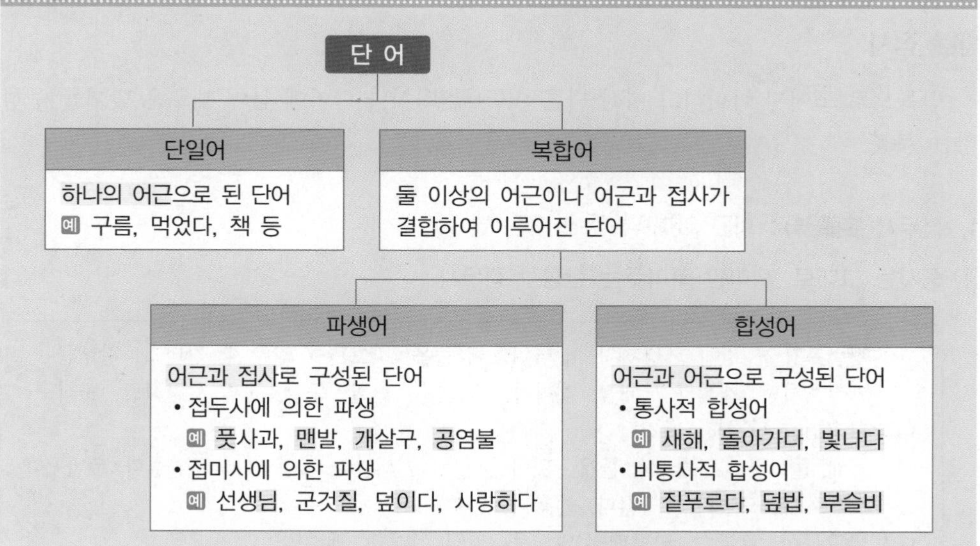

3 파생어의 형성

훈련용 콤단문으로 보는 대표 기출

다음 글에 대한 추론으로 적절하지 않은 것은?

> 파생어는 어근에 접사가 붙어 이루어진 말이다. 파생어 형성의 결과는 다음과 같이 분류된다. 파생어의 예를 보자. '시어머니'는 명사 '어머니'에 '시-'가 붙어 명사 '시어머니'로, '웃음'은 동사 '웃다'의 '웃-'에 '-음'이 붙어 명사 '웃음'으로 구성되어 있다. 품사와 문장 구조에 변화가 없는 경우, 파생어가 되어 품사가 달라지는 경우에 국어 문장 구성에서 흔히 나타나는 단어 배열법이다. 한편 파생어의 사용으로 문장 구조가 달라지는 경우도 존재한다. 예를 들어 '잡다'에 '-히-'가 붙어 '잡히다'가 되면 '경찰이 도둑을 잡다'와 같은 문장이 '도둑이 경찰에게 잡히다'처럼 바뀐다. 품사와 문장 구조 모두가 바뀌는 경우도 있다. 형용사 '낮다'에 '-추-'가 붙어 동사 '낮추다'가 되면 '방 온도가 낮다'와 같은 문장이 '내가 방 온도를 낮추다'처럼 바뀐다.

① '멋'에 '-쟁이'가 붙은 '멋쟁이'는 품사와 문장 구조에 변화가 없는 경우에 해당한다.
② '읽다'의 '읽-'에 '-히-'가 붙은 '읽히다'는 품사와 문장 구조 모두가 바뀌는 경우에 들어간다.
③ '열다'의 '열-'에 '-리-'가 붙은 '열리다'는 파생어의 사용으로 문장 구조가 달라지는 경우에 해당한다.
④ '지우다'의 '지우-'에 '-개'가 붙은 '지우개'는 파생어가 되어 품사가 달라지는 경우에 해당한다.

해설

'읽다'는 '철수가 책을 읽다'의 문장 구조를 보이지만 '읽히다'는 '책이 읽히다'로 쓰인다. 따라서 이는 문장 구조가 바뀌는 것이라고 볼 수 있다. 하지만 ②의 '읽다'와 '읽히다'는 모두 동사이므로 품사는 바뀌지 않는다. 따라서 품사와 문장 구조 모두가 바뀌는 경우라고 볼 수 없다.

오답풀이 ① '멋'과 '멋쟁이'는 모두 명사이므로 품사와 문장 구조에 변화가 없는 경우에 해당함을 알 수 있다.
③ '열다'는 '철수가 문을 열다'의 문장 구조를 보이지만 '열리다'는 '문이 열리다'로 쓰인다. 따라서 이는 파생어의 사용으로 문장 구조가 달라지는 경우에 해당함을 알 수 있다.
④ '지우-'는 동사이지만 '지우개'는 명사이므로 파생어가 되어 품사가 달라지는 경우에 해당함을 알 수 있다. ▶ ②

01 파생어

어근(=실질 형태소)+접사

02 접사

단독으로 쓰이지 아니하고 항상 다른 어근(語根)이나 단어에 붙어 새로운 단어를 구성하는 부분

1. 접두사(接頭辭) : 어근(語根)의 앞에 오는 말

(1) 품사는 그대로, 의미만 꾸며주는 한정적 접두사

ㄱ : 강굴, 강술, 강밥 / 강기침, 강더위 / 강울음, 강호령 / 강추위, 강타자, 강행군
개꿀, 개떡, 개살구 / 개꿈, 개나발, 개죽음 / 군말, 군살, 군침 / 군사람, 군식구
ㄴ : 날고기 / 날강도, 날건달
ㄷ : 돌배, 돌미나리 / 들국화, 들개 / 덧버선, 덧신, / 되감다, 되살리다 / 뒤흔들다, 뒤바꾸다 / 드세다, 드높다 / 들끓다, 들볶다, 들쑤시다
ㅁ : 막고무신, 막국수, 막담배 / 막노동, 막일 / 맨발, 맨주먹
ㅅ : 새파랗다, 샛노랗다, 시퍼렇다, 싯누렇다
ㅇ : 알부자, 알거지 / 알감, 알몸
ㅈ : 짓밟다
ㅊ : 치받다, 치솟다
ㅍ : 풋사과
ㅎ : 한여름, 한겨울 / 헛웃음, 헛디디다, / 휘감다

2. 접미사(接尾辭) : 어근의 뒤에 오는 말

(1) 품사는 그대로, 의미만 꾸며주는 한정적 접사

선생님, 학생들, 짐꾼, 도둑질, 밀치다, 비행기, 막내둥이

(2) 품사를 바꾸는 지배적 접사

① 믿음, 죽음, 크기, 달리기
② 공부하다, 기름지다, 정의롭다, 복스럽다, 꽃답다
③ 높이, 많이, 당당히, 가득히

(3) 문장 구조를 바꾸는 지배적 접사

-이-, -히-, -리-, -기-, -우-, -구-, -추-, -이키-, -으키-, -애-, -시키-, -되-

적중용 콤단문으로 보는 기출문제

01 다음을 참고할 때, 단어의 종류가 같은 것끼리 짝지어진 것은? 2024 국가직 9급

> 어떤 구성을 두 요소로만 쪼개었을 때, 그 두 요소를 직접구성요소라 한다. 직접구성요소가 어근과 어근인 단어는 합성어라 하고 어근과 접사인 단어는 파생어라 한다.

① 지우개 — 새파랗다　　② 조각배 — 드높이다
③ 짓밟다 — 저녁노을　　④ 풋사과 — 돌아가다

02 〈보기〉를 참조할 때, ㉠과 동일한 방법으로 형성되지 않은 단어는?

> 〔보기〕
> • 파생어의 형성 방법
> • 어근+접미사 예 ㉠ 청하다 : 청(어근) + -하다(접미사)
> • 접두사 + 어근 예 치솟다 : 치-(접두사) + 솟다(어근)

① 꽃답다　　② 자랑스럽다
③ 명예롭다　　④ 짓밟다

해설

01 '지우개, 새파랗다'에서 각각 '-개'와 '새-'는 접사이므로 둘 다 파생어임을 알 수 있다.

오답풀이 ② '조각배'는 '조각'과 '배'의 어근과 어근이 결합된 구성이므로 합성어임을 알 수 있다. '드높이다'는 '심하게' 또는 '높이'의 뜻을 더하는 접두사인 '드-'가 결합된 것이므로 파생어임을 알 수 있다.
③ '짓밟다'는 '마구'의 뜻을 나타내는 접두사 '짓'이 결합된 것이므로 파생어임을 알 수 있다. '저녁노을'은 '저녁'과 '노을'의 어근과 어근이 결합된 구성이므로 합성어임을 알 수 있다.
④ '풋사과'는 '덜 익은 것'의 뜻을 나타내는 접두사 '풋'이 결합된 것이므로 파생어임을 알 수 있다. '돌아가다'는 '돌-'과 '가-'의 어근과 어근이 결합된 구성이므로 합성어임을 알 수 있다. ▶ ①

02 ㉠은 품사를 바꾸는 접미사 '-하-'가 결합된 파생어이다. ㉠과 동일하려면 품사를 바꾸는 접미사가 붙은 파생어가 와야 한다. 하지만 '짓밟다'는 품사를 바꾸지 못하는 접두사 '짓-'이 결합되었으므로 ㉠과 동일한 방법으로 형성되지 않은 단어임을 알 수 있다.

오답풀이 ① 꽃답다 : 명사 '꽃'이 '-답-'이라는 형용사 파생 접사를 만나 형용사라는 품사로 바뀌었으므로 ㉠과 동일한 방법으로 파생어를 만들었음을 알 수 있다.
② 자랑스럽다 : 명사 '자랑'이 '-스럽-'이라는 형용사 파생 접사를 만나 형용사라는 품사로 바뀌었으므로 ㉠과 동일한 방법으로 파생어를 만들었음을 알 수 있다.
③ 명예롭다 : 명사 '명예'가 '롭'이라는 형용사 파생 접사를 만나 형용사라는 품사로 바뀌었으므로 ㉠과 동일한 방법으로 파생어를 만들었음을 알 수 있다. ▶ ④

4 합성어의 형성

01 합성어 : 어근(실질 형태소) + 어근(실질 형태소)

출·좋·포 1

1. 일반적인 단어 배열법에 따른 분류

구분			내용
비통사적 합성어	개념		우리말의 일반적인 단어 배열법과 일치하지 않는 합성어
	예시	관형사형 어미 생략	접칼, 덮밥, 곶감, 늦잠, 감발, 누비옷, 묵밭, 꺾쇠
		연결 어미 생략	높푸르다, 오르내리다, 여닫다, 보살피다 뛰놀다, 굳세다, 날뛰다, 돌보다, 굶주리다
		부사 + 명사	살짝곰보, 보슬비, 척척박사, 딱딱새, 산들바람, 헐떡고개, 볼록거울, 흔들바위
		어순이 다른 한자어	독서(讀書), 급수(汲水), 등산(登山), 귀향(歸鄕) (일몰(日沒), 필승(必勝), 고서(古書)는 통사적 합성어)
통사적 합성어	개념		우리말의 일반적인 단어 배열법과 일치하는 합성어 통사적 구성과 일치하는 합성어
	예시	명사 + 명사	앞뒤, 돌다리, 할미꽃, 춘추, 논밭, 이슬비
		부사 + 부사	곧잘, 더욱더, 이리저리, 엎치락뒤치락, 죄다
		관형사 + 체언	새해, 온갖, 첫사랑, 한바탕, 새마을, 온종일, 뭇매
		부사 + 용언	잘나다, 그만두다, 못나다, 다시없다, 몹쓸(못 + '쓰다'의 관형사형)
		조사 생략	빛(이)나다, 힘(이)들다, 본(을)받다, 꿈(과)같다, 앞(에)서다, 값(이)싸다, 맛(이)있다, 재미(가)없다, 선(을)보다, 애(를)쓰다, 손(에)쉽다
		연결 어미	돌아가다, 알아보다, 게을러빠지다, 뛰어가다, 들어가다, 약아빠지다, 찾아보다, 깎아지르다, 스며들다
		관형사형 어미	군밤, 작은언니, 어린이, 지은이, 작은집, 이른바, 쓸데없다(쓰 + ㄹ + 데 + 없 + 다), 보잘것없다(보 + 자 + 고 + 하 + ㄹ + 것 + 없 + 다)

2. 의미에 따른 분류

구분		내용
대등 합성어	개념	각각의 어근이 본래의 의미를 대등하게 유지하는 합성어
	예시	논밭, 마소, 오가다, 여닫다, 앞뒤, 한두, 들락날락
종속 합성어	개념	한쪽의 어근이 다른 한쪽의 어근을 꾸미는 합성어
	예시	손바닥, 봄비, 책가방, 돌다리, 갈아입다, 저녁밥, 콩나물, 소나무
융합 합성어	개념	어근들이 하나로 융합되어 본래의 의미에서 벗어나 제3의 의미를 나타내는 합성어
	예시	연세(年歲), 춘추(春秋), 수족(手足), 세월(歲月), 모순(矛盾), 피땀, 빈말, 보릿고개, 검버섯, 괴발개발(개발새발),

레벨별 亦功 기출 훈련: Ch.1 형태소와 단어

▶ 레벨별 역공 기출 훈련 해설 영상은 주독야독 시즌 1(2024 7월)에서 꼭 수강해 주시기 바랍니다.

적중용 亦功 최빈출

01 〈보기〉의 문장을 바탕으로 국어의 형태소를 이해한 것으로 가장 옳지 않은 것은? 2017. 서울시 7급

〔보기〕
선생님께서 우리들에게 숙제를 주신다.

① '선생님께서'의 '께서', '우리들에게'의 '들', '주신다'의 '주'는 모두 의존 형태소에 해당하는 것들이다.
② '선생님께서'의 '께서', '숙제를'의 '를', '주신다'의 '다'는 모두 형식 형태소에 해당하는 것들이다.
③ '선생님께서'의 '님', '숙제를'의 '숙제', '주신다'의 '주'는 모두 실질 형태소에 해당하는 것들이다.
④ '선생님께서'의 '선생', '우리들에게'의 '우리', '숙제를'의 '숙제'는 모두 자립 형태소에 해당하는 것들이다.

정답풀이 '선생님께서'의 '-님'은 형식 형태소(=문법 형태소)로 '높임'의 뜻을 더하는 '접미사'이므로 ③은 옳지 않다.

오답풀이 ≪표준국어대사전≫에서는 2음절 한자어의 형태소를 분석하고 있지 않는다. 하지만, '7차 고등학교 문법 교과서'에서는 '학-교'와 같이 형태소를 분석하고, 이 낱말을 합성어로 제시하고 있다. 이 문제에서는 표준국어대사전의 관점으로 한자어 '선생(先生), 숙제(宿題)'를 아예 하나의 형태소로 취급하고 있으므로 이에 따라 형태소를 분석하면 다음과 같다.

+ 형태소 분석

구분	선생	-님	께서
자립 / 의존	자립	의존	의존
실질 / 형식	실질	형식	형식

구분	우리	-들	에게
자립 / 의존	자립	의존	의존
실질 / 형식	실질	형식	형식

구분	숙제	를
자립 / 의존	자립	의존
실질 / 형식	실질	형식

구분	주-	-시-	-ㄴ-	-다
자립 / 의존	의존	의존	의존	의존
실질 / 형식	실질	형식	형식	형식

02 다음 중 파생법으로 만들어진 단어가 아닌 것은? 2022 군무원 9급

① 교육자답다 ② 살펴보다
③ 탐스럽다 ④ 순수하다

정답풀이 '살피- + -어 + 보다'의 구조로 어근이 2개인 합성어이다.

오답풀이 ① '-답다'는 일부 명사 등에 결합하는 접미사이다.
③ '-스럽다'는 일부 어근에 결합해 형용사를 만드는 접미사이다.
④ '-하다'는 일부 명사 뒤에 결합해 형용사를 만드는 접미사이다.

03 단어에 대한 설명으로 옳지 않은 것은? 2017. 국가직 9급 생활 안전 분야

① '웃음'은 어근 '웃-'에 접미사 '-음'이 붙어 명사가 된 파생어이다.
② '곁눈질'은 합성어 '곁눈'에 접미사 '-질'이 결합된 파생어이다.
③ '회덮밥'은 파생어 '덮밥'에 새로운 어근 '회'가 결합된 합성어이다.
④ '바다', '맑다'는 어근이 하나인 단일어이다.

정답풀이 '덮밥'은 관형사형 어미 '은'이 생략된, 파생어가 아닌 비통사적 합성어이므로 옳지 않다.

오답풀이 ① '웃음': 어근 '웃-' + 접미사 '-음'=파생어
② '곁눈질': 합성어 '곁눈' + 접미사 '-질'=파생어
④ '바다', '맑다'는 어근이 하나인 단일어이다. 여기에서 '맑다'의 '-다'는 접사가 아니라 어미이므로 단어 형성과는 관련이 없으므로 '맑다'는 단일어이다.

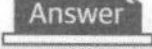

Answer
01 ③ 02 ② 03 ③

04 다음 예들과 동일한 구성 방식을 보이는 단어로 옳은 것은? 2015. 국회직 9급

> 굶주리다, 늦더위, 높푸르다, 덮밥

① 논밭 ② 첫사랑
③ 늙은이 ④ 가로지르다
⑤ 곶감

정답풀이 '굶주리다, 늦더위, 높푸르다, 덮밥'은 비통사적 합성어이다. 각각 연결 어미 '-고' 생략, 관형사형 어미 '-은' 생략, 연결 어미 '-고' 생략, 관형사형 어미 '-은' 생략이 보인다. 이와 동일한 구성 방식을 보이는 단어는 '곶감'이다. '곶감'에는 관형사형 어미 '-은' 생략이 보인다.

오답풀이 ① 논밭 : '논과 밭'의 '명사 + 명사' 구성을 보이는 것은 통사적 합성어이다.
② 첫사랑 : '관형사 + 명사' 구성을 보이는 것은 통사적 합성어이다.
③ 늙은이 : 관형사형 어미 '-은'이 생략되지 않은 통사적 합성어이다.
④ 가로지르다 : '부사 + 용언' 구성을 보이는 것은 통사적 합성어이다.

05 〈보기1〉을 참고하여 〈보기2〉를 ㉠과 ㉡으로 잘 분류한 것은? 2017. 법원직

> 〈보기1〉
> 어근과 어근의 형식적 결합 방식에 따라 합성어를 나누어 볼 수 있다. 형식적 결합 방식이란 어근과 어근의 배열 방식이 국어의 정상적인 단어 배열 방식 즉 통사적 구성과 같고 다름을 고려한 것이다. 여기에는 합성어의 각 구성 성분들이 가지는 배열 방식이 국어의 정상적인 단어 배열법과 같은 ㉠ '통사적 합성어'와 정상적인 배열 방식에 어긋나는 ㉡ '비통사적 합성어'가 있다.

> 〈보기2〉
> a. 새해 b. 힘들다 c. 접칼
> d. 부슬비 e. 돌아가다 f. 오르내리다

	㉠	㉡
①	a, e	b, c, d, f
②	a, b, e	c, d, f
③	a, c, d	b, e, f
④	b, e, f	a, c, d

정답풀이
1) ㉠ '통사적 합성어'
ⓐ '새해'는 '관형사 + 명사'의 통사적 합성어이다.
ⓑ '힘들다'는 '힘(이) 들다'의 결합에서 조사가 생략된 것은 자연스러운 현상이므로 통사적 합성어이다.
ⓔ '돌아가다' 역시 '돌다'와 '가다'가 '-아'라는 연결 어미로 이어지므로 통사적 합성어이다.
2) ㉡ '비통사적 합성어'
ⓒ '접는칼' : 관형사형 어미 '-는'이 생략된 비통사적 합성어
ⓓ 부슬비 : '부사 + 명사' 구조의 비통사적 합성어
ⓕ '오르고내리다'에서 '-고'라는 연결 어미가 생략된 비통사적 합성어

적중용 赤功 중간빈출

06 〈보기〉의 ㉠과 ㉡에 해당하는 단어로 적절한 것은?

2019. 기상직 9급

〔보기〕
㉠ : 어간과 어근이 일치하는 경우
㉡ : 어간과 어근이 일치하지 않는 경우

① ㉠ : 기르다 ㉡ : 먹히다
② ㉠ : 비우다 ㉡ : 먹었다
③ ㉠ : 정답다 ㉡ : 귀엽다
④ ㉠ : 앳되다 ㉡ : 드높다

정답풀이 어간은 어근과 접사를 결합한 것이다. 따라서 '㉠ : 어간과 어근이 일치하는 경우'는 접사가 없는 단일어에 해당한다. '㉡ : 어간과 어근이 일치하지 않는 경우'는 접사가 존재하는 파생어에 해당한다. '기르다'는 단일어이므로 ㉠에 해당한다. '먹히다'는 파생어로, ㉡에 해당한다.

오답풀이 ② ㉠ : 비 + 우(사동 접미사) : 파생어이므로 ㉠이 아니라 ㉡에 해당한다.
㉡ : 먹 + 었(어미) : 접사가 없는 단일어이므로 ㉡이 아니라 ㉠에 해당한다.
③ ㉠ : 정 + 답(형용사화 접미사) : 파생어이므로 ㉠이 아니라 ㉡에 해당한다.
㉡ : 귀엽 : 접사가 없는 단일어이므로 ㉡이 아니라 ㉠에 해당한다.
④ ㉠ : 애 + 되(형용사화 접미사) : 파생어이므로 ㉠이 아니라 ㉡에 해당한다.
㉡ : 드(접두사) + 높 : 파생어이므로 ㉡에 해당한다.

07 다음 중 단어의 짜임이 〈보기〉와 같은 것은?

2016. 서울시 9급

〔보기〕
놀리- + -ㅁ
↓(파생)
손 + 놀림
↓(합성)
손놀림

① 책꽂이 ② 헛소리
③ 가리개 ④ 흔들림

정답풀이 〈보기〉는 파생어와 어근이 결합되어 합성어가 된 것을 보여 준다. '꽂- + -이'로 파생되어 마지막에 어근 '책'이 결합되어 합성어 '책꽂이'가 된 것이므로 〈보기〉와 단어의 짜임이 같다고 볼 수 있다.

오답풀이 ② 헛소리 : 접두사 '헛-' + 어근 '소리' = 파생어
③ 가리개 : 동사 어근 '가리-' + 명사화 접미사 '-개' = 파생어
☞ 명사화 접미사 '-개'로 인해 동사가 명사로 품사가 바뀌었다.
④ 흔들림 : [동사 어근 '흔들-' + 피동 접미사 '-리'] + 명사형 어미(명사화 접미사) '-ㅁ' = 파생어
☞ '흔들림'이 사전에 등재되어 있지 않으므로 '-ㅁ'은 명사형 어미라고 볼 수 있으나, 단어 구성 문제이므로 명사화 접미사로 볼 수도 있다.

08 다음 〈보기〉를 참고하였을 때 올바르지 않은 것은?

2021. 경찰직 1차

〔보기〕
파생 접사 없이 어근과 어근이 직접 합쳐져서 만들어진 단어를 합성어라고 한다. 어근과 어근의 연결이 문장에서와 같은 방식으로 이루어진 것을 통사적 합성어, 단어 형성에서만 나타나는 방식으로 이루어진 것을 비통사적 합성어라고 한다.

① 타고나다 - 통사적 합성어
② 붉돔 - 비통사적 합성어
③ 돌보다 - 통사적 합성어
④ 높푸르다 - 비통사적 합성어

정답풀이 '돌(아)보다'에서 연결 어미 '아'가 생략된 채로 붙은 비통사적 합성어이다.

오답풀이 ① 연결 어미 '고'가 잘 붙은 통사적 합성어이다.
② '붉(은)돔'에서 관형사형 어미 '은'이 생략된 비통사적 합성어이다.
④ '높(고)푸르다'에서 연결 어미 '고'가 생략된 채로 붙은 비통사적 합성어이다.

04 ⑤ 05 ② 06 ① 07 ① 08 ③

09 밑줄 친 부분이 ㉠의 예에 해당하는 것은? 2019. 국가직 7급

> 어근의 앞이나 뒤에 파생 접사가 결합된 것을 파생어라 한다. 파생 접사는 그 위치에 따라 접두사와 접미사로 나누는데 접두사는 어근의 품사를 바꿀 수 없지만, ㉠ 접미사는 어근의 품사를 바꾸기도 한다.

① 황금을 보기를 돌같이 하라.
② 세 자매가 정답게 앉아 있다.
③ 옥수수 알이 크기에는 안 좋은 날씨이다.
④ 그곳은 낚시질하기에 가장 좋은 자리였다.

정답풀이 명사 어근 '정'에 형용사화 접미사 '-답-'이 결합하여 형용사 '정답다'가 된 것이다. 따라서 접미사 '-답-'이 명사에서 형용사로 품사를 바꾸었다고 볼 수 있다.

오답풀이 ① '황금을 보다'로 목적어-서술어의 구성으로 '보기'가 서술성을 가지므로 '기'는 '명사화 접미사'가 아니라 '명사형 어미'이다. 명사형 어미는 품사를 바꿀 수 없다.
③ '옥수수 알이 크다'로 주어-서술어의 구성으로 '크기'가 서술성을 가지므로 '기'는 '명사화 접미사'가 아니라 '명사형 어미'이다. 명사형 어미는 품사를 바꿀 수 없다.
④ '낚시질'에서 '낚시'는 명사이고 '-질'은 접미사이다. 그런데 접미사 '-질'이 붙어도 품사는 그대로 명사이므로 품사를 바꾸는 예라고 볼 수 없다.

10 ( ) 안에 들어갈 말로 적절한 것은? 2015. 국가직 9급

> '개살구', '잠', '새파랗다' 등은 어휘 형태소인 '살구', '자-', '파랗'에 '개 -','-ㅁ' '새 -'와 같은 접사가 덧붙어서 파생된 단어들이다. 이처럼 직접 구성 요소 중 접사가 확인되는 단어들을 '파생어'라고 한다. 반면, ( )등은 각각 실질적 의미를 지닌 두 요소가 결합하여 한 단어가 된 경우인데, 이를 '파생어'와 구분하여 '합성어'라고 한다.

① 고추장, 놀이터, 손짓, 장군감
② 면도칼, 서릿발, 쉰둥이, 장난기
③ 깍두기, 선생님, 작은형, 핫바지
④ 김치찌개, 돌다리, 시나브로, 암탉

정답풀이 고추(어근) + 장(醬)(어근)=합성어
놀이(어근) + 터(어근)=합성어
손(어근) + 짓(어근)=합성어
→ '짓'이 '행위'를 나타내는 말 뒤에 결합하면 명사로 쓰인 것이다.
장군(어근) + 감(어근)=합성어
→ 감(명사) - 옷감 / 재료 / 자격을 갖춘 사람, 도구, 사물
예 옷감 / 신랑감 / 안줏감

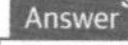
Answer

09 ② 10 ①

Chapter 02

품사의 이해와 체언

한눈에 보기

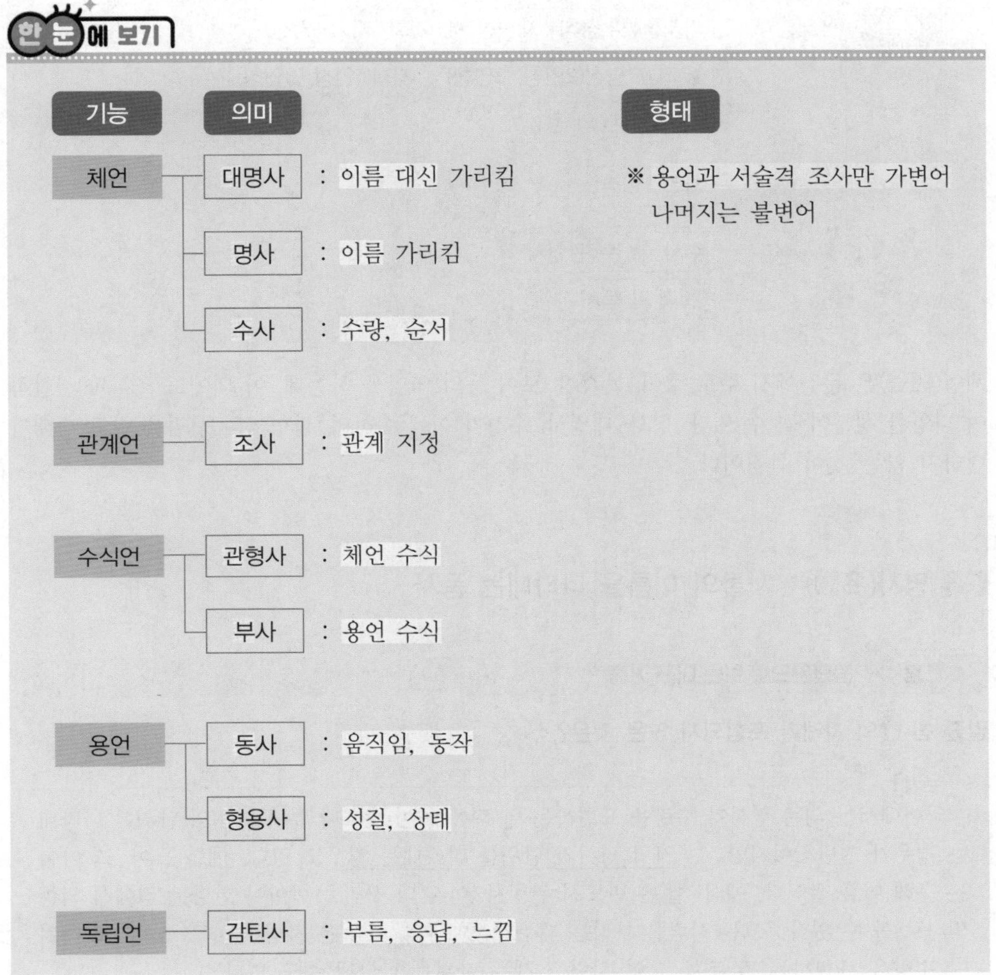

1 품사의 이해

01 품사(品詞)의 본질

1. 품사의 개념

일정한 기준(공통된 성질의 단어)에 따라 나눈 단어의 갈래

赤功 포인트

1. 대명사의 종류 파악하기
2. 수사와 관형사 구별하기

2 체언(體言) : 명사, 대명사, 수사

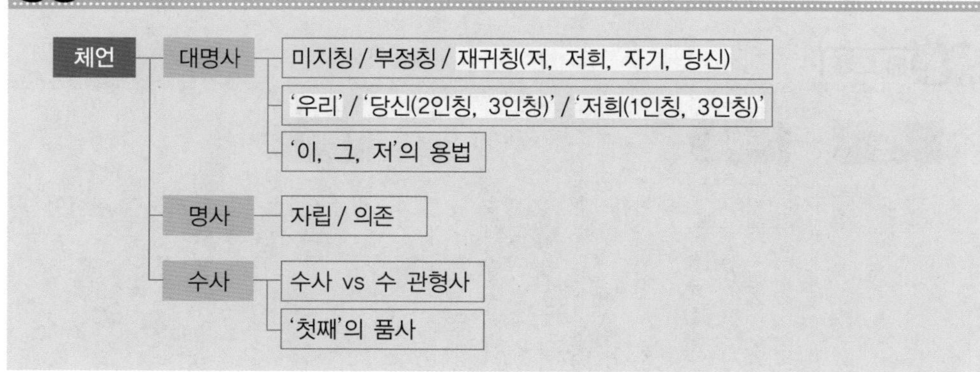

체언(體言)은 문장에서 주로 주어, 목적어, 보어 등의 역할을 하는데, 이 외에도 조사와 결합하여 다양한 성분이 될 수 있다. 명사, 대명사, 수사가 이에 속하며, 관형어의 꾸밈을 받고 형태가 변하지 않는 것이 특징이다.

01 명사(名詞) : 사물의 이름을 나타내는 품사

훈련용 콤단문으로 보는 대표 기출

밑줄 친 ㉠의 사례가 포함되지 않은 것은?

〔보기〕

국어에서는 의존 명사가 수량을 표현하는 말 뒤에 쓰여 수효나 분량 따위의 단위를 나타내는 경우가 일반적이지만, ㉠ <u>자립 명사가 단위를 나타내는 경우</u>도 있다. 예를 들어 '그 아이는 올해 아홉 살이다.'에서 '살'은 반드시 관형사 '아홉'의 꾸밈을 받아야 한다는 점에서 의존 명사로 볼 수 있다. '그는 사람을 부리는 재주가 있다.'의 '사람'은 자립 명사로 쓰이기도 하지만 수량을 표현하는 말 뒤에 쓰여 사람을 세는 단위를 나타낼 수도 있다.

① 이 글에는 여러 <u>군데</u> 잘못이 있다.
② 범석이는 앉은자리에서 밥 두 <u>그릇</u>을 다 먹었다.
③ 시장에서 수박 세 <u>덩어리</u>를 사 가지고 왔다.
④ 할아버지께서는 밥을 몇 <u>숟가락</u> 겨우 뜨셨다.

해설

①의 '군데'는 '낱낱의 곳을 세는 단위.'를 의미하는 의존 명사이다. 왜냐하면 '한 군데, 두 군데, 세 군데'처럼 항상 관형사의 수식을 받아야 하기 때문에 자립명사라고 보기 어렵다.

오답풀이 ② '그릇'은 '철수가 그릇을 샀다'처럼 혼자서도 쓰이므로 자립명사라고 봐야 한다.
③ '덩어리'는 '운동한 종아리에 덩어리가 생겼다'처럼 혼자서도 쓰이므로 자립명사라고 봐야 한다.
④ '숟가락'은 '숟가락으로 밥을 퍼 먹었다.'처럼 혼자서도 쓰이므로 자립명사라고 봐야 한다. ▶ ①

1. 특징

① 활용하지 않는 불변어 ② 관형어의 꾸밈 ③ 조사와 결합

2. 종류

(1) 분류 기준: 자립성 유무

자립 명사	다른 말에 의존하지 않고 혼자 쓰일 수 있는 명사 예 책의 주제는 사랑이다.
의존 명사	다른 말에 의존해야만 말이 되는 명사 예 것, 분, 바, 데 / 사과 네 개, 만 원, 사람 세 명, 신발 두 켤레

02 대명사(代名詞): 대상의 이름을 대신하여 가리키는 말

콤단문으로 보는 대표 기출

다음 글에서 추론한 내용으로 적절한 것은?

> 국어에서 대명사는 지시하는 대상의 성격에 따라 다양한 종류로 나눌 수 있다. 그중에서도 미지칭 대명사와 부정칭 대명사는 특정하지 않은 대상을 가리킬 때 사용된다. 미지칭 대명사는 말하는 이가 지시하는 대상을 알지 못하거나 특정할 수 없을 때 사용하는 대명사이다. 즉, 대상이 한정되긴 하나 구체적으로 누구인지를 모를 때 사용하는 대명사라고 할 수 있으며 '누구', '어디', '무엇' 등이 이에 해당한다. 부정칭 대명사는 존재 여부나 수량 등을 확정할 수 없는 대상을 가리킬 때 사용하는 대명사로 대상이 한정되지 않을 때 사용한다. '아무', '아무개' 등이 이에 해당한다. 예를 들어, "아무도 그 사실을 모른다"에서 '아무'는 존재 여부가 확정되지 않은 불특정 대상을 지칭하는 부정칭 대명사로 사용된다. 이 두 종류의 대명사는 일상 대화와 글에서 자주 사용되며 특정 대상을 지칭하지 않음으로써 문장을 더 일반적이고 포괄적으로 만들 수 있다. 그런데 '누구', '아무', '어느' 등과 같은 대명사는 미지칭으로 쓰이기도 하고 부정칭으로 쓰이기도 하기 때문에 문장에서의 맥락과 의미에 따라 어떤 것인지를 판단해야 한다.

① '목걸이를 훔친 도둑은 대체 누구일까?'에서 '누구'는 부정칭 대명사이다.
② '바깥에는 아무도 없다.'에서 '아무'는 미지칭 대명사이다.
③ '메뚜기 떼가 휩쓸고 간 자리에는 무엇 하나 남지 않는다.'에서 '무엇'은 미지칭 대명사이다.
④ '그녀의 고민이 대체 무엇일까?'에서 '무엇'은 미지칭 대명사이다.

해설

'그녀의 고민'이라는 대상이 한정되기는 하나 그것이 무엇인지를 모르기 때문에 사용된 대명사이므로 미지칭이라고 할 수 있다.

오답풀이 ① '목걸이를 훔친 사람'이라는 대상이 한정되기는 하나 그것이 누구인지를 모르기 때문에 사용된 대명사이므로 미지칭이다.
② 바깥에 있는 것의 존재 여부, 수량 등이 확정되지 않아 대상이 한정되지 않기 때문에 사용된 대명사이므로 부정칭이다.
③ 메뚜기 떼가 휩쓸고 간 자리에 남은 것의 존재 여부, 수량 등이 확정되지 않아 대상이 한정되지 않기 때문에 사용된 대명사이므로 부정칭이다. ▶ ④

1. 특징

① 활용하지 않는 불변어 ② 관형어의 꾸밈 ③ 조사와 결합

2. 종류

<table>
<tr><td rowspan="6">인칭 대명사</td><td>1인칭</td><td colspan="3">화자를 대신 가리킴. 예 나, 저 / 우리, 저희 / 짐, 소인</td></tr>
<tr><td>2인칭</td><td colspan="3">청자를 대신 가리킴. 예 너, 자네, 그대, 당신, 너희, 여러분</td></tr>
<tr><td rowspan="4">3인칭</td><td>개념</td><td colspan="2">제3자를 대신 가리킴. 예 그, 그녀, 그들, 이분(이이)</td></tr>
<tr><td rowspan="3">종류</td><td>미지칭(未知稱) 대명사</td><td>특정 대상을 지시하지만 누군지 모름.
예 너는 누구를 좋아하니? 혜선이요.</td></tr>
<tr><td>부정칭(不定稱) 대명사</td><td>특정 대상을 지시하지 않음. 아무나 지시 가능함.
예 누구든 나를 도와줘.
아무도 좋아하지 않아.</td></tr>
<tr><td>* 재귀칭(再歸稱) 대명사</td><td>저, 저희, 자기, 당신(높임의 의미)
이미 나온 “3인칭” 주어를 한번 더 가리킬 때 씀.
예 고슴도치도 저(자기)의 새끼는 이뻐한다.
그들은 저희의 잘못인지도 모른다.
할머니는 당신의 인생을 회고하였다.</td></tr>
<tr><td rowspan="3">지시 대명사</td><td>사물</td><td colspan="3">이것, 그것, 저것 / 무엇</td></tr>
<tr><td>처소</td><td colspan="3">여기, 거기, 저기, 이곳, 그곳, 저곳 / 어디</td></tr>
<tr><td>시간</td><td colspan="3">언제</td></tr>
</table>

출·좋·포 2 상황에 따라 달리 쓰이는 대명사

<table>
<tr><td>우리</td><td colspan="2">① 화자 자신과 청자, 또는 화자 자신과 청자와 여러 사람을 가리키는 1인칭 대명사
② 청자를 제외한 1·3인칭만 포함 예 우리 오늘 파티할 건데 너도 올래?
③ 화자 자신만 지칭하면서 어떤 대상이 자기와 친밀한 관계임을 나타낼 때 쓰는 말
예 우리 남편이 잘생겼지 뭐야~</td></tr>
<tr><td rowspan="2">당신</td><td>2인칭</td><td>청자를 단순히 가리키는 경우 예 그날 범인이 당신입니까?
청자를 높이는 경우 예 당신의 꿈이 그립습니다.
청자를 낮추는 경우 예 뭘 째려봐 당신!!!</td></tr>
<tr><td>3인칭</td><td>3인칭 재귀 대명사 (재귀칭 ‘저(자기)’의 높임)
예 할아버지는 당신의 꿈을 이루고 갔다.</td></tr>
<tr><td rowspan="2">저희</td><td>1인칭</td><td>‘우리’의 낮춤말 예 저희의 책임입니다.</td></tr>
<tr><td>3인칭</td><td>3인칭 재귀 대명사 (재귀칭 ‘저’의 복수형)
예 고슴도치들도 저희 새끼는 이뻐한다.</td></tr>
</table>

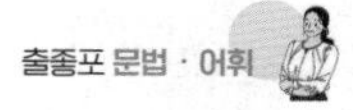

출좋포 3 지시 대명사의 담화론적 성격: 지시 관형사, 지시 부사도 마찬가지임.

이것 여기 이리 이	1. 말하는 이에게 가까이 있거나 말하는 이가 생각하고 있는 사물을 가리킴. 예 철수야 이것이 내가 저번에 말한 옷이야. 철수야 이리 와 봐. 이 옷의 색깔이 예쁘지? 2. 바로 앞에서 이야기한 대상을 가리키는 지시 대명사 예 오늘 내가 고백한 거... 이것을 잘 기억해 줬으면 해.
그것 거기 그리 그	1. 듣는 이에게 가까이 있거나 듣는 이가 생각하고 있는 사물을 가리키는 지시 대명사 예 네 옆에 있는 그것이 무엇이냐? 그것은 거기다 내려놓고 빈손으로 이리 오게. 응. 그리로 가렴. 2. 앞에서 이미 이야기한 대상을 가리키는 지시 대명사 예 나무를 해서 팔아 봤자 나무 한 짐에 쌀 두 되 값 받기가 어려우니, 그것 가지고는 다섯 식구 입에 풀칠하기조차 힘들었다.
저것 저리 저	1. 말하는 이나 듣는 이로부터 멀리 있는 사물을 가리키는 지시 대명사 예 저것을 좀 보십시오.

적중용 콤단문으로 보는 기출문제

㉠~㉢에 대한 설명으로 적절하지 않은 것은? 2017. 지방직 9급 추가

> • 형님은 ㉠ <u>자기</u> 자신을 애국자라고 생각했다.
> • 형님은 ㉡ <u>당신</u> 스스로 애국자라고 생각했다.
> • 형님은 ㉢ <u>그</u>의 선물을 나에게 주었다.

① ㉠과 ㉡은 모두 형님을 가리킨다.
② ㉠은 1인칭이고 ㉡은 2인칭이다.
③ ㉡은 ㉠보다 높임 표현이다.
④ ㉢은 ㉠과 달리 형님 이외의 다른 대상을 가리킬 수 있다.

해설

㉠과 ㉡은 모두 이미 나온 3인칭 주어를 한번 더 가리킬 때 쓰는 재귀칭 대명사이다. 재귀칭 대명사는 3인칭 대명사이다. ▶ ②

03 수사(數詞) : 사물의 수량이나 순서를 가리키는 단어

1. 특징

① 형태가 변하지 않는 불변어 ② 관형어의 꾸밈 × ③ 조사와 결합

2. 종류

양수사 (量數詞)	개념	사물의 수량을 가리킴.
	예	일, 이, 삼, 사 / 하나, 둘, 셋, 넷
서수사 (序數詞)	개념	사물의 순서를 가리킴.
	예	첫째, 둘째, 셋째 / 제일, 제이, 제삼

출•좋•포 4 수사와 수 관형사의 구별

수사	구분법	체언 뒤에는 조사가 결합됨.
	적용	나는 배 하나를 먹었다.
수 관형사	구분법	체언이 아니므로 조사가 결합하지 못함. 수 관형사 뒤에는 꾸밈을 받는 명사가 옴.
	적용	난 배 한 개를 먹었다.

출•좋•포 5 '첫째'의 품사

수사	순서가 가장 먼저인 차례 예 라면을 끓일 때에는 첫째, 물을 끓인다. 둘째, 스프를 넣는다.
수 관형사	순서가 가장 먼저인 차례의 예 우리 동네 목욕탕은 매월 첫째 주 화요일에 쉰다.
* 명사	① ((주로 '첫째로' 꼴로 쓰여)) 무엇보다도 앞서는 것 예 신발은 첫째로 발이 편안해야 한다. 휴식이 첫째가 되어야 한다. ② 여러 형제자매 가운데서 제일 손위인 사람 = 맏이 예 김 선생네는 첫째가 벌써 초등학교 5학년이다.

레벨별 亦功 기출 훈련 : Ch.2 품사의 이해와 체언

▶ 레벨별 역공 기출 훈련 해설 영상은 주독야독 시즌 1(2024 7월)에서 꼭 수강해 주시기 바랍니다.

적중용 亦功 최빈출

01 **다음 중 수사(數詞)가 쓰이지 않은 것은?** 2022. 군무원 7급

① 사과 하나를 집었다.
② 열의 세 곱은 서른이다.
③ 한 사람도 오지 않았다.
④ 영희가 첫째로 도착하였다.

정답풀이 '한'은 뒤의 명사 '사람'을 꾸미는 수 관형사이므로 이 문장은 수사가 쓰이지 않았음을 알 수 있다.

02 **밑줄 친 단어의 품사가 나머지 셋과 다른 것은?** 2023. 서울시 9급

① 여기에 다섯 명이 있다.
② 하나에 하나를 더하면 둘이다.
③ 선생님께서 세 번이나 말씀하셨다.
④ 열 사람이 할 일을 그 혼자 해냈다.

정답풀이 나머지는 뒤의 명사를 꾸미는 '수 관형사'이지만 '둘'은 뒤에 서술격 조사가 결합하고 있으므로 수사이다.

03 **다음 밑줄 친 단어에 대한 설명으로 가장 적절하지 않은 것은?** 2018. 경찰 1차

> ㉠ 당신은 누구시오?
> ㉡ 당신, 요즘 직장에서 피곤하시죠?
> ㉢ 뭐? 당신? 누구한테 당신이야!
> ㉣ 할아버지께서는 생전에 당신의 장서를 소중히 다루셨다.

① ㉠에서 '당신'은 청자를 가리키는 2인칭 대명사이다.
② ㉡에서 '당신'은 부부 사이에서 상대편을 높여 이르는 2인칭 대명사이다.
③ ㉢에서 '당신'은 맞서 싸울 때 상대편을 낮잡아 이르는 2인칭 대명사이다.
④ ㉣에서 '당신'은 상대방을 높여 부르는 2인칭 대명사이다.

정답풀이 ㉣에서 '당신'은 '자기(앞에서 이미 말하였거나 나온 바 있는 사람을 도로 가리키는 삼인칭 대명사)'를 아주 높여 이르는 말이다.

04 **다음 대화문에서 대명사 '우리'의 용법이 나머지와 다른 하나는?** 2014. 지방직 9급

① A : 어제는 너한테 미안했어. 우리가 너무 심하게 한 것 같아.
　B : 아니야, 내가 잘못했어. 너희 잘못이 아니야.
② A : 어제는 정말 좋았어. 우리가 언제 또 그런 기회를 가질 수 있겠니?
　B : 그래, 나도 좋았어. 우리 다음에도 또 그런 자리 마련해 보자.
③ A : 우리는 점심에 스파게티를 자주 먹어.
　B : 그래? 우리는 촌스러워서 그런지 스파게티 같은 건 잘 못 먹어.
④ A : 정말 미안하지만 우리 입장도 좀 생각해 줘.
　B : 알겠어. 다음에 기회가 되면 도와주길 바랄게.

정답풀이 ①, ③, ④는 모두 청자를 배제하고 쓰이는 '우리'이지만, ②의 '우리'는 청자도 포함하는 용법이다.

Answer
01 ③ 02 ② 03 ④ 04 ②

05 ㉠~㉣에 대한 설명으로 옳지 않은 것은?

2019. 지방직 7급 변형

- 현주가 취직이 되었대. ㉠ 이는 참으로 잘된 일이야.
- 지금 사는 ㉡ 그 집이 싫으면 다른 집을 알아보자.
- 재는 우리가 싫어했던 ㉢ 저것이 마음에 든대.
- 어르신, ㉣ 저리 가시면 안됩니다.

① ㉠: 지시 대명사로 가까운 것을 가리킬 때 쓴다.
② ㉡: 뒤의 명사를 수식하는 지시 관형사이다.
③ ㉢: 뒤에 조사가 붙은 사물 대명사이다.
④ ㉣: 화자와 멀리 있는 대상을 가리키는 지시 대명사이다.

정답풀이 ㉣ '저리'는 뒤의 용언 '가시면'을 꾸미는 지시 부사이다. '이리, 그리'도 마찬가지로 지시 부사이다.

오답풀이 ① 뒤에 조사가 붙었으므로 지시 대명사라고 볼 수 있다.
② 뒤의 명사 '집'을 수식하는 지시 관형사라고 볼 수 있다.
③ '이것, 저것, 그것'은 사물 대명사이다.

적중용 赤功 중간 빈출

06 문장의 밑줄 친 부분 중 품사가 다른 것은?

2017. 기상직 9급

① 어머니는 당신께서 기른 채소를 종종 드셨어.
② 벌써 거기까지 갔을 리가 없지 않니?
③ 우리가 다니는 학교는 참 시설이 좋아.
④ 대영아, 조기 한 두름만 사오너라.

정답풀이 ①의 '당신'은 3인칭 재귀 대명사이다.

오답풀이 ② '리'는 '갔을'의 수식을 받는 의존 명사이다.
③ '학교'는 자립 명사이다.
④ '두름'은 단위성 명사이다.

07 다음 중 밑줄 친 단어의 품사가 나머지 셋과 다른 하나는?

2015. 서울시 7급

① 오늘은 비가 올 듯하다.
② 당신 좋을 대로 하십시오.
③ 아기는 아버지를 빼다 박은 듯 닮았다.
④ 자기가 아는 만큼 보인다.

정답풀이 '듯하다'는 ((동사나 형용사, 또는 '이다'의 관형사형 뒤에 쓰여)) 앞말이 뜻하는 사건이나 상태 따위를 짐작하거나 추측함을 나타내는 말로, 보조 형용사이다. 즉, 품사는 형용사이다.

오답풀이 ②, ③, ④ 모두 관형어의 수식을 받는 의존 명사이다. 즉, 품사는 명사이다.

08 밑줄 친 단어 중 명사를 모두 고른 것은?

2014. 지방직 9급

㉠ 십 년 만에 그 친구를 만남으로써 갈등이 다소 해결되었다.
㉡ 가능한 한 깨끗하게 청소하여라.
㉢ 그녀는 웃을 뿐 말이 없었다.
㉣ 나를 보기 위해 왔니?

① 만남, 한, 뿐　　② 한, 뿐
③ 한, 뿐, 보기　　④ 만남, 보기

정답풀이 ㉡ '한'은 관형어 '가능한'의 꾸밈을 받는 명사이다. '한'은 조건이나 상황, 경우의 뜻을 나타낸다. ㉢ '뿐'은 '웃을'의 꾸밈을 받는 명사이다.

오답풀이 ㉠ '만남'은 '그 친구를 만나다.'처럼 서술성이 있으므로 명사가 아니라 동사이다. '목적어-서술어'의 구성은 서술성이 있다고 볼 수 있다.
㉣ '보기'는 '나를 보다'처럼 서술성이 있으므로 명사가 아니라 동사이다. 목적어-서술어'의 구성은 서술성이 있다고 볼 수 있다.

Answer

05 ④　06 ①　07 ①　08 ②

Chapter 03 용언

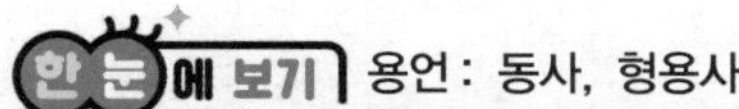

한눈에 보기 용언 : 동사, 형용사

1. 동사, 형용사의 구별 기준
2. 용언의 활용 양상
3. 본용언과 보조 용언

훈련용 콤단문으로 보는 대표 기출

다음 글에서 추론한 내용으로 적절하지 않은 것은?

실제로 단어의 품사를 분류할 때에는 분류가 쉽지 않은 것들이 있다. 동사와 형용사의 구별이 대표적인데 사물의 속성이나 상태를 나타내는 형용사와 사물의 작용의 일종인 상태 변화를 나타내는 일부 동사는 의미상 매우 밀접하여 좀 더 세밀하게 구분하여야 한다. 가령 '햇살이 밝다'에서의 '밝다'는 상태를 나타내는 형용사이고, '날이 밝는다'에서의 '밝다'는 상태의 변화를 나타내는 동사이다. 동사와 형용사를 구별하는 또 다른 기준으로 활용 양상을 내세우기도 한다. 동사와 달리 형용사는 원칙적으로 선어말 어미 '-ㄴ/는-', 관형사형 어미 '-는', 명령형·청유형 종결 어미, 의도나 목적을 나타내는 연결 어미 등과 결합하여 쓰이지 않는다. 다만, '있다'의 경우는 품사를 분류할 때 더욱 주의해야 한다. '존재', '소유'와 같이 상태의 의미를 나타내는 '있다'는 형용사로, '한 장소에 머묾'의 의미인 '있다'는 동사로 분류되는데, 동사 '있다'뿐만 아니라 형용사의 '있다'가 관형사형 어미 '-는'과 결합하기 때문이다. 형용사 '없다'의 경우도 반의어인 형용사 '있다'와 동일한 활용 양상을 보여 준다.

① '(얼굴이) 곱다'는 선어말 어미 '-ㄴ/는-'이 결합되지 못하므로 형용사이다.
② '있는 집안'의 '있는'은 관형사형 어미 '-는'이 결합되므로 동사이다.
③ '행복하세요'는 형용사에 명령형 어미가 결합된 것이므로 적절하지 않은 표현이다.
④ '나무가 잘 컸다'의 '크다'는 사물의 작용의 일종인 상태 변화를 나타내므로 동사라고 볼 수 있다.

해설
'있는'은 관형사형 어미 '-는'이 결합되더라도 동사라고 볼 수 없으므로 적절하지 않다. 제시문의 '다만, '있다'의 경우는 품사를 분류할 때 더욱 주의해야 한다. ~ 동사 '있다'뿐만 아니라 형용사의 '있다'가 관형사형 어미 '-는'과 결합하기 때문이다.'를 통해 보면 '있-'에 관형사형 어미 '-는'이 결합된다고 동사라고 볼 수 없다. '재산이 풍족하다'의 의미가 있으므로 '있는 집안'의 '있는'은 관형사형 어미 '-는'이 결합되더라도 형용사로 봐야 한다.

오답풀이 ① '(얼굴이) 곱다'는 선어말 어미 '-ㄴ/는-'이 결합되지 못하므로(곱는다X) 형용사이다.
③ 명령형·청유형 종결 어미는 형용사 어간에 결합되지 못한다고 하므로 형용사 어간인 '행복하-'에 명령형 어미 '-세요'가 결합된 것은 적절하지 않은 표현임을 알 수 있다.
④ 제시문의 '동사와 형용사의 구별이 대표적인데 ~ 사물의 작용의 일종인 상태 변화를 나타내는 일부 동사는'을 보면 '나무가 잘 컸다'는 나무의 성장이라는 상태 변화를 나타내므로 동사라고 볼 수 있다. ▶ ②

1 용언(用言) : 동사, 형용사

용언(用言)은 동사, 형용사를 통틀어 이르는 말로, 용언은 어간과 어미로 결합되어 있는 말이다. 문장에서 서술어의 기능을 하며 쓰임에 따라 본용언과 보조 용언으로 나뉜다.

① 활용하는 가변어 ② 부사어의 꾸밈 ③ 조사와 결합

01 동사(動詞) : 사물의 동작이나 작용을 나타내는 품사

자동사	목적어가 없는 동사 예 가다, 놀다, 살다, 달리다, 잡히다, 날다, 예상되다
타동사	목적어가 있는 동사 예 먹다, 잡다, 누르다, 태우다, 키우다, 안다

02 형용사(形容詞) : 사물의 성질이나 상태를 나타내는 품사

성상 형용사	사물의 성질이나 상태를 나타내는 형용사 예 고요하다, 달다, 예쁘다, 향기롭다
지시 형용사	사물의 성질, 시간, 수량 따위가 어떠하다는 것을 형식적으로 나타내는 형용사 예 이러하다, 그러하다, 저러하다, 어떠하다, 아무러하다

출•좀•포 6 어미로 파악하는 동사와 형용사의 구별

기준	동사	형용사
현재 시제 선어말 어미 '-는-(받침 뒤)/-ㄴ-'(모음 뒤)	(○) 빵을 먹는다. 집에 간다.	(×) * 손이 참 곱는다. * 하늘이 참 푸른다.
현재 관형사형 어말 어미 '-는'	(○) 빵을 먹는 여자	(×) * 푸르는 하늘
명령형, 청유형 어미	(○) 빵을 먹어라. 빵을 먹자.	(×) * 너는 착해라. 너는 착하자.
목적, 의도의 어미 '-러, -려'	(○) 학교에 공부하러 간다. 학교에 공부하려고 간다.	(×) * 착하러 간다. 지금 착하려 한다.
'-고 있다'	(○) 신발을 신고 있다.	(×) * 너는 착하고 있다.

조심해야 하는 현재 관형사형 어미 '는'
→ 있는 집안 없는 집안
: 밑줄 친 '있다, 없다'는 예외적으로 '-는'이 붙어도 형용사이다.

출좋포 7 의미로 파악하는 동사와 형용사의 구별

1 무조건 나오는 동사
늙다, 낡다, 틀리다, 모자라다, 조심하다, 중시하다,
잘생기다(못생기다), 잘나다(못나다), -어지다, -어하다, 가물다

2 무조건 나오는 형용사
없다, 많다, 젊다, 알맞다, 걸맞다, 부족하다, 칠칠하다

3 '-지 아니하다, -지 못하다'의 경우에는 '아니하다, 못하다'의 품사는 앞의 본용언을 따라간다. '-기 하다'도 마찬가지.

4 동사와 형용사 통용

크다	동사	자라다, 성장하다 (시간의 흐름)
	형용사	'자라다, 성장하다' 이외의 의미
길다 (동음이의어)	동사	머리카락, 수염 따위가 자라다.(시간의 흐름)
	형용사	'자라다' 이외의 의미
밝다	동사	밤이 지나고 환해지며 새날이 오다.(시간의 흐름)
	형용사	'새날이 오다' 이외의 의미
있다	동사	예 그는 내일 집에 있는다고 했다. 예 딴 데 한눈팔지 말고 그 직장에 그냥 있어라. 예 떠들지 말고 얌전하게 있자. 예 앞으로 사흘만 있으면 추석이다.
	형용사	예 나는 신이 있다고 믿는다. 기회가 있다. 모임이 있다. 예 그는 있는 집 자손이다. 그는 서울에 있다. 예 그는 철도청에 있다. 합격자 명단에는 내 이름도 있었다.
늦다	동사	예 그는 약속 시간에 항상 늦는다. 그는 버스 시간에 늦어 못 갔다.
	형용사	예 시계가 오 분 늦게 간다. 예 우리 일행은 예정보다 늦게 도착했다.

조심해야 하는 잘못된 활용형
① 건강하세요(×)
→ 건강하게 사세요(○)
성실해라(×)
→ 성실하게 살아라(○)
② 행복하자(×)
→ 행복하게 살자(○)
행복합시다(×)
→ 행복하게 삽시다(○)
③ 알맞는 답(×)
→ 알맞은 답(○)
걸맞는 배우자(×)
→ 걸맞은 배우자(○)

적중용 콤단문으로 보는 기출문제

밑줄 친 단어의 품사가 나머지 셋과 다른 것은? 2017. 국가직 7급 생활 안전 분야

① 노장은 결코 늙지 않는다는 말이 있다.
② 노인들은 꽃나무를 잘들 키우신다.
③ 곧 날이 밝으면 출발할 수 있다.
④ 노력했지만 아직 부족함이 많다.

해설
나머지는 '동사'이지만 '많다'는 형용사이다. '많다'는 언제나 형용사이다.
오답풀이 ① '늙다'는 언제나 동사이다.
② '키우신다.'에서 현재 시제 선어말 어미 '-ㄴ'이 있으므로 기본형 '키우다'는 동사이다.
③ 여기에서 '밝다'는 '날이 밝아오다'의 의미이므로 동사이다.
▶ ④

2 용언(用言)의 활용(活用)

01 활용(活用): 용언의 어간에 여러 어미가 번갈아 결합하는 현상

어간	어미		어간	어미
먹	+ 니		예쁘	+ 다
	+ 고			+ 냐
	+ 자			+ 게
	+ 냐			+ 지

1. 용언의 어간: 활용할 때 변하지 않는 부분

2. 용언의 어미: 활용할 때 변하는 부분

–는–(받침 뒤)/–ㄴ–(모음 뒤)
–았–(양성 모음 뒤)
–었–(음성 모음 뒤)

(1) 어미의 종류

① 선어말 어미(先語末語尾): 어말 어미 앞에 나타나는 어미

종류	내용		예
시제 선어말 어미	현재	–는–/–ㄴ–	먹는다, 간다
	과거	–았–/–었–	먹었다, 갔다
	미래(추측)	–겠–, –리–	먹겠다, 가리다
	과거(회상)	–더–	먹더라, 가더라
높임 선어말 어미	주체 높임	–(으)시–	가시고, 가신다
공손 선어말 어미	–옵–, –오–		가시옵고, 가오리다

② 어말 어미(語末語尾): 용언의 맨 뒤에 결합하는 어미

종류	내용		예
종결 어미	평서형	–다, –네, –오, –ㅂ니다, –습니다	역공녀가 갔습니다.
	감탄형	–는구나, –는가, –오, –나	눈이 오는구나.
	의문형	–느냐, –는가, –오(소), –(으)ㅂ니까, –나	어디 가느냐?
	명령형	–어라, –게, –(으)오, –(으)십시오	어서 먹게.
	청유형	–자, –세, –(으)ㅂ시다	어서 가세.
연결 어미	대등적	–고(–며) –으나(–지만) –거나(–든지)	꽃이 피고 새가 운다.
	종속적	–으면, –아서/어서, –려고	비가 오면 땅이 질다.
	보조적	–아/–어, –게, –지, –고	의자에 앉아 있다.
★ 전성 어미	명사형	–(으)ㅁ, –기	행복하게 삶. 밥을 먹기 싫다.
	관형사형	는, –(으)ㄴ, –(으)ㄹ, –던	가는 세월, 먹을 사람
	부사형	–게, –(아)서, –도록	빠르게 가다.

02 활용 양상

"자음 어미"를 붙이는 경우에는 보통 어간과 어미의 원형이 그대로 결합되므로 의미가 없다. 따라서 "모음 어미"를 붙였을 때를 기준으로 활용 양상을 판단해야 한다.

출좋포 8

1 규칙 활용

종류	내용	예
일반적 규칙 활용	용언이 활용할 때 어간이나 어미의 모습이 바뀌지 않음.	• 좋다 : 좋고, 좋아, 좋으니
'ㅡ' 탈락	어간의 끝이 'ㅡ' 모음일 때 모음으로 시작하는 어미와 결합하면서 'ㅡ'가 탈락함.	• 쓰다 : 써(쓰 + 어), 썼다(쓰 + 었 + 다) • 들르다 : 들러(들르 + 어), 들렀다(들르 + 었 + 다) • 치르다 : 치러(치르 + 어), 치렀다(치르 + 었 + 다) • 잠그다 : 잠가(잠그 + 아), 잠갔다(잠그 + 았 + 다) • 담그다 : 담가(담그 + 아), 담갔다(담그 + 았 + 다)
'ㄹ' 탈락	어간의 'ㄹ' 받침이 'ㅂ, ㅅ, ㄴ, ㄹ, 오' 등 특정 자음으로 시작하는 어미와 결합하면서 탈락함.	• 울다 : 웁니다(울 + ㅂ니다), 우시니(울 + 시 + 니), 우는(울 + 는), 울수록(울 + ㄹ수록), 우오(울 + 오)
동음 탈락	어간의 끝과 어미의 처음이 동음인 경우 하나가 탈락함.	• 파다 : 파(파 + 아), 파서(파 + 아서), 파도(파 + 아도) • 바라다 : 바라(바라 + 아), 바라서(바라 + 아서), 바라도(바라 + 아도) • 모자라다 : 모자라(모자라 + 아), 모자라서(모자라 + 아서)

2 불규칙 활용

종류		내용	불규칙 용언	규칙 용언
어간 바뀜	'ㅅ' 불규칙	모음 어미 앞에서 'ㅅ' 탈락	• 붓 + 어 → 부어 • 짓 + 어 → 지어 • 낫다(勝, 癒), 잇다, 긋다	벗어, 씻어, 빗어, 웃어
	'ㅂ' 불규칙	모음 어미 앞에서 '오/우'로 변함.	• 굽(炙) + 어 → 구워 • 눕 + 어 → 누워 • 줍 + 어 → 주워 • 돕다, 덥다, 깁다, 춥다	잡아, 뽑아, 좁아, 씹어
	'ㄷ' 불규칙	모음 어미 앞에서 'ㄹ'로 변함.	• 싣 + 어 → 실어 • 붇 + 어 → 불어 • 걷(步) + 어 → 걸어 • 묻다(問), 듣다, 깨닫다, 눋다	묻어(埋), 얻어, 걷어
	'르' 불규칙	모음 어미 앞에서 'ㄹㄹ'로 변함.	• 빠르 + 아 → 빨라 • 이르 + 어 → 일러(謂, 早) • 부르다, 오르다, 바르다, 곧(올)바르다, 가파르다, 불사르다	따라, 치러
	'우' 불규칙	모음 어미 앞에서 'ㅜ' 탈락함.	• 푸 + 어 → 퍼 ('푸다'만 '우' 불규칙)	주어, 누어

어미 바뀜	'여' 불규칙	모음 어미 '-아'가 '-여'로 변함.	• 공부하 + 아 → 공부하여 • '하다'와 '-하다'가 붙는 모든 용언	파 + 아 → 파
	'러' 불규칙	어미 '-어' 가 '-러'로 변함.	• 푸르 + 어 → 푸르러 • 노르 + 어 → 노르러 • 누르 + 어 → 누르러 • 이르(至) + 어 → 이르러	치르 + 어 → 치러
어간 어미 바뀜	'ㅎ' 불규칙	'ㅎ'으로 끝나는 형용사 어간에 '-아/-어'가 오면 어간의 일부인 'ㅎ'이 없어지고 어미는 'ㅣ'로 변함.	• 하얗 + 아서 → 하얘서 • 파랗 + 아 → 파래 • 누렇 + 어지다 → 누레지다	좋 + 아서 → 좋아서 낳+은 → 낳은

적중용 콤단문으로 보는 기출문제

01 밑줄 친 말의 기본형이 옳지 않은 것은? 2017. 국가직 9급

① 무를 강판에 가니 즙이 나온다. (기본형 : 갈다)
② 오래되어 불은 국수는 맛이 없다. (기본형 : 불다)
③ 아이들에게 위험한 데서 놀지 말라고 일렀다. (기본형 : 이르다)
④ 퇴근하는 길에 포장마차에 들렀다가 친구를 만났다. (기본형 : 들르다)

02 ㉠, ㉡의 사례로 옳은 것만을 짝지은 것은? 2021. 국가직 9급

> 용언의 불규칙 활용은 크게 ㉠ 어간만 불규칙하게 바뀌는 부류, ㉡ 어미만 불규칙하게 바뀌는 부류, 어간과 어미 둘 다 불규칙하게 바뀌는 부류로 나눌 수 있다.

	㉠	㉡		㉠	㉡
①	걸음이 빠름	꽃이 노람	②	잔치를 치름	공부를 함
③	라면이 불음	합격을 바람	④	우물물을 품	목적지에 이름

3 본용언과 보조 용언

01 개념

> 철수가 추운가(본) 보다(보조). 날이 밝아(본) 왔다(보조). 비가 올(본) 듯하다(보조). 편지를 부쳐(본) 주었다(보조).

본용언	머릿속으로 실질적인 뜻을 생각할 수 있는 자립성이 있는 용언
보조 용언	본용언과 연결되어 문법적 의미를 보충하는 역할 (∴ 생략되어도 괜찮음.)

해설

01 '불은'의 기본형은 '붇다'이다. '붇다'는 'ㄷ' 불규칙 활용을 하는 용언으로 모음 어미가 올 때 'ㄷ'이 'ㄹ'로 바뀐다.
오답풀이 ① '갈+니' : 'ㄹ'이 탈락 규칙 활용
③ '이르+었다' : '르' 불규칙 활용
④ '들르+었다가' : 'ㅡ'가 탈락 규칙 활용 ▶ ②

02 '푸다'는 'ㅜ' 불규칙 용언으로 ㉠에 속한다. '이르다'는 '러' 불규칙 용언이므로 ㉡에 속한다.
오답풀이 ① '노랗다'는 'ㅎ' 불규칙 용언이므로 ㉡에 속하지 않는다. 어간 어미가 모두 바뀌는 경우이다.
② '치르다'는 'ㅡ' 탈락 규칙 용언이므로 ㉠에 속하지 않는다.
③ '바라다'는 동음 탈락 규칙 용언이므로 ㉡에 속하지 않는다. ▶ ④

출좋포 9 '본용언 + 본용언 / 본용언 + 보조 용언'의 구별

1 2개의 문장으로 분리되는가?
- 그는 나를 놀려 대곤 했다. : 분리될 수 없으므로 '대곤, 했다'는 보조 용언이다.

2 뒤의 용언이 정말 중심적인 의미를 가지는가?
- 날이 밝아 왔다. : '오다'는 중심적 의미인 '다리로 걸어오다'의 의미가 아니므로 '왔다'는 보조 용언이다.

적중용 콤단문으로 보는 기출문제

밑줄 친 부분 중 보조 용언이 결합되지 않은 것은? 2015. 국가직 9급

① 창문 너머로 날이 밝아 온다.
② 동생이 내 과자를 먹어 버렸다.
③ 우체국에 들러 선배의 편지를 부쳐 주었다.
④ 그는 환갑이 지났지만 40대처럼 젊어 보인다.

해설

'보조 용언'이 결합되지 않은 것을 고르라는 것은 '본용언 + 본용언'으로 쓰인 것을 고르라는 말이다. '보조 용언'은 '본용언과 연결되어 그것의 뜻을 보충하는 역할'을 하는 용언으로 실질적인 의미가 적다. 그런데 ④는 '그는 40대처럼 젊다. + (그는 40대처럼) 보이다.' 가 합쳐진 말이므로 본용언 '젊다'와 본용언 '보이다'가 합쳐진 것이다. 따라서 보조 용언이 결합되지 않은 것이라고 볼 수 있다.
보조 용언은 문장에서 생략해도 문맥의 뜻에 큰 영향을 끼치지 않는다.

오답풀이 ① '오다'는 '진행'의 뜻을 가진 보조 용언이다.
② '버리다'는 '종결, 완료'의 뜻을 가진 보조 용언이다.
③ '주다'는 '다른 사람을 위하여 어떤 행동을 함(봉사)'의 뜻을 가진 보조 용언이다. ▶ ④

출좋포 10 보조 용언이 본용언의 품사를 따라가는 경우

TIP 보조 용언이 자신의 앞에 있는 본용언의 품사를 따라가는 경우이다.

1 **'-지 아니하다(= 지 않다), -지 못하다'**

1. 집에 가지 않다. ( ) 2. 공부를 하지 못하였다. ( )

3. 따뜻하지 않았다. ( ) 4. 돈이 많지 못하다. ( )

예외) 울다 못해 쓰러지다.
» 주로 '-다가 못하여, 의 구성으로 쓰여. 극에 달해 더 이상 유지할 수 없음을 나타내는 말일 경우에는 보조 형용사로 본다.

2 **시인이나 강조를 뜻하는 '-기는/-기도/-기나 하다'**

1. 역공녀가 많이 먹기는 한다. ( ) 2. 역공녀가 예쁘기도 하다. ( )

정답

1 1. 동사 2. 동사 3. 형용사 4. 형용사
2 1. 동사 2. 형용사

적중용 콤단문으로 보는 기출문제

밑줄 친 단어의 품사가 나머지 셋과 다른 것은? 2016. 교육행정직 9급

① 그는 믿을 만한 사람이다.
② 누가 볼까 싶어 가슴이 두근거렸다.
③ 그는 말이 많기는 하지만 부지런하다.
④ 그는 이유도 묻지 않고 부탁을 들어주었다.

해설

'않다, 못하다'는 앞의 용언이 동사인지 형용사인지에 따라 품사가 정해진다. '묻다'는 '묻는다'로 활용이 가능하므로 동사임을 알 수 있다. 나머지는 모두 품사가 형용사이다.

오답풀이 ① '만하다'는 대표적인 보조 형용사이다. '만하다'와 비슷한 구조를 가진 보조 형용사에는 '듯하다, 듯싶다, 성하다, 성싶다, 만하다, 법하다, 뻔하다'가 있다. 보조 동사로는 '척하다, 체하다, 양하다'가 있다.
② '싶다'는 대표적인 보조 형용사이다.
③ '~기는 하다'의 구조에서 '하다'는 앞 용언이 동사인지 형용사인지에 따라 품사가 정해진다. '많다'가 형용사이므로 '하지만'의 품사 또한 형용사이다. ▶ ④

레벨별 亦功 기출 훈련 : Ch.3 용언

▶ 레벨별 역공 기출 훈련 해설 영상은 주독야독 시즌 1(2024 7월)에서 꼭 수강해 주시기 바랍니다.

적중용 亦功 最빈출

01 **밑줄 친 단어의 기본형이 옳지 않은 것은?** 2019. 국가직 7급

① 아침이면 얼굴이 부어서 늘 고생이다. (→ 붓다)
② 개울물이 불어서 징검다리가 안 보인다. (→ 불다)
③ 은행에 부은 적금만도 벌써 천만 원이다. (→ 붓다)
④ 물속에 오래 있었더니 손과 발이 퉁퉁 불었다. (→ 붇다)

정답풀이 물이 '붇다'가 기본형이다. '붇다'는 '분량이나 수효가 많아지다.'의 의미를 갖는 'ㄷ' 불규칙 용언이다. 'ㄷ' 불규칙 용언이기 때문에 어미 '어서'가 오니 '불어서'로 형태가 바뀐 것이다. 기본형은 '붇다'가 맞다.

오답풀이 ① '붓다[1]'는 '얼굴이 붓다'는 의미를 가진 'ㅅ' 불규칙 용언이다. 그래서 어미 '어서'가 오니 'ㅅ'이 탈락하여 '부어서'로 형태가 바뀐 것이다.
③ '붓다[2]'는 '곗돈 · 납입금 등을 기한마다 치르다'는 의미를 가진 'ㅅ' 불규칙 용언이다. 그래서 어미 '-(으)ㄴ'가 오니 'ㅅ'이 탈락하여 '부은'으로 형태가 바뀐 것이다.
④ '붇다'는 '물에 젖어 부피가 커지다'로 ②의 '붇다'와 사전에 함께 수록된 같은 단어이다. ('붇다'는 다의어이다.) 'ㄷ' 불규칙 용언이기 때문에 어미 '었'이 오니 '불었다'로 활용된 것이다.

02 **밑줄 친 부분이 〈보기〉의 ㉠에 해당하지 않는 것은?** 2019. 서울시 7급

> 국어의 '있다'는 경우에 따라 ㉠ 동사적인 모습을 보여주기도 하고 형용사적인 모습을 보여 주기도 한다.

① 나는 오늘 집에 있는다.
② 할아버지는 재산이 많이 있으시다.
③ 눈이 그칠 때까지 가만히 있어라.
④ 비도 오니 그냥 집에 있자.

정답풀이 '있다'는 동사와 형용사로 둘 다 쓰이는데, 의미상 동작의 움직임이나 과정을 나타내면 동사이고, 상태를 나타내면 형용사이다. ②는 "어떤 물체를 소유하거나 자격이나 능력 따위를 가진 상태이다."라는 뜻을 가진 형용사이다.

오답풀이 ① "사람이나 동물이 어느 곳에서 떠나거나 벗어나지 아니하고 머물다."라는 뜻을 가진 동사이다.
③ "사람이나 동물이 어떤 상태를 계속 유지하다."라는 뜻을 가진 동사이다.
④ "사람이나 동물이 어느 곳에서 떠나거나 벗어나지 아니하고 머물다."라는 뜻을 가진 동사이다.

03 **다음 중 밑줄 친 단어의 품사가 다른 것은?** 2017. 국회직 9급

① 아무런 증세가 없어서 조기 발견이 어렵다.
② 키가 몰라보게 컸구나.
③ 앞으로 사흘만 있으면 추석이다.
④ 내일 아침이 밝으면 떠나겠다.
⑤ 사람은 늙거나 병들면 죽는다.

정답풀이 '없다'는 어떤 문장에서 쓰이든지 항상 형용사이다. ①의 '없어서(없다)'의 품사만 형용사고, 나머지 단어의 품사는 동사다.

오답풀이 ② '크다'가 '자라다'를 의미할 때에 품사는 동사이다. '크다'는 형용사로도 쓰이므로 주의하여야 한다.
③ '있다'가 '(시간이) 경과하다'를 의미할 때에 품사는 동사다. '없다'의 반의어 '있다'는 의미에 따라 품사가 달라진다. 즉 '머물다, (계속) 다니다, (상태를) 유지하다, (시간이) 경과하다'의 의미일 때는 동사이지만 '소유하다, 존재하는 상태이다'의 의미일 때는 형용사이다.
④ '밝다'가 '새날이 오다'를 의미할 때에는 품사가 동사이다.
⑤ '늙다'의 품사는 항상 동사다. 반면, 반의어인 '젊다'의 품사는 언제나 형용사이다.

04 **〈보기〉의 설명 중 밑줄 친 부분에 해당하는 사례가 아닌 것은?** 2023. 서울시 9급

〔보기〕

용언이 문장 속에 쓰일 때에는 어간에 어미가 붙어서 활용함으로써 다양한 문법적인 기능을 나타낸다. 대부분의 용언은 활용할 때에 어간이나 어미의 기본 형태가 그대로 유지되거나 혹은 다른 형태로 바뀌어도 그 현상을 일정한 규칙으로 설명할 수 있지만, 일부의 용언 가운데에는 활용할 때 '<u>어간의 형태가 불규칙하게 활용하는 것</u>', '어미의 형태가 불규칙하게 활용하는 것', '어간과 어미가 불규칙하게 활용하는 것'이 있다.

① 잇다 → 이으니 ② 묻다(問) → 물어서
③ 이르다(至) → 이르러 ④ 낫다 → 나으니

정답풀이 '이르다'는 '러' 불규칙 활용으로 '어미의 형태가 불규칙하게 활용하는 것'이므로 밑줄 친 부분에 해당하는 사례가 아니다.

05 **국어의 불규칙 활용에 대한 〈보기〉의 설명과 그 예를 가장 바르게 짝지은 것은?** 2018. 서울시 7급

(가) 불규칙 용언 가운데는 어간의 일부가 탈락되는 경우가 있다.
(나) 불규칙 용언 가운데는 어간의 일부가 다른 것으로 바뀌는 경우가 있다.
(다) 불규칙 용언 가운데는 어미가 다른 것으로 바뀌는 경우가 있다.
(라) 불규칙 용언 가운데는 어간과 어미가 함께 바뀌는 경우가 있다.

① (가) – 짓다, 푸다, 눕다
② (나) – 깨닫다, 춥다, 씻다
③ (다) – 푸르다, 하다, 노르다
④ (라) – 좋다, 파랗다, 부옇다

정답풀이 활용 문제는 빈출 문제이므로 완벽하게 알아야 한다.
[1] '푸르다'는 어간 '푸르-'에 모음 어미 '-어'가 결합되면 모음 어미가 '러'로 바뀌어 '푸르러'가 되는 '러' 불규칙 용언이다.
[2] '하다'는 어간 '하-'에 모음 어미 '-어/아'가 결합되면 모음 어미가 '여'로 바뀌어 '하여'가 되는 '여' 불규칙 용언이다.
[3] '노르다'는 어간 '노르-'에 모음 어미 '-어'가 결합되면 모음 어미가 '러'로 바뀌어 '노르러'가 되는 '러' 불규칙 용언이다.

오답풀이 ① '눕다'가 (나)의 예에 해당하므로 (가)의 예로 적절하지 않다. 나머지 '짓다'와 '푸다'는 어간의 일부가 탈락되는 (가)의 예이다.
[1] (가): '짓다'는 어간 '짓-'에 모음 어미 '-어'가 결합되면 어간 '짓-'의 'ㅅ'이 탈락하여 '지어'가 되는 'ㅅ' 불규칙 용언이다.
[2] (가): '푸다'는 어간 '푸-'에 모음 어미 '-어'가 결합되면 어간 '푸-'의 '우'가 탈락하여 '퍼'가 되는 '우' 불규칙 용언이다.
[3] (나): '눕다'는 어간 '눕-'에 모음 어미 '-어'가 결합되면 어간 '눕-'의 'ㅂ'이 '우'로 바뀌어 '누워'가 되는 'ㅂ' 불규칙 용언이다. '눕다'는 어간의 일부가 다른 것으로 바뀌는 (나)의 예이다.

② '씻다'는 규칙 용언이므로 (나)의 예가 아니다.
[1] (나): '깨닫다'는 어간 '깨닫-'에 모음 어미 '-어'가 결합되면 어간 '깨닫-'의 'ㄷ'이 'ㄹ'로 바뀌어 '깨달아'가 되는 'ㄷ' 불규칙 용언이다.
[2] (나): '춥다'는 어간 '춥-'에 모음 어미 '-어'가 결합되면 어간 '춥-'의 'ㅂ'이 '우'로 바뀌어 '추워'가 되는 'ㅂ' 불규칙 용언이다.
[3] 규칙 활용: '씻다'는 모음 어미 '-어'가 결합되면 어간이나 어미가 바뀌지 않고 '씻어'가 되는 용언이다. 이는 규칙 활용이다.

④ '좋다'는 규칙 용언이므로 (라)의 예가 아니다.
[1] 규칙 활용: '좋다'는 모음 어미 '-아'가 결합되면 어간이나 어미가 바뀌지 않고 '좋아'가 되는 규칙 용언이다.
[2] (라): '파랗다'는 어간 '파랗-'에 모음 어미 '-아'가 결합되면 어간의 일부인 'ㅎ'이 없어지고 어미도 바뀌어 '파래'가 되는 'ㅎ' 불규칙 용언이다.
[3] (라): '부옇다'는 어간 '부옇-'에 모음 어미 '-어'가 결합되면 어간의 일부인 'ㅎ'이 없어지고 어미도 바뀌어 '부예'가 되는 'ㅎ' 불규칙 용언이다.

01 ② **02** ② **03** ① **04** ③ **05** ③

06 밑줄 친 단어의 불규칙 활용 유형이 같은 것은?

2017. 국가직 9급 추가

① • 나뭇잎이 누르니 가을이 왔다.
  • 나무가 높아 오르기 힘들다.
② • 목적지에 이르기는 아직 멀었다.
  • 앞으로 구르기를 잘한다.
③ • 주먹을 휘두르지 마라.
  • 머리를 짧게 자른다.
④ • 그를 불운한 천재라 부른다.
  • 색깔이 아주 푸르다.

정답풀이 기본형 '휘두르다'와 '자르다'에 모음으로 시작하는 어미 '아/어'를 결합해보자. '휘두르 + 어' '자르 + 아'를 보면, '으'가 탈락되면서 ㄹ이 덧생겨서 둘다 '휘둘러'와 '잘라'가 된다. 이는 '르' 불규칙 활용임을 알 수 있다.

오답풀이 ① 형용사 '누르다[黃, '누렇다'의 의미]'는 어미가 교체되는 '러' 불규칙 용언(누르다 – 누르고 – 누르지 – 누르러)이고, '오르다(오르다 – 오르고 – 오르지 – 올라)'는 어간이 교체되는 '르' 불규칙 용언이다.
  ⊘ 동사 '누르다'(press)는 '르' 불규칙 용언이다. (머리를) 누르다 – 누르니 – 누르지 – 눌러
② '도착하다'의 의미를 갖는 동사 '이르다(이르다 – 이르고 – 이르지 – 이르러)'는 어미가 교체되는 '러' 불규칙 용언이고, '구르다(구르다 – 구르고 – 구르지 – 굴러)'는 어간이 교체되는 '르' 불규칙 용언이다.
  ⊘ 형용사 '이르다(early)'와 동사 '이르다(tell)'는 '르' 불규칙 용언이다. 이르다 – 이르고 – 이르지 – 일러
④ '부르다(부르다 – 부르고 – 부르지 – 불러)'는 어간이 교체되는 '르' 불규칙 용언이고, '푸르다(푸르다 – 푸르고 – 푸르지 – 푸르러)'는 어미가 교체되는 '러' 불규칙 용언이다.

07 밑줄 친 단어의 형태가 옳지 않은 것은?

2019. 서울시 9급 추가

① 멀리서 보기와 달리 산이 가팔라서 여러 번 쉬었다.
② 예산이 100만 원 이상 모잘라서 구입을 포기해야 했다.
③ 영혼을 불살라서 이룬 깨달음이니 더욱 소중하다.
④ 말이며 행동이 모두 올발라서 흠잡을 데 없는 사람이다.

정답풀이 '양이나 정도에 미치지 못하다.'의 의미로 쓰이는 용언의 기본형이 '모자라다'인데, 어간 '모자라-' 뒤에 어미 '-아서'가 결합하면 '모자라아서'가 되고, 동음 탈락이 일어나 '모자라서'가 된다.

오답풀이 ① '가파르다'의 어간 '가파르-'에 어미 '-아서'가 결합하면 '르' 불규칙 활용을 하여 어간의 '르'가 'ㄹㄹ'의 형태로 변하여 결합되므로 '가팔라서'가 된다.
③ '불사르다'의 어간 '불사르-'에 어미 '-아서'가 결합하면 '르'가 'ㄹㄹ'의 형태로 변하여 결합되는 '르' 불규칙 활용을 하여 '불살라서'가 된다.
④ '올바르다'의 어간 '올바르-'에 어미 '-아서'가 결합하면 '르'가 'ㄹㄹ'의 형태로 변하여 결합되는 '르' 불규칙 활용을 하여 '올발라서'가 된다.

08 밑줄 친 단어의 품사가 적절하지 않은 것은?

2016. 교육행정직 7급

① ㉠ 방 안이 밝아서 독서하기가 좋다. (형용사)
  ㉡ 그는 날이 밝기가 무섭게 집을 나섰다. (동사)
② ㉠ 밤이 깊어지자 길거리에 아무도 없었다. (대명사)
  ㉡ 그는 아무 말도 없이 그냥 고개만 끄덕이고 있었다. (관형사)
③ ㉠ 동생네는 첫째가 벌써 고등학교 3학년이다. (수사)
  ㉡ 우리 동네 도서관은 매월 첫째 주 월요일에 쉰다. (관형사)
④ ㉠ 제 딴에는 열심히 했는데 실력이 조금 부족했나 봐요. (명사)
  ㉡ 버스 안에서 딴 생각을 하느라고 정류장을 지나쳤다. (관형사)

정답풀이 ㉠의 '첫째'는 수사(순서, 양)가 아니라 '맏이(사람)'라는 의미의 명사이고, ㉡의 '첫째'는 뒤에 오는 명사 '주'를 수식하고 있으므로 관형사가 맞다.

오답풀이 ① ㉠ '방 안이 밝아서'의 '밝다'는 '환하다'는 의미의 형용사이고, ㉡ '날이 밝기가'의 '밝다'는 '새날이 오다'는 의미의 '동사'이다.
② ㉠의 '아무'는 부정칭 대명사로 조사 '도'와 결합하였고, ㉡의 '아무'는 관형사로 뒤에 오는 명사 '말'을 수식하고 있다.
④ ㉠의 '딴'은 명사로 조사 '에는'과 결합하였고, ㉡의 '딴'은 관형사로 뒤에 오는 명사 '생각'을 수식하고 있다.

09 밑줄 친 용언의 활용형 중 가장 옳지 않은 것은?

2018. 서울시 7급

① 아주 곤혹스런 상황에 빠졌다.
② 할아버지께 여쭈워 보시면 됩니다.
③ 라면이 붇기 전에 빨리 먹어라.
④ 내 처지가 너무 설워서 눈물만 나온다.

정답풀이 '곤혹스럽다'는 'ㅂ' 불규칙 활용 용언이다. 따라서 어간의 끝음 'ㅂ'이 '우'로 변하므로 '곤혹스러운'으로 활용해야 한다. '곤혹스런'은 옳지 않은 활용이다.

오답풀이 ② '여쭙다'와 '여쭈다'는 복수 표준어이다. 하지만 활용 양상은 다르다. '여쭙다'는 'ㅂ' 불규칙 활용 용언으로 '여쭙-'에 '-어'가 결합되면 어간의 끝음 'ㅂ'이 '우'로 변하므로 여쭈워'가 된다. 하지만 '여쭈다'는 규칙 활용 용언이므로 '여쭈-'에 '-어'가 결합되면 '여쭈어'가 된다.

③ '물에 젖어서 부피가 커지다.'는 뜻의 동사는 '붇다'이다. '붇다'는 모음 어미와 결합할 때에는 'ㄷ' 불규칙 활용하여 '불어'가 되지만, 명사형 전성 어미 '-기'가 오면 어간이나 어미의 변형 없이 '붇기'로 활용한다.

④ '서럽다'와 '섧다'는 복수 표준어로서 둘 다 'ㅂ' 불규칙 용언이다. 먼저 '서럽다'는 'ㅂ' 불규칙 활용 용언이므로 모음 어미 '-어서'가 오면 '서러워서'가 되고 복수 표준어인 '섧다'도 마찬가지로 'ㅂ' 불규칙 활용을 하는 용언이므로, 모음 어미가 오면 '설워서'로 활용한다.

적중용 亦功 중간 빈출

10 ㉠~㉣ 중 다음 밑줄 친 '먹기'와 품사가 같은 것을 모두 고른 것은?

2015. 기상직 9급

> 나는 배가 고파 더 많이 먹기 시작했다.
> • 그는 밤새 믿기지 않는 ㉠ 꿈을 꾸었다.
> • 그는 '초상화를 잘 ㉡ 그림'이라고 썼다.
> • 그의 ㉢ 바람은 내가 건강해지는 것이었다.
> • 그는 빙그레 ㉣ 웃음으로써 마음을 전했다.

① ㉠, ㉡　　② ㉠, ㉣
③ ㉡, ㉢　　④ ㉡, ㉣

정답풀이 '먹기'는 부사어 '많이'의 수식을 받으면서 '배가 고파 더 많이 먹다'와 같이 서술성이 있기 때문에 품사가 동사임을 알 수 있다. ㉡ '그림'은 부사어 '잘'의 수식을 받으면서 '초상화를 잘 ㉡ 그렸다'와 같이 서술성이 있기 때문에 품사가 동사임을 알 수 있다. ㉣ '웃음'은 부사어 '빙그레'의 수식을 받으면서 '그는 빙그레 ㉣ 웃었다'와 같이 서술성이 있기 때문에 품사가 동사임을 알 수 있다.

오답풀이 ㉠ 관형어 '않는'의 꾸밈을 받으므로 '꿈(꾸 + ㅁ(명사화 접미사))'은 명사이다.

㉢ 관형어 '그의'의 꾸밈을 받으므로 '바람(바라 + ㅁ(명사화 접미사))'은 명사이다.

Answer

06 ③ 07 ② 08 ③ 09 ① 10 ④

Chapter 04

관계언 / 수식언 / 독립언

1 관계언(關係言): 조사

품사에서 관계언은 조사를 이르는 말로, 문장에 쓰인 단어들의 관계를 나타내는 기능을 한다. 조사는 체언이나 부사, 어미에 붙어 그 말과 다른 말과의 문법적 관계를 표시하거나 그 말의 뜻을 더해 주는 품사로, 크게 격 조사, 접속 조사, 보조사로 나뉜다.

01 조사(助詞)

1. 개념

주로 체언 뒤에 붙어, 다른 말과의 문법적 관계를 나타내거나 그 말의 뜻을 더하는 품사이다.
(다른 말과의 문법적 관계를 나타내거나: 격 조사, 접속 조사 / 그 말의 뜻을 더하는: 보조사)

2. 특징

(1) 서술격 조사 '이다'만 형태가 변하는 가변어이다.

(2) 주로 체언 뒤에 붙는다.
(부사, 어미 따위의 뒤에 붙기도 함. 단, 관형사 뒤에는 결합이 불가능함.)

출•좋•포 11 격 조사 vs 접속 조사 vs 보조사

구분	내용
격 조사	앞말에 자격을 부여해 주는 조사
	① 주격(이/가*, 께서, 에서*, 서) ② 목적격(을/를) ③ 보격(이/가*) ④ 서술격(이다) ⑤ 관형격(의) ⑥ 부사격(에, 에서, 에게, 으로, 와/과*) ⑦ 호격(아/야)
접속 조사	체언과 체언을 동등하게 연결하는 조사
	와/과*, 랑, 하고, 며, 에
보조사	특별한 의미를 더해 주는 조사
	요*, 은/는, 도, 만, 부터, 까지

출♥좋♥포 12 대칭 서술어 : 접속 조사 '와/과' VS 부사격 조사 '와/과'

✦ 대칭 서술어란?
반드시 두 대상을 필요로 하는 서술어
예 닮다, 같다, 다르다, 비슷하다, 친구이다, 부부이다, 싸우다, 만나다, 마주치다 등등

1 무조건 부사격 조사인 경우 : 체언과 체언이 동등하게 연결되지 ×
예 포돌이가 포순이와 닮았다.

2 나머지 선택지에 따라 봐야 하는 경우

체언과 체언이 동등하게 연결 + 대칭 서술어

예 포돌이와 포순이가 닮았다.
견해 1) 체언과 체언을 연결하는 관점으로 보면 → 접속 조사
견해 2) '포돌이와'를 생략할 수 없는 관점으로 보면 → 부사격 조사

2 수식언(修飾言) : 관형사, 부사

뒤에 오는 말을 한정하는(= 꾸미는) 기능을 갖는 말

赤功 포인트

1. 관형사와 다른 품사 구별하기
2. 부사와 다른 품사 구별하기
3. 문장 부사와 성분 부사, 성분 부사와 필수 부사 구별하기

훈련용 콤단문으로 보는 대표 기출

다음 글의 ㉠~㉣의 사례를 추론한 내용으로 적절하지 않은 것은?

단어를 공통된 성질에 따라 분류한 것을 '품사'라 한다. 품사 분류의 기준으로는 일반적으로 '형태, 기능, 의미'가 있다. '형태'는 단어가 활용하느냐 활용하지 않느냐에 관한 것이고 '기능'은 단어가 문장에서 하는 역할과 관련된다. '의미'는 단어의 구체적인 의미가 아니라 단어 부류가 가지는 추상적인 의미를 말한다.

이러한 기준의 전체 혹은 일부를 적용하여 ㉠ 활용하지 않으며 사물의 이름을 나타내는 말, ㉡ 활용하고 사물의 동작이나 작용을 나타내는 말, ㉢ 활용하지 않으며 수량이나 순서를 나타내는 말, 활용하지 않으며 주로 체언에 붙어 체언과 다른 말의 문법적 관계를 나타내거나 특수한 의미를 덧붙이는 말, ㉣ 활용하지 않으며 뒤에 오는 체언을 수식하는 말 등으로 개별 품사를 분류할 수 있다. 예를 들어 '옛날 사진'의 '옛날, 사진'은 사물의 이름을 나타내는 말, '보다, 가다'는 사물의 동작이나 작용을 나타내는 말, '하나, 둘, 첫째, 둘째'는 수량이나 순서를 나타내는 말, '이/가, 을/를'은 앞말에 붙어 앞말과 다른 말의 문법적 관계를 나타내거나 특수한 의미를 덧붙이는 말, '온갖, 허튼'은 뒤에 오는 체언을 수식하는 말이다.

① '기억, 사과, 사실'은 ㉠에 해당하고 명사이다.
② '(날이) 밝다, (얼굴이) 늙다'는 ㉡에 해당하고 동사이다.
③ '다섯이 모였다'의 '다섯'은 ㉢에 해당하고 수사이다.
④ '예쁜 소녀, 따뜻한 마음'의 '예쁜, 따뜻한'은 ㉣에 해당하고 관형사이다.

해설

㉣의 '활용하지 않으며 뒤에 오는 체언을 수식하는 말'은 관형사를 가리킨다. 하지만 '예쁜, 따뜻한'은 '예쁘다, 따뜻하다'라는 형용사 어간 '예쁘-, 따뜻하-'에 관형사형 어미 '-ㄴ'이 결합된 것으로 활용이 가능하므로 '활용하지 않으며'라는 ㉣의 조건에 부합하지 않는다. '예쁜, 따뜻한'은 ㉣에 해당하지 않은 '형용사'이다.

오답풀이 ① '기억, 사과, 사실'은 활용하지 않으며 사물의 이름을 나타내는 말이므로 ㉠에 해당하고 명사이다.
② '(날이) 밝다, (얼굴이) 늙다'는 '밝는다, 늙는다'로 활용이 가능하며 사물의 동작이나 작용을 나타내므로 ㉡에 해당하고 동사이다.
③ '다섯' 뒤에 주격 조사 '이'가 결합하였으므로 '다섯'은 ㉢에 해당하고 수사이다. ▶ ④

01 관형사(冠形詞) : 체언(주로 명사)을 수식

1. 특징

① 활용하지 않는 불변어 ② 뒤의 명사를 꾸밈(수사는 못 꾸밈) ③ 조사와 결합 ×

출•좋•포 13 관형사

온갖(= 갖은) 나비, 허튼 말, 여남은 사람, 외딴 학교, 고얀 녀석, 긴긴 세월, 한다하는 선비, 오랜 시간, 어느 책

1 무조건 나오는 "-적(的)"

> 비교적인 관점에서 보자. 비교적 관점에서 보자.
> (비교적인: 명사 / 비교적: 관형사)
> 우리 사무실은 도심에 위치하고 있어 비교적 교통이 편리하다.
> (비교적: 부사)

2 무조건 나오는 "수 관형사 vs 수사"

> 셋째 학생이 사과 하나를 먹었다.
> (셋째: 수 관형사 / 하나: 수사)

3 무조건 나오는 "관형사 vs 대명사"

> 이 옷은 이쁘다. 이는 시장에서 샀다.
> (이: 관형사 / 이는: 대명사)

4 무조건 나오는 "관형사 vs 용언의 관형사형"

> 다른 사람과 비교하지 말아라. 너와 나는 다른 사람이다.
> (다른: 관형사 / 다른: 형용사)

02 부사(副詞) : 주로 용언을 꾸밈(수식언, 체언도 꾸밀 때가 있음).

1. 특징

① 활용하지 않는 불변어 ② 주로 용언을 꾸밈 ③ 보조사와 결합 가능

종류		예
성분 부사 (한 성분 수식)		바로*, 매우, 아주, 이리, 그리, 저리, 빙그레, 칙칙폭폭
문장 부사 (문장 전체 수식)	양태 부사	설마, 과연, 제발, 결코, 정말, 모름지기, 응당, 만약 의외로, 확실히, 아무리
	접속 부사	및*, 그리고, 그러나, 그런데, 그래서, 하지만

출좋포 14 부사 vs 부사 외의 품사

1 부사 vs 용언

TIP 부사 : 형태가 변하지 않는 불변어이다.
용언 : 품사가 동사, 형용사이므로 형태가 변하는 가변어이다.

예 비행기가 빨리(높이) 날았다. / 비행기가 빠르게(높게) 날았다.
부사 형용사

2 부사 vs 명사

TIP 부사 : 뒤의 용언을 꾸밈. / 명사 : 뒤에 조사가 옴.

예 내일(오늘) 보자. 내일 시험은 잘 준비하고 있어? / 시험이 벌써 내일(오늘)이다.
부사 명사 명사

예 스스로 공부하는 습관을 들여라. / 스스로를 얽매어서는 안 된다.
부사 명사

3 부사 vs 조사

TIP 부사 : 뒤의 용언을 꾸밈. / 비교 부사격 조사 '같이'와 '보다'

예 같이 놀자. / 너같이 예쁜 여자는 처음이야!
부사 조사

예 보다 아름다운 사람이 있어! / 역공녀보다 아름다워!
부사 조사

4 부사 vs 대명사

TIP 부사 : 뒤의 용언을 꾸밈. / 대명사 : 뒤에 조사가 옴.

예 언제 놀러올 거야? 언제까지 가면 돼?
부사 대명사

5 명사를 수식하는 부사

*'바로, 오직, 겨우, 고작, 다만, 단지, 유독, 무려, 제일, 가장'

예 바로 너 / 오직 너 / 겨우(고작) 하루 / 다만(단지) 꿈 / 유독(제일, 가장) 미인

부사형 어미 '-게'는 품사를 결정하지 않으므로 투명인간 취급하기

접사 '-이'는 부사 파생 접미사이므로 부사로 만든다.

PART 01

赤功 포인트

감탄사와 '명사 + 호격 조사' 구별하기

3 독립언(獨立言) : 감탄사

문장 속의 다른 성분에 얽매이지 않고 독립성이 있는 말

01 감탄사(感歎詞) : 감동 · 응답 · 부름 · 놀람 따위의 느낌을 나타내는 품사

1. 특징

① 활용하지 않는 불변어 ② 위치 자유로움 ③ 조사와 결합 ×

출·좋·포 15

1 아니

부사	「1」 ((용언 앞에 쓰여)) 부정이나 반대의 뜻을 나타내는 말. 예 혜선 쌤은 밥을 아니 먹었다. 「2」 ((명사와 명사 사이에 쓰이거나, 문장과 문장 사이에 쓰여)) 어떤 사실을 더 강조할 때 쓰는 말. 예 나의 양심은 천만금, 아니 억만금을 준다 해도 버릴 수 없다.
감탄사	「1」 아랫사람이나 대등한 관계에 있는 사람의 묻는 말에 부정하여 대답할 때 쓰는 말. 예 "잠자니?" "아니, 안 자." 「2」 놀라거나 감탄스러울 때, 또는 의아스러울 때 하는 말. 예 아니, 그럴 수가 있니? 아니, 이게 어떻게 된 일이냐.

2 어디

대명사	「1」 ((의문문에 쓰여)) 잘 모르는 어느 곳을 가리키는 지시 대명사. 예 학교가 어디냐? 어디가 이장 댁이오? 「2」 가리키는 곳을 굳이 밝혀서 말하지 아니할 때 쓰는 지시 대명사. 예 어디 가 볼 데가 있다.
감탄사	「1」 남의 주의를 끌 때 쓰는 말. 예 어디, 네가 이번 시험에서 일 등을 한 학생이냐? 「2」 마음대로 되지 아니하여 딱한 사정이 있는 형편을 강조할 때 쓰는 말. 예 받기 싫어서가 아니라 어디 내 마음대로 되나요.

레벨별 亦功 기출 훈련 : Ch.4 관계언/수식언/독립언

▶ 레벨별 역공 기출 훈련 해설 영상은 주독야독 시즌 1(2024 7월)에서 꼭 수강해 주시기 바랍니다.

적중용 亦功 최빈출

01 **밑줄 친 말의 품사를 잘못 밝힌 것은?** 2014. 국가직 9급

① 그는 하루에 책 다섯 권을 읽었다.－ 수사
② 나도 좋은 시를 많이 읽고 싶다. － 형용사
③ 노래를 배웠어요. － 조사
④ 정치, 경제 및 문화 － 부사

정답풀이 뒤에 단위성 의존 명사 '권'이 있기 때문에 '다섯'은 수사가 아니라 수 관형사이다. '다섯' 뒤에 조사가 붙지 못하는 것을 통해서도 수사가 아님을 알 수 있다.

오답풀이 ② '싶다'는 대표적인 보조 형용사이므로 기억해 두자.
③ '요'는 높임의 보조사로서 거의 모든 성분에 붙을 수 있다.
예 제가요, 국어를요, 좋아하는데요.
④ '및'은 접속 부사이므로 '부사'이다.

02 **다음 예문의 밑줄 친 단어 가운데 품사가 다른 하나는?** 2014. 서울시 9급

> 봄 여름 가을 겨울, 두루 사시(四時)를 두고 자연이 우리에게 내리는 혜택에는 제한이 없다. 그러나 그중에도 그 혜택을 가장 풍성히 아낌없이 내리는 시절은 봄과 여름이요, 그중에도 그 혜택이 가장 아름답게 나타나는 것은 봄, 봄 가운데도 만산(萬山)에 녹엽(綠葉)이 우거진 이때일 것이다.
> － 이양하, 〈신록예찬〉 중에서 －

① 두루
② 가장
③ 풍성히
④ 아낌없이
⑤ 아름답게

정답풀이 '아름답게'는 '아름답다'의 어간에 부사형 전성 어미 '－게'가 결합된 것이다. 어미는 접사와는 달리 품사를 바꾸는 기능은 없으므로 '아름답게'는 '아름답다'와 마찬가지로 '형용사'이다.

오답풀이 나머지는 모두 부사이다.
① '두루'는 '빠짐없이 골고루'라는 뜻의 부사이다.
② '가장'은 '여럿 가운데 어느 것보다 정도가 높거나 세게'라는 뜻의 부사이다.
③ 명사 어근에 '풍성'에 부사 파생 접미사 '－히'가 붙어 '풍성히'는 부사가 되었으므로 품사는 '부사'이다.
④ '아낌없다'는 형용사로서, 형용사 어간 '아낌없－'에 부사 파생 접미사 '－이'가 붙어 '아낌없이'는 부사가 되었으므로 품사는 '부사'이다.

03 **밑줄 친 단어 중 품사가 다른 것은?** 2013. 국가직 7급

① 쌍둥이도 성격이 다른 경우가 많다.
② 그 사람은 허튼 말을 하고 다닐 사람이 아니다.
③ 그는 갖은 양념을 넣어 정성껏 음식을 만들었다.
④ 사람의 그림자조차 보이지 않는 외딴 집이 나타났다.

정답풀이 '다른'은 형용사이고 나머지는 모두 관형사이다. ①만 활용이 가능하여 '다른, 다르니, 다르고, 다르다'로 형태가 변한다.

Answer
01 ① 02 ⑤ 03 ①

04 **〈보기〉의 밑줄 친 표현들 중에서 주어를 구성하는 주격 조사가 아닌 것은?** 2014. 경찰 2차

> ㉠ 철수는 학생이 아니다.
> ㉡ 정부에서 학생들에게 장학금을 주었다.
> ㉢ 영수가 물을 마신다.
> ㉣ 할아버지께서 집에 오셨다.

① ㉠의 '이' ② ㉡의 '에서'
③ ㉢의 '가' ④ ㉣의 '께서'

정답풀이 서술어 '되다, 아니다'의 앞에 있는 '이/가'는 보격 조사이므로 ㉠의 '이'는 보격 조사이다.

오답풀이 ② '에서'는 주격 조사이다. 단체 무정 명사(정부)에는 주격 조사 '에서'가 쓰인다. 이 자리에 주격 조사를 넣어 '정부가'로 고쳐서 읽었을 때 의미가 자연스럽다면 '에서'는 주격 조사인 것이다.
③ 주격 조사 '이/가'이다.
④ 높임의 주격 조사 '께서'이다.

05 **국어의 조사에 대한 설명으로 가장 옳지 않은 것은?** 2018. 서울시 7급

① '에서'는 '집에서 가져 왔다.'의 경우에는 부사격 조사이지만 '우리 학교에서 우승을 차지했다.'의 경우에는 주격 조사이다.
② '는'은 '그는 학교에 갔다.'의 경우에는 주격 조사이지만 '일을 빨리는 한다.'의 경우에는 보조사이다.
③ '가'는 '아이가 운동장에서 놀고 있다.'의 경우에는 주격 조사이지만 '그것은 종이가 아니다.'의 경우에는 보격 조사이다.
④ '과'는 '눈과 같이 하얗다.'의 경우에는 부사격 조사이지만 '책과 연필이 있다.'의 경우에는 접속 조사이다.

정답풀이 보조사 '는'은 어떤 격 조사의 자리에 대신 들어가도 보조사라는 사실이 변치 않는다. 따라서 ② '그는 학교에 갔다.'의 주어 자리에 들어간 '는'도 보조사이고, '일을 빨리는 한다.'의 부사어와 결합한 '는'도 보조사이다.

오답풀이 ① '에서'는 장소를 나타내는 말과 결합하면 부사격 조사이고, 단체 주어와 결합하면 주격 조사이다.
③ '가'는 주어와 결합했을 때는 주격 조사이고, '되다, 아니다'의 앞에서 보어와 결합하면 보격 조사이다.
④ '과'는 주어와의 비교 대상이나 주어의 동반자, 상대방 등을 나타내는 말과 결합하면 부사격 조사이고, 단순히 두 대상을 대등하게 연결하는 역할로 쓰일 때는 접속 조사이다.

06 **밑줄 친 단어가 같은 품사로 묶인 것은?** 2017. 국가직 7급

① 이것 말고 다른 물건을 보여 주세요.
질소는 산소와 성질이 다른 원소이다.
② 나 보기가 역겨워 가실 때에는 말없이 보내 드리겠습니다.
철수는 떡국을 떠먹어 보았다.
③ 그 사과는 크고 빨개서 먹음직스럽다.
아이가 크면서 점점 총명해졌다.
④ 김홍도의 그림은 한국적이다.
이 그림은 한국적 정취가 물씬 풍긴다.

정답풀이 첫째 문장에서 용언의 활용형인 '보기'는 〈동사 어간 '보-' + 명사형 어미 '-기'〉의 구성이다. 접사가 아니라 '어미'가 붙었으므로 품사가 달라지지 않아 '보기'는 그대로 '동사'이다. '나를 보다'처럼 서술성도 있기 때문이다. 둘째 문장에서 '떠먹어 보았다'의 '보았다'도 보조 동사이므로 둘다 품사가 동사로 같다.

오답풀이 ① 각각 관형사, 형용사이므로 품사가 다르다. 첫째 문장에서 '다른'은 '他'의 의미인 관형사이다. 둘째 문장에서 '다른'은 '산소와 성질이 다르다'처럼 서술성이 있으므로 형용사 '다르다'가 활용한 형태이다.
③ 각각 형용사, 동사이므로 품사가 다르다. 첫째 문장에서 '크고'는 '크기가 크다'의 의미이므로 성질과 상태를 나타내는 '형용사'이다. 둘째 문장에서 '크면서'는 '자라다, 성장하다'의 의미이므로 움직임과 시간의 변화가 있는 '동사'이다.
④ 각각 명사, 관형사이므로 품사가 다르다. 첫째 문장에서 '한국적'은 '명사'이다. 뒤에 서술격 조사 '이다'가 붙기 때문이다. 둘째 문장에서 '한국적'은 뒤의 명사 '정취'를 수식하는 기능을 하므로 관형사이다.

적중용 亦功 중간빈출

07 **밑줄 친 단어의 품사로 가장 옳지 않은 것은?**

2018. 서울시 9급

① 나도 참을 만큼 참았다. (의존 명사)
나도 그 사람만큼 한다. (조사)
② 오늘은 바람이 아니 분다. (부사)
아니, 이럴 수가 있나? (감탄사)
③ 열을 배우면 백을 안다. (명사)
열 사람이 백 말을 한다. (관형사)
④ 그는 이지적이다. (명사)
그는 이지적 인간이다. (관형사)

정답풀이 '열을 배우면 백을 안다'의 '백'의 품사는 뒤의 조사가 붙은 것을 보면 수사이다. '백 말을 한다'에서 '백'이 직접 체언을 꾸미므로 '백'은 수 관형사이다.

오답풀이 ① • 참을 만큼 : '만큼'이 용언의 관형사형 다음에 오면 의존 명사이다.
• 그 사람만큼 : '만큼'이 체언 다음에 붙으면 조사이다.
② • 아니 분다 : '아니'는 용언 앞에 쓰여 부정이나 반대의 뜻을 나타내는 말로 쓰인 부사이다.
• 아니, 이럴 수가 있단 말인가? : '아니'는 놀라거나 감탄스러울 때, 또는 의아스러울 때 하는 감탄사이다.
④ • 이지적이다 : 접미사 '-적(的)'이 붙는 말의 경우, 뒤에 조사가 오면 명사이다.
• 이지적 인간이다 : 접미사 '-적(的)'이 붙는 말이 체언 앞에 단독으로 오면 관형사이다.

08 **다음 예의 밑줄 친 부분에 대한 설명으로 가장 적절한 것은?**

2019. 경찰 1차

> ㉠ 포돌이가 웃는다. 그리고 포순이가 웃는다.
> ㉡ 포돌이와 포순이가 웃는다.
> ㉢ 포돌이와 포순이가 서로 닮았다.
> ㉣ 포돌이 및 포순이가 웃는다.

① ㉠의 '그리고'는 문장의 다른 성분을 수식하지 않고 독립적으로 기능하므로 감탄사이다.
② ㉡의 '와'는 그 앞말이 필수적인 부사어임을 나타내는 부사격 조사이다.
③ ㉢의 '와'는 두 문장이 결합되었음을 뜻하는 접속 조사이다.
④ ㉣의 '및'은 두 문장이 결합될 때 쓰이는 접속 부사(문장 부사)이다.

정답풀이 '및'은 '그리고, 그래서, 하지만, 따라서'처럼 문장과 문장을 접속해 주는 문장 부사이므로 적절하다.

오답풀이 ① ㉠의 '그리고'는 문장과 문장을 접속해 주는 문장 부사이므로 감탄사가 아니다.
② ㉡의 '와'를 생략하여 '포순이가 웃는다'가 되어도 문장이 자연스러우므로 여기에서 '와'는 그 앞말이 필수적인 부사어임을 나타내는 부사격 조사라고 볼 수 없다.
③ ㉢의 '와'가 두 문장이 결합되었음을 뜻하는 접속 조사라면 '포돌이가 서로 닮았다. 포순이가 서로 닮았다.'처럼 두 문장이 자연스러워야 하는데 혼자 닮을 수는 없는 것이므로 자연스러운 의미로 볼 수 없다. 따라서 여기에서 '와'가 두 문장을 결합했다고 볼 수는 없다.

Answer

04 ① 05 ② 06 ② 07 ③ 08 ④

09 밑줄 친 보조사의 의미를 설명한 것으로 옳지 않은 것은?

2016. 국가직 9급

① 그렇게 천천히 가다가는 지각하겠다.
→ -는 : 어떤 대상이 다른 것과 대조됨을 나타냄.

② 웃지만 말고 다른 말을 좀 해 보아라.
→ -만 : 다른 것으로부터 제한하여 어느 것을 한정함을 나타냄.

③ 단추는 단추대로 모아 두어야 한다.
→ -대로 : 따로따로 구별됨을 나타냄.

④ 비가 오는데 바람조차 부는구나.
→ -조차 : 이미 어떤 것이 포함되고 그 위에 더함을 나타냄.

정답풀이 보조사 '는'은 ① "그렇게 천천히 가다가는 지각하겠다."에서 '대조'의 의미가 아니라 '강조'의 의미로 쓰였다.

10 밑줄 친 단어의 품사가 같은 것은?

2017. 국가직 9급

① 모두 제 잘못입니다.
심판은 규칙을 잘못 적용하여 비난을 받았다.

② 집에 도착하는 대로 편지를 쓰다.
큰 것은 큰 것대로 따로 모아 두다.

③ 비교적 교통이 편리한 곳에 사무실이 있다.
우리나라의 출산율은 비교적 낮은 편이다.

④ 이 사과가 맛있게 생겼다.
이보다 더 좋을수는 없다.

정답풀이 명사 '비교'에 접미사 적(的)'이 붙은 파생어 '비교적'은 문장에서의 쓰임에 따라 부사, 관형사, 명사의 3가지의 품사를 갖는다. ③의 첫 번째 '비교적'은 후행하는 '교통'을 수식하는 것이 아니라 서술어 '편리하다'를 수식하므로 부사이다. 두 번째 '비교적'은 뒤의 '낮다'를 수식하므로 '부사'로 동일하다.

⊘ 접미사 적(的)이 붙은 낱말이 조사를 취하면 '명사', 뒤의 체언을 꾸미면 '관형사', 부사나 용언을 꾸미면 '부사'이다.

오답풀이 ① 첫 번째 문장의 '잘못'은 서술격 조사 '이다' ('입니다'는 '이다'의 활용형)와 결합했으므로 '명사'이다. 두 번째 '잘못'은 서술어 '적용하다'를 수식하므로 '부사'이다.

⊘ '잘못'은 조사를 취하면 '명사', 부사나 용언올 꾸미면 '부사'이다.

② 첫 번째 문장의 '대로'는 관형어 '도착하는'의 수식을 받는 '의존 명사'이고, 두 번째 '대로'는 명사 '것' 뒤에 왔기 때문에 '조사'이다.

⊘ '대로, 만큼, 분' 앞에서 관형어가 수식하고 있으면 앞말과 띄어 써야 하는 '의존 명사'이지만 앞에 체언이 있는 경우에는 체언에 붙여 써야 하는 '조사'이다.

④ 첫 번째 문장의 '이'는 체언 '사과'를 수식하므로 '관형사'이고, 두 번째 '이'는 조사 '보다'와 결합했기 때문에 '대명사'이다.

⊘ '이, 그, 저'가 체언을 수식하면 '관형사', 조사를 취하면 '대명사'이다.

11 밑줄 친 부분의 의미가 ㉠의 '에'와 가장 가까운 것은?

2021. 지역인재

우리는 더운 여름날이면 시냇가에서 미역을 감고 젖은 옷을 ㉠ 햇볕에 말리고는 했다.

① 매일 화분에 물을 주는 일은 동생의 몫이었다.

② 나는 요란한 소리에 잠을 깨서 한동안 뒤척였다.

③ 예전에는 등잔불에 책을 읽는 일이 흔했다고 한다.

④ 어머니께서 끓여 주신 차는 특히 감기에 잘 듣는다.

정답풀이 ㉠의 '에'는 '「8」 앞말이 수단, 방법 따위가 되는 부사어임을 나타내는 격 조사.'이다. '햇볕'이 방법이 되어 옷을 말리고 있는 것처럼, '등잔불'이 방법이 되어 책을 읽는 것이다.

오답풀이 ① 「6」 앞말이 어떤 움직임이나 작용이 미치는 대상의 부사어임을 나타내는 격 조사.

② 「4」 앞말이 원인의 부사어임을 나타내는 격 조사.

④ 「7」 앞말이 목표나 목적의 대상이 되는 부사어임을 나타내는 격 조사.

Answer

09 ① 10 ③ 11 ③

MEMO

출.좋.포 문법·어휘

Part

02

통사론

CHAPTER 01 문장과 문장 성분
CHAPTER 02 문장의 짜임새
CHAPTER 03 높임
CHAPTER 04 사동 / 피동
CHAPTER 05 종결 / 시제 / 부정

Chapter 01

문장과 문장 성분

문장 성분의 이해

1. 보조사로 가린 문장 성분 파악하기
2. 주성분, 부속 성분, 독립 성분 구별하기

콤단문으로 보는 대표 기출

다음 글에서 추론한 내용으로 적절하지 않은 것은?

> 국어 문장에서 문장 성분은 주성분과 부속 성분, 독립 성분으로 나눌 수 있다. 주성분에는 주어, 목적어, 보어, 서술어가 있으며, 이들은 문장의 골격을 이루는 필수적인 요소들이다. 주어는 문장에서 행위나 동작의 주체를 나타내며, 주로 명사나 대명사, 수사가 주어의 역할을 한다. 주어는 대개 주격 조사 '-이/가'와 결합하여 사용된다. 예를 들어, "철수가 책을 읽는다"에서 '철수가'가 주어이다. 목적어는 동작이나 행위의 대상을 나타내며 주로 명사나 대명사, 수사가 목적어의 역할을 한다. 목적어는 대개 목적격 조사 '-을/를'과 결합하여 사용된다. 예를 들어, "철수가 책을 읽는다"에서 '책을'이 목적어이다. 보어는 '되다', '아니다'와 같은 서술어 앞에서 주어를 보충하여 설명하는 성분으로, 주로 명사나 대명사, 수사가 보어의 역할을 한다. 보어는 보격 조사 '-이/가'와 결합하여 사용된다. 예를 들어, "철수가 선생님이 되었다"에서 '선생님이'가 보어이다. 서술어는 주어의 동작, 상태, 성질 등을 서술하는 문장 성분으로, 주로 동사나 형용사가 서술어의 역할을 한다. 서술어는 주로 어미와 결합하여 다양한 형태로 활용된다. 예를 들어, "철수가 책을 읽는다"에서 '읽는다'가 서술어이다. 부속 성분에는 관형어와 부사어가 있으며, 이들은 주성분을 꾸며주는 역할을 한다. 독립 성분에는 독립어가 있으며, 이는 문장의 다른 성분들과 직접적인 관계없이 독립적으로 사용된다. 이러한 내용을 바탕으로 '어머! 푸른 바다는 정말 예쁘다.'와 같은 문장을 분석할 수 있다.

① '어머!'는 문장의 다른 성분들과 직접적인 관계없이 독립적으로 사용되는 독립 성분이다.
② '푸른'은 형용사 '푸르다'가 활용하여 명사 '바다'를 수식하고 있는 관형어로 부속 성분에 해당한다.
③ '바다는'은 명사 '바다'에 주격 조사 '-는'이 결합하여 주어로 쓰이고 있으며 주성분에 해당한다.
④ '정말'은 부사로 서술어 '예쁘다'를 수식하는 부사어로 쓰이고 있으며 부속 성분에 해당한다.

해설

'-는'은 주격 조사가 아니라 보조사이다. 주격 조사는 지문에 나와있는 것과 같이 '-이/가'이다.

오답풀이 ① '어머'는 감탄사로 다른 성분과 관계없이 독립적으로 쓰인다.
② 형용사 어간 '푸르-'에 관형사형 전성 어미 '-ㄴ'이 결합하여 '푸른'으로 활용하며 이는 관형어로 사용되어 명사 '바다'를 수식한다.
④ '정말'은 부사 그 자체가 부사어로 쓰이는 경우로 강조의 의미를 나타내며 서술어 '예쁘다'를 수식한다. ▶ ③

1 문장이란?

01 문장이란? : 주어 + 서술어

02 문장 성분 : 문장에서 일정한 문법적인 기능을 하는 부분. 단위는 어절

주성분	개념	문장을 이루는 주된 골격이 되는 부분(생략 힘듦)
	종류	주어, 목적어, 보어, 서술어
부속 성분	개념	주로 주성분을 수식하는 성분(생략 가능. 그러나 일부는 생략 불가)
	종류	관형어, 부사어
독립성분	개념	다른 문장 성분과 직접적인 관련이 없음. (생략 가능)
	종류	독립어

출좋포 1 품사와 문장 성분은 아예 차원이 다르다.

품사(-사)와 문장 성분(-어)의 차이점

① 품사는 구분 기준이 '의미'이지만 문장 성분은 '역할'이다.
② 품사는 '단어('어절'로 나눈 후 '조사'를 따로 나눈 것)'로 나눈 후 품사를 판별한다.
반면 문장 성분은 '어절'로만 나눈 후 문장 성분을 판별한다.

품사	어머나	운동하는	철수	가	젊은	마음	을	매우	사랑하였다.
단어 9개	감탄사	동사	명사	주격 조사	형용사	명사	목적격 조사	부사	동사

문장 성분	어머나	운동하는	철수가	젊은	마음을	매우	사랑하였다.
어절 7개	독립어	관형어	주어	관형어	목적어	부사어	서술어

출·좋·포

보조사만 드러나도 문장 성분은 '주어'이다.
예 국어는 쉽다.
떡볶이만 맛있다.
→ 주격 조사가 보조사에 의해 생략된 것일 뿐이므로 문장 성분은 주어이다.

출·좋·포

보조사만 드러나도 문장 성분은 '목적어'이다.
예 그녀는 밥만 먹었다.
그녀는 춤까지 추었다.
→ 목적격 조사가 보조사에 의해 생략된 것일 뿐이므로 문장 성분은 목적어이다.

출·좋·포

보조사만 드러나도 문장 성분은 '보어'이다.
예 그녀는 얼굴이 반쪽이나 되었다.
그녀는 사람도 아니다.
→ 보격 조사가 보조사에 의해 생략된 것일 뿐이므로 문장 성분은 보어이다.

관형사형 어미가 붙는 용언의 관형사형은 관형절이다.

부사형 어미가 붙는 용언의 부사형은 부사절일 수 있다

2 문장 성분의 종류와 특성

01 주어(主語): 동작 또는 상태나 성질의 주체가 되는 문장 성분

표지	주격 조사(이/가, 께서, *에서, 서)	예 역공녀가 밥을 먹는다. 정부에서 노인 복지의 비중을 늘렸다.
	보조사	예 역공녀는 밥을 먹는다.

02 목적어(目的語): 동작의 대상 (타동사의 대상)

표지	목적격 조사 '을/를'	예 역공녀가 밥을 먹는다.
	보조사	예 역공녀는 밥만 먹는다.

03 보어(補語): 서술어 '되다, 아니다'를 보충해 주는 성분

표지	보격 조사 *'이/가'(헷갈리지 말기)	예 철수가 아빠가 되었다.
	보조사	예 역공녀는 미인도 아니다.

04 관형어(冠形語): 체언을 수식하는 문장 성분을 말한다. 관형어는 반드시 뒤에 체언이 와야 한다.

표지	관형사 단독	예 새/헌/옛/온갖/모든/이/그/저 건물
	관형격 조사(의)	예 역공녀의 그림
	관형사형 어미 (-는, -ㄴ(은), -ㄹ(을), -던)	예 그녀는 동그란 안경을 썼다.

05 부사어(副詞語): 주로 용언을 꾸며 주는 성분으로, 부사어나 관형어, 때로는 문장 전체를 수식

표지	부사 단독	예 그는 노래를 굉장히 잘한다.
	부사격 조사	예 승기가 군대에서 돌아왔다.
	보조사	예 빨리만 먹지 마라.
	부사형 어미 (-게, -아서, -도록, -이)	예 얼굴이 빛이 나게 잘생겼다.

출·좋·포 2 특이한 쓰임의 '필수 부사어'

필수적 부사어	개념	서술어의 성격에 따라 문장에서 생략이 불가능한 부사어
	예	그녀는 그와 닮았다. 그녀는 예쁘게 생겼다. 역공녀가 조카에게 편지를 주었다.
수의적 부사어	개념	문장에서 생략 가능한 부사어
	예	그는 밥을 잘 먹었다.

06 서술어(敍述語): 주어의 동작 또는 상태나 성질

표지	동사, 형용사, 서술격 조사 '이다'	예 역공녀가 밥을 먹는다. 역공녀는 착하다. 역공녀는 인간이다.

출좋포 3 서술어의 자릿수: 서술어가 필요로 하는 필수 성분의 수

구분	필요한 성분	서술어의 종류	예시
한 자리 서술어	주어	자동사, 형용사	예 꽃이 피었다. 꽃이 아름답다.
두 자리 서술어	주어, 목적어	타동사	예 그녀는 노래를 불렀다.
	주어, 보어	되다, 아니다	예 상익이는 공무원이 되었다.
	주어, 필수 부사어	대칭 서술어	예 영희는 철수와 닮았다. 이 책은 수험생들에게 적합하다.
세 자리 서술어	주어, 목적어, 필수 부사어	주다, 삼다, 넣다, 드리다, 바치다, 가르치다, 얹다, 간주하다, 여기다 등	예 역공녀가 필통에 연필을 넣었다. 아버지께서 나에게 편지를 주셨다. 그녀는 그를 범인으로 여겼다.

적중용 콤단문으로 보는 기출문제

㉠~㉣을 설명한 내용으로 적절하지 않은 것은? 2023 지방직 9급

- ㉠ 지원은 자는 동생을 깨웠다.
- 유선은 도자기를 ㉡ 만들었다.
- 물이 ㉢ 얼음이 되었다.
- ㉣ 어머나, 현지가 언제 이렇게 컸지?

① ㉠: 동작의 주체를 나타내는 주어이다.
② ㉡: 주어와 목적어를 요구하는 서술어이다.
③ ㉢: 서술어를 꾸며주는 부사어이다.
④ ㉣: 문장의 다른 성분과 직접적으로 관련을 맺지 않는 독립어이다.

해설

'되다/아니다' 앞에 조사 '-이'를 취하는 문장 성분은 보어이다. 이때의 조사 '-이'는 보격 조사이며 주어와 서술어만으로는 불완전한 의미를 갖는 문장에서 불완전한 곳을 보충하는 역할을 한다.

✓ 만약 '물이 얼음으로 되었다'처럼 보격 조사 '-이/가'가 아닌 부사격 조사 '-으로'를 사용했다면 '얼음으로'는 부사어이다.

오답풀이 ① 주격 조사를 붙인 '지원이 자는 동생을 깨웠다'가 성립되므로 주어이다.
② '만들다'는 '누가(주어) 무엇을(목적어)'이라는 성분을 요구하는 두 자리 서술어이다.
④ 감탄사는 다른 성분과 직접적 관련이 없는 독립어이다. ▶ ③

07 독립어

개념	다른 성분과 직접적인 관계가 없는 말로, 생략해도 문장이 성립한다.
표지	감탄사 단독 예 와, 이게 사실이냐.
	체언 + 호격 조사 예 혜선아, 쉬는 시간이다!
	문장의 제시어 예 인생, 그것은 무엇일까?

레벨별 亦功 기출 훈련 : Ch.1 문장과 문장 성분

▶ 레벨별 역공 기출 훈련 해설 영상은 주독야독 시즌 1(2024 7월)에서 꼭 수강해 주시기 바랍니다.

적중용 亦功 최빈출

01 밑줄 친 부분의 문장 성분이 나머지 셋과 다른 것은? 2022. 서울시 9급(2월)

① 입은 비뚤어져도 <u>말은</u> 바로 해라.
② <u>호랑이도</u> 제 말 하면 온다.
③ 아니 땐 굴뚝에 <u>연기</u> 날까?
④ <u>꿀도</u> 약이라면 쓰다.

정답풀이 "입은 비뚤어져도 '말을' 바로 해라."로 '말을'은 목적어이다. 하지만 나머지는 '호랑이가, 연기가, 꿀이'로 주격 조사가 붙기 때문에 조사이다.

02 밑줄 친 부분이 주성분이 아닌 것은? 2015 교육행정직 9급

① 그는 나에게 <u>맹물만</u> 주었다.
② 그 사람 말은 <u>사실도</u> 아니었다.
③ 우리가 사고를 <u>미연에</u> 방지하지 못했다.
④ <u>정부에서</u> 그 일을 적극적으로 추진하고 있다.

정답풀이 '미연에'는 부사격 조사가 결합한 부사어이므로 주성분이 아니라 부속 성분이다. 부속 성분에는 부사어와 관형어가 있다. (참고로 필수 부사어는 주성분이 아니라 부속 성분이다.)

오답풀이 주성분은 '주어, 목적어, 보어, 서술어'이다. 격조사로 문장 성분을 파악할 수 있지만, 격조사가 아니라 보조사가 결합된 경우에는 자연스러운 격조사를 넣어서 파악해야 한다.
① 그는(주어) 나에게(부사어) 맹물만(목적어) 주었다.(서술어) : '맹물만'을 '맹물을'로 고치면 자연스럽다. 따라서 '맹물만'은 목적어이므로 주성분이다.
② 그(관형어) 사람(관형어) 말은(주어) 사실도(보어) 아니었다.(서술어) : '사실도'를 '사실이'로 고치면 자연스럽다. 뒤에 '되다, 아니다'가 오는 경우에는 앞이 보어가 된다. 따라서 '사실도'는 보어이므로 주성분이다.
④ 정부에서(주어) 그(관형어) 일을(목적어) 적극적으로(부사어) 추진하고 있다.(서술어) : 주격 조사 '에서'가 쓰였으므로 '정부에서'는 주어이므로 주성분이다.

03 밑줄 친 부분의 문장 성분이 다른 것은? 2021 국회직 8급

① <u>정부에서</u> 실시한 조사 결과가 발표되었다.
② <u>우리 회사에서</u> 수소 자동차가 개발되었다.
③ <u>할아버지께서</u> 지금 막 돌아오셨다.
④ 이번 춘계 대회는 우리 <u>학교에서</u> 전국을 제패하였다.
⑤ <u>우리 학교가</u> 운동장이 좁다.

정답풀이 '에서'는 주격 조사와 부사격 조사가 있다. 이를 구분하는 방법은 '에서' 대신에 주격조사 '이/가'를 넣어보는 것이다. 자연스러우면 '에서'는 주격 조사이므로 부자연스러우면 '에서'는 부사격 조사이다. 그런데 '우리 회사가 수소 자동차가 개발되었다.'는 부자연스러우므로 '우리 회사에서'의 '에서'는 부사격조사이므로 '우리 회사에서'는 문장 성분이 부사어이다.

오답풀이 ① '정부가 실시한 조사 결과가 발표되었다.'는 자연스러우므로 '정부에서'의 '에서'는 주격 조사이다. 따라서 '정부에서'는 주어이다.
③ '께서'는 높임의 주격 조사이므로 '할아버지께서'는 주어이다.
④ '우리 학교가 전국을 제패하였다.'는 자연스러우므로 '에서'는 주격 조사이다. 따라서 '학교에서'는 주어이다.
⑤ '가'는 주격 조사이므로 '우리 학교가'는 주어이다. (참고로 이 문장은 서술절을 안은 문장이다.)

04 **다음 밑줄 친 성분에 대한 설명 중 가장 적절한 것은?** 2018 경찰직 1차

> ㉠ 영선이가 <u>참</u> 아름답다.
> ㉡ <u>과연</u> 영선이는 똑똑하구나.
> ㉢ 영선이는 <u>엄마와</u> 닮았다.
> ㉣ <u>그러나</u> 영선이는 역경을 이겨냈다.

① ㉠과 ㉡의 밑줄 친 부분은 문장 내의 다른 성분을 수식하는 성분 부사어이다.
② ㉡과 ㉢의 밑줄 친 부분은 문장 전체를 수식하는 문장 부사어이다.
③ ㉢과 ㉣의 밑줄 친 부분은 앞뒤를 연결해 주는 접속 부사어이다.
④ ㉠부터 ㉣까지 밑줄 친 부분은 모두 부사어이다.

정답풀이 ㉠의 '참'은 형용사 '아름답다'를 수식하는 성분 부사어이다. ㉡의 '과연'은 '영선이는 똑똑하구나'라는 문장 전체를 수식하는 '문장 부사어'이다. ㉢은 '엄마(체언) + 와(부사격 조사)'의 구성을 가진 부사어이다. 부사격 조사가 결합되어 있기 때문이다. 뒤의 형용사 '닮았다'를 수식하므로 '성분 부사어'이다. ㉣의 '그러나'는 '문장 접속 부사'이므로 '문장 부사어'이다. 따라서 ㉠부터 ㉣까지 밑줄 친 부분은 모두 부사어이다.

오답풀이 ① ㉠은 성분 부사어가 맞지만 ㉡은 '영선이는 똑똑하구나'라는 문장 전체를 수식하는 '문장 부사어'이다.
② ㉡은 문장 부사어가 맞지만 ㉢'엄마와'는 형용사 '닮았다'를 수식하므로 '성분 부사어'이다.
③ 앞뒤를 연결해 주는 접속 부사어는 ㉣뿐이다.

적중용 赤功 중간빈출

05 **밑줄 친 부분 중에서 목적어가 아닌 것은?** 2018 서울시 9급

① 우리는 <u>그의 제안을 수용할지를</u> 결정하지 못했다.
② 사공들은 <u>바람이 불기를</u> 기다렸다.
③ 아이들이 <u>건강하지를</u> 않아 걱정이다.
④ 나는 <u>일이 어렵고 쉽고를</u> 가리지 않는다.

정답풀이 '건강하지를'에서 목적격 조사 '를'이 쓰였지만 '건강하지를'은 목적어가 아니다. '아이들이'라는 주체의 상태를 서술해 주는 기능을 하므로 '건강하지를 않아'라는 서술어의 일부인 뿐이다. 이 문장에서의 '를'은 목적격 조사가 아니라 강조의 뜻을 더하는 보조사이다.

오답풀이 나머지 '를'은 목적격 조사에 해당하므로 모두 목적어이다.
① '결정하다'는 목적어를 요구하는 서술어이다. '그의 제안을 수용할지'는 '결정하다'의 목적어에 해당한다. 보통 명사절은 '-음/기'가 결합되는 것이 일반적이지만 이렇게 어미 '-ㄹ지'가 쓰여 명사절의 형태가 되는 경우가 있다.
② '기다리다'는 목적어를 요구하는 서술어이다. '바람이 불기'는 '기다리다'의 목적어에 해당한다. '바람이 불기'는 명사형 어미 '기'가 결합된 명사절이다.
④ '가리다'는 목적어를 요구하는 서술어이다. '일이 어렵고 쉽고'는 '가리다'의 목적어에 해당한다. 보통 명사절은 '-음/기'가 결합되는 것이 일반적이지만 이렇게 '-고'가 쓰여 명사절의 형태가 되는 경우가 있다.

06 **〈보기〉를 바탕으로 '필요한 문장 성분'에 대해 판단한 내용으로 적절한 것은?** 2019. 기상직 9급

> 〔보기〕
> ㉠ 벤치에 앉은 그녀는 너무 예뻤다.
> ㉡ 경찬이는 TV에서 만화를 보았다.
> ㉢ 할아버지께서 우리들에게 세뱃돈을 주셨다.
> ㉣ 우리도 경전철이 언제 개통될지 모른다.

① ㉠에는 문장 성분이 여러 개 있지만 필수적인 것은 주어와 부사어와 서술어이다.
② ㉡에서 필수적인 문장 성분은 4개이다.
③ ㉢을 보면 문장의 부속 성분인 부사어 '우리들에게'도 필수적인 문장 성분이 될 수 있다.
④ ㉣에는 서술어 '개통되다'의 주어가 2개이므로 중복되는 주어를 생략해야 한다.

정답풀이 '주다'는 세 자리 서술어로서, 부사어를 꼭 필요로 하므로 '우리들에게'도 필수적인 문장 성분이 될 수 있다.

오답풀이 ① '예쁘다'는 형용사로서, 주어만 필요한 한 자리 서술어이다.
② '보다'는 주어와 목적어를 요구하는 두 자리 서술어이므로 ㉡에서 필수적인 문장 성분은 3개이다.
④ '개통되다'의 주어는 '경전철이' 하나뿐이다. '우리도'의 서술어는 '모른다'이다.

01 ① **02** ③ **03** ② **04** ④ **05** ③ **06** ③

Chapter 02

문장의 짜임새

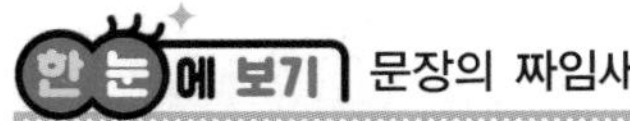

문장의 짜임새

1. 홑문장과 겹문장 구별하기
2. 이어진문장과 안은문장 구별하기
3. 이어진문장의 종류 구별하기
4. 안은문장의 종류 구별하기

훈련용 | 콤단문으로 보는 대표 기출

다음 글에서 추론한 내용으로 적절하지 않은 것은?

겹문장이란 주어와 서술어의 관계가 두 번 이상 이어진 문장으로 크게 안은 문장과 이어진 문장으로 분류된다. 그 중 이어진 문장은 문장 두 개 이상이 나란히 이어져서 이루어진 문장을 말하며 크게 대등적으로 이어진 문장과 종속적으로 이어진 문장으로 분류된다. 대등적으로 이어진 문장은 앞과 뒤의 문장이 대조, 나열, 선택의 관계를 가지며 앞에 오는 문장의 서술어에 '-고', '-(으)며', '-(으)나', '-지만' 등의 대등적 연결 어미가 사용된다. 종속적으로 이어진 문장은 앞과 뒤의 문장이 원인, 조건, 의도 등의 관계로 종속적으로 연결되며 앞에 오는 문장의 서술어에 '-고', '-(아/어)서', '-면', '-니(까)', '-려고' 등의 종속적 연결 어미가 사용된다. 대등적으로 이어진 문장은 앞뒤 문장의 순서를 교체할 수 있지만 종속적으로 이어진 문장은 이것이 불가능하다. 예를 들어 '어제 비가 오고 오늘 눈이 왔다.'는 '오늘 눈이 오고 어제 비가 왔다'로 바꾸어도 의미의 변화가 없으므로 대등적으로 이어진 문장이며 '철수가 밥을 먹어서 배가 불렀다'는 '철수가 배가 불러서 밥을 먹었다'는 의미의 변화가 있으므로 종속적으로 이어진 문장이다.

① '영자는 집에 가고 밥을 먹었다'는 대등적으로 이어진 문장이다.
② '꽃이 만개하는 봄이면 그가 그리워진다.'는 종속적으로 이어진 문장이다.
③ '아침 일찍 출근하려고 일찍 잠들었다.'는 종속적으로 이어진 문장이다.
④ '이 회의에 철수가 참석하거나, 영희가 참석해야 한다.'는 대등적으로 이어진 문장이다.

해설

'영자는 집에 가고 밥을 먹었다'에서 '-고'를 기준으로 앞뒤 문장의 순서를 교체(영자는 밥을 먹고 집에 갔다)하면 의미 변화가 생기므로 이는 종속적으로 이어진 문장이 된다.

오답풀이 ② '꽃이 만개하는 봄이면 그가 그리워진다.'에서 '-면'을 기준으로 앞뒤 문장의 순서를 교체(그가 그리워지면 꽃이 만개한다.)하면 의미 변화가 생기므로 이는 종속적으로 이어진 문장이 된다.

③ '아침 일찍 출근하려고 일찍 잠들었다.'에서 '-려고'를 기준으로 앞뒤 문장의 순서를 교체(일찍 잠들려고 아침 일찍 출근한다.) 하면 의미 변화가 생기므로 이는 종속적으로 이어진 문장이 된다.

④ '이 회의에 철수가 참석하거나, 영희가 참석해야 한다.' '-거나'를 기준으로 앞뒤 문장의 순서를 교체(이 회의에 영희가 참석하거나 철수가 참석해야 한다.)하면 의미 변화가 없으므로 이는 대등적으로 이어진 문장이 된다.

▶ ①

1 문장의 짜임새

01 홑문장

주어와 서술어의 관계가 한 번만 이루어지는 문장

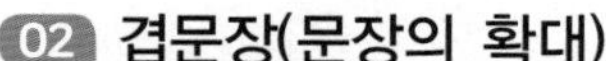

02 겹문장(문장의 확대)

① 주어와 서술어의 관계가 두 번 이상 이루어지는 문장을 말한다.
② 종류에는 이어진문장과 안은문장이 있다.

03 문장의 확대(겹문장의 종류)

1. 이어진문장의 종류

(1) 이어진문장 (연결 어미가 핵심!!! 무조건 외우기)

① 대등하게 이어진 문장

개념	두 홑문장의 힘이 대등한 관계로 이어져 순서를 교체해도 원래의 의미와 동일함.	
종류	나열	산은 산이고(산이며) 물은 물이다.
	대조	국어는 재밌지만(재밌으나) 게임은 재미없다.
	선택	밥을 먹든지(먹거나) 반찬을 먹든지(먹거나) 네 맘대로 해라.

② 종속적으로 이어진 문장

개념	두 홑문장이 종속적인 관계로 이어져 순서를 교체하면 원래의 뜻과 달라짐.	
종류	이유 (–아서/–어서, –므로, –니까)	산은 산이어서 마음이 편하다.
	조건 (–면, –거든, –더라면)	내가 너한테 지면 사람이 아니다!
	의도 (–려고, –고자)	밥을 먹으려고 집에 갔다.

출•좋•포 4 연결 어미 '–고'의 쓰임

- 어제는 비가 왔고 내일은 눈이 왔다. → 대등하게 이어진 문장
- 민수는 집에 가고 철수는 학교에 갔다. → 대등하게 이어진 문장
- 저분들이 너를 이리로 데려 오고 너를 떠나보냈지. → 종속적으로 이어진 문장
- 민수는 밥을 먹고 학교에 갔다. → 종속적으로 이어진 문장

적중용 콤단문으로 보는 기출문제

다음 중 밑줄 친 어구에 포함된 어미의 문법적 혹은 의미적 기능이 다른 것은? 2013 국회직 9급

① 산이 <u>높고</u> 물이 맑다.
② 철수는 <u>큰데</u> 영희는 작다.
③ 산은 <u>높지만</u> 물은 흐리다.
④ 철수가 학교에 <u>가고</u> 영희가 집에 왔다.
⑤ 라디오를 <u>틀고</u> 뉴스를 들었다.

해설

나머지는 문장의 앞뒤를 바꿔도 의미 변화가 없는 대등적 연결 어미들이 쓰였다. 하지만 '라디오를 틀고 뉴스를 들었다.'는 종속적으로 이어진 문장이다. '–고'는 앞뒤 절의 두 사실 간에 계기적인 관계가 있음을 나타내는 연결 어미로서 종속적 연결 어미이다. 이 경우에는 앞뒤의 선후 관계가 존재하므로 문장의 앞뒤를 바꾸면 의미 변화가 있다. ▶ ⑤

(2) 안은문장 (전성 어미가 핵심!!!!)

① 명사절을 안은 문장: 명사형 전성 어미 '-(으)ㅁ'이나 '기'

개념	전체 문장 속에서 명사형 문장이 하나의 문장으로 주어, 목적어, 보어, 부사어의 기능을 하는 문장이다.	
예시	주어	[그가 범인임]이 밝혀졌다. ('이'=주격 조사)
	목적어	역공녀는 [공시생이 많이 오기]를 바란다. ('를'=목적격 조사)
	부사어	모두들 [역공녀가 미인임]에 놀랐다. ('에'=부사격 조사)

☞ 명사절의 문장 성분은 명사절 뒤에 붙은 격 조사에 의해 결정된다.

② 관형절을 안은 문장: 관형사형 전성 어미 '-는, -ㄴ(은), -ㄹ(을), -던'

개념	전체 문장 속에서 관형사형 문장이 관형어의 기능을 하는 문장이다.	
종류	관계 관형절	관형절 내에 생략된 성분이 있음.
		그건 [내가 먹은] 피자야. [예쁜] 장미가 한 송이 피었다. (피자를) 생략 (장미가) 생략
	동격 관형절	관형절 내에 생략된 성분이 없음.
		[비가 오는] 소리가 예쁘다. 피아노 친다=소리 요즘 [역공녀가 1타가 되었다는] 소문이 전국에 돌았다. 역공녀가 1타가 되었다=소문

③ 부사절을 안은 문장: 부사형 어미 '-게, '-아서', '-도록', 부사 파생 접사 '-이'

개념	전체 문장 속에서 부사형 문장이 부사어의 기능을 하는 문장이다.
예시	민수는 [너가 예뻐서] 계속 웃었다. 그는 [밤이 새도록] 공부에 전념했다. 비가 [소리도 없이] 내린다.

④ 서술절을 안은 문장: * 절 표지 없음.

개념	전체 문장 속에서 서술어의 기능을 하는 문장이다.
예시	토끼가 [귀가 길다.] 집이 [거실이 넓다.]

⑤ 인용절을 안은 문장: * 직접 인용 '라고', 간접 인용 '고' (모두 격 조사)

개념	다른 사람의 말을 인용하는 기능을 하는 문장이다.
예시	그가 ["당신이 제일 아름답습니다"]라고 했다. (직접 인용) 그가 [내가 제일 아름답다]고 했다. (간접 인용)

인용절의 종류 구별하기

	표지	조사
직접 인용절	" "	라고
간접 인용절	' ' 혹은 ' ' 없음	고

레벨별 亦功 기출 훈련: Ch.2 문장의 짜임새

▶ 레벨별 역공 기출 훈련 해설 영상은 주독야독 시즌 1(2024 7월)에서 꼭 수강해 주시기 바랍니다.

적중용 亦功 최빈출

01 대등하게 이어진 문장은? 2016 교육행정직 7급

① 동주는 그 글을 읽고서 생각이 달라졌다
② 밤이 새도록 학생들은 토론을 계속하였다.
③ 날씨가 풀리면서 여기저기 물웅덩이가 생겨났다.
④ 소금은 물에 잘 녹지만 휘발유에는 잘 녹지 않는다.

정답풀이 '소금은 휘발유에는 잘 녹지 않지만 물에 잘 녹는다.'로 문장의 앞뒤 순서를 바꾸어도 의미가 바뀌지 않으므로 대등하게 이어진 문장이다. '-지만'은 대조의 의미를 갖는 대등적 연결 어미이다.

> 대등한 연결 어미
> 1) 나열 '-고, -며'
> 2) 대조 '-지만, -(으)나'
> 3) 선택 '-든지, -거나'
>
> → 이들을 제외한 어미들은 모두 종속적으로 이어지는 어미들이다. 또 의미상으로 대등하지 않다면 위의 어미들이 쓰여도 종속적으로 이어지는 어미들로 봐야 한다.

오답풀이 ① → 동주는 생각이 달라지고서 그 글을 읽었다.
② → 학생들은 토론을 계속하도록 밤이 샜다.
③ → 여기저기 물웅덩이가 생기면서 날씨가 풀렸다.
위의 문장들은 문장의 앞뒤 순서를 바꾸면 의미가 바뀌므로 종속적으로 이어진 문장들에 해당한다.

02 〈보기〉에 대한 설명으로 옳지 않은 것은? 2021 소방 국어

> 〈보기〉
> ㉠ 우리 고양이는 머리가 좋다.
> ㉡ 우리는 그가 옳았음을 깨달았다.
> ㉢ 강아지가 소리도 없이 들어왔다.
> ㉣ 지영이는 나에게 어디를 가냐고 물었다.

① ㉠은 서술절을 안은 문장이다.
② ㉡은 명사절을 안은 문장이다.
③ ㉢은 관형절을 안은 문장이다.
④ ㉣은 인용절을 안은 문장이다.

정답풀이 '소리도 없이'는 관형절이 아니라 부사절이다.

오답풀이 ① ㉠ 우리 고양이는 [머리가 좋다]: 서술절을 안은 문장
② ㉡ 우리는 [그가 옳았음]을 깨달았다. : 명사형 어미 'ㅁ'이 붙었으므로 명사절을 안은 문장이다.
④ ㉣ 지영이는 나에게 [어디를 가냐]고 물었다. : 간접 인용 부사격 조사 '고'가 붙었으므로 인용절을 안은 문장이다.

01 ④ 02 ③

03 안긴문장이 주성분으로 쓰이지 않은 것은?

2016 국가직 9급

① 그 학교는 교정이 넓다.
② 농부들은 비가 오기를 학수고대했다.
③ 아이들이 놀다 간 자리는 항상 어지럽다.
④ 대화가 어디로 튈지 아무도 몰랐다.

정답풀이 [아이들이 놀다 간] 자리는 항상 어지럽다. → [아이들이 놀다 간]은 관형어의 역할을 하는 관형절이므로 주성분으로 쓰이지 않았다. 주성분은 서술어, 주어, 목적어, 보어이다.

오답풀이 ① 그 학교는 [교정이 넓다.]
→ 안긴문장: 서술절이므로 문장 성분은 서술어 (절 표지: 없음)
② 농부들은 [비가 오기]를 학수고대했다.
→ 안긴문장: 명사절이며, 뒤에 목적격 조사 '를'이 결합했으므로 문장 성분은 목적어 (절 표지: 명사형 어미 '-기')
④ [대화가 어디로 튈지](를) 아무도 몰랐다.
→ 안긴문장: '-ㄹ지'는 명사절의 형태를 띤다. '모르다'는 목적어를 필수적으로 요구하는 서술어이므로 [대화가 어디로 튈지]는 목적어이다.
☞ ('-느냐,-(으)냐, -는가, -(은)ㄴ가, -는지, -(은)ㄴ지, -을지/-ㄹ지' 등과 같은 어미로 끝난 문장은 뒤의 서술어의 성격에 따라서 명사절로 쓰일 수 있다.
예 그녀를 사랑했는가(를) 생각해 보았다.
얼마나 예쁜지(를) 알 수 없었다.

04 밑줄 친 안긴문장과 같은 기능을 하는 안긴문장을 포함한 것은?

2017 교육행정직 9급

> <u>내가 바라던</u> 합격이 현실이 되었다.

① 내 마음이 바뀌기는 어렵다.
② 하늘이 눈이 부시게 푸르다.
③ 나는 그 사람이 잡은 손을 놓지 않았다.
④ 우리의 싸움은 내가 항복함으로써 끝났다.

정답풀이 '[내가 (합격을) 바라던] 합격이 현실이 되었다.'에서 '내가 바라던'은 끝에 관형사형 어미가 결합된 관형절이다. 안은문장의 피수식어 '합격'이 안긴문장에서 목적어 '합격을'로 생략되었다. '나는 [그 사람이 (손을) 잡은] 손을 놓지 않았다.'도 관형절을 안은 문장이면서 목적어 '손을'이 생략된 관계 관형절이다.

오답풀이 ① [내 마음이 바뀌기]는 어렵다.
→ 안긴문장: 명사절 (절 표지: 명사형 어미 '-기')
② 하늘이 [눈이 부시게] 푸르다.
→ 안긴문장: 부사절 (절 표지: 부사형 어미 '-게')
④ 우리의 싸움은 [내가 항복함]으로써 끝났다.
→ 안긴문장: 명사절 (절 표지: 명사형 어미 '-ㅁ')
☞ '-(으)로써'는 부사격 조사이므로 '내가 항복함으로써'는 부사어가 된다. 하지만 부사형 어미가 결합한 것이 아니므로 부사절은 아님에 유의해야 한다.

적중용 亦功 중간 빈출

05 〈보기〉의 ㉠~㉣에 대해 탐구한 것으로 적절하지 않은 것은? 2018 기상직 9급

〈보기〉
㉠ 아버지는 마음이 넓다.
㉡ 그 아이는 집으로 갔다.
㉢ 우리는 그가 담임 선생님임을 알았다.
㉣ 나는 어머니가 선물로 주신 가방을 멨다.

① ㉠에서 안은문장의 주어와 안긴문장의 주어는 다르다.
② ㉡은 주어와 서술어의 관계가 한 번 나타나므로 홑문장이다.
③ ㉢에는 목적어의 기능을 하는 안긴문장이 있고, ㉣에는 관형어의 기능을 하는 안긴문장이 있다.
④ ㉣에서 안긴문장의 목적어는 안은문장의 목적어와 다르므로 생략되지 않았다.

정답풀이 ㉣의 안은문장의 목적어인 '가방을'과 '어머니가 선물로 (가방을) 주신'에서의 목적어 '가방을'은 동일하다. 그래서 안긴문장의 '가방을'이 생략된 것이므로 이 선택지는 옳지 않다. (참고로, ㉣에는 안긴문장(어머니가 선물로 주신)이 뒤의 '가방'이라는 체언을 꾸미므로 관형어의 기능을 한다고 볼 수 있다.)

㉠ 아버지는 [마음이 넓다].
→ 서술절을 안은 문장 (절 표지: 없음)
㉡ 그 아이는 집으로 갔다.
→ 홑문장
㉢ 우리는 [그가 담임 선생님임]을 알았다.
→ 명사절을 안은 문장 (절 표지: 명사형 어미 -ㅁ)
㉣ 나는 [어머니가 선물로 (가방을) 주신] 가방을 멨다.
→ 관형절을 안은 문장 (절 표지: 관형사형 어미 -ㄴ)

오답풀이 ① ㉠에서 안은문장의 주어는 '아버지는'이고, '안긴문장'의 주어는 '마음이'이므로 다르다는 설명은 옳다.
② '그(관형어) 아이는(주어) 집으로(부사어) 갔다(서술어)'로서 주어와 서술어가 한 번씩만 나오므로 홑문장이다.
③ ㉢에는 안긴문장(그가 담임 선생님임) 뒤에 목적격 조사 '을'이 결합되어 있으므로 안긴문장이 목적어 기능을 한다고 볼 수 있다.

06 밑줄 친 관형절의 성격이 다른 것은? 2021 국회직 8급

① 우리는 <u>급히 학교로 돌아오라는</u> 연락을 받았다.
② <u>내가 어제 책을 산</u> 서점은 바로 우리 집 앞에 있다.
③ <u>충무공이 만든</u> 거북선은 세계 최초의 철갑선이었다.
④ 우리는 <u>사람이 살지 않는</u> 그 섬에서 하룻밤을 지냈다.
⑤ <u>수양버들이 서 있는</u> 돌각담에 올라가 아득히 먼 수평선을 바라본다.

정답풀이 동격 관형절은 피수식 명사가 관형절 내부에서 생략되지 않는 절이다. 동격 관형절의 경우, 피수식 명사의 내용이 관형절 그 자체가 된다. 보통 피수식 명사는 '소리, 소문, 사실, 기억, 일, 생각, 제안' 등이 있다. '급히 학교로 돌아오라는'이라는 관형절 내부에서 피수식 명사인 '연락'이 생략되지 않고 있으며 '연락'의 내용 자체가 '급히 학교로 돌아오라'이므로 동격 관형절에 해당한다.

오답풀이 관계 관형절은 피수식 명사가 관형절 내부에서 생략되는 절이다. 관형절의 피수식 명사가 관형절에서 '주어, 목적어, 부사어' 등으로 나타나 생략되는 절이다. 나머지는 모두 관계 관형절이다.
② [내가 (서점에서) 어제 책을 산] 서점은 바로 우리 집 앞에 있다. → 부사어 '서점에서'가 생략된 관계 관형절이다.
③ [충무공이 (거북선을) 만든] 거북선은 세계 최초의 철갑선이었다. → 목적어 '거북선을'이 생략된 관계 관형절이다.
④ 우리는 [사람이 (섬에서) 살지 않는] 그 섬에서 하룻밤을 지냈다. → 부사어 '섬에서'가 생략된 관계 관형절이다.
⑤ [(돌각담에서) 수양버들이 서 있는] 돌각담에 올라가 아득히 먼 수평선을 바라본다. → 부사어 '돌각담에서'가 생략된 관계 관형절이다.

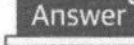

03 ③ **04** ③ **05** ④ **06** ①

Chapter 03

높임

赤功 포인트

1. 높임법의 종류 파악하기
2. 잘못된 높임 표현 고치기

한눈에 보기 높임법의 종류 판단하기

1. 높임 요소 찾기
2. 잘못된 높임 표현 찾기

훈련용 콤단문으로 보는 대표 기출

〈보기〉의 ㉠과 ㉡에 해당하는 높임법의 예로 가장 적절하지 않은 것은? 2017 경찰 1차 여경

〈보기〉
국어에서 높임법은 화자가 높이려는 대상에 따라 주체 높임법, 상대 높임법, 객체 높임법으로 구분된다. ㉠ 주체 높임법은 주어가 나타내는 대상인 주체를 높이는 것이며, 상대 높임법은 대화의 상대인 청자를 높이는 것이고 ㉡ 객체 높임법은 문장의 목적어나 부사어가 나타내는 대상인 객체를 높이는 것이다. 예를 들어 '엄마는 선물을 사셨다'는 주체 높임 선어말 어미 '-시-'를 통해, '할아버지, 아버지께서 오셨습니다'는 종결형 어미 '-습니다'를 통해 '철수는 할머니를 모셨다'는 객체 높임의 특수 어휘 '모시다'를 통해 실현되고 있다.

① ㉠에 해당하는 예로, "할아버지께서 산에 가셨다."를 들 수 있다.
② ㉡에 해당하는 예로, "선생님, 영이가 혼자 갔어요."를 들 수 있다.
③ ㉠에 해당하는 예로, "할머니는 예쁜 지갑이 있으시다."를 들 수있다.
④ ㉡에 해당하는 예로, "영이는 존경하는 선생님을 뵈었다."를들 수 있다.

해설
'갔어요'는 객체 높임법이 아니라 청자를 높이는 상대 높임법(해요체)에 해당하므로 옳지 않다.
오답풀이 ① 주체 높임 주격 조사 '께서', 주체 높임 선어말 어미 '-시-'
③ 주체 높임 선어말 어미 '-시-': 주체인 '할머니'를 높이기 위해 할머니의 소유물을 간접적으로 높인 것이므로 주체 높임법이 맞다.
④ 객체 높임 어휘 '뵈었다'가 쓰였으므로 옳다. ▶ ②

출•종•포 5 높임 요소 찾기

종류	높임 대상	실현 방법
주체 높임	서술어의 주체 (주어)	*① 선어말 어미 '-시-' (간접 높임의 '-시-' 주의!) ② 주격 조사 '께서' ③ 주체를 높이는 특수 어휘 : 계시다, 잡수시다, 편찮으시다 등
객체 높임	서술어의 객체 (목적어, 부사어)	*① 부사격 조사 '께' *② 모시다, 드리다, 여쭙다(여쭈다), 뵙다(뵈다)
상대 높임	청자	종결 표현 *① 하십시오체, 하오체 *② 해요체

적중용 콤단문으로 보는 기출문제

다음에서 설명하고 있는 높임법이 사용된 것은?

- 말하는 이보다 서술어의 주체가 나이나 사회적 지위가 높음.
- 높여야 할 대상의 신체 부분이나 소유물, 주체와 관련된 사물을 높이고 있음.

① 작은아버님, 그동안 건강히 잘 계셨습니까?
② 할머니를 복지센터에 모셔다 드렸다.
③ 오늘 할머니께서 약속이 있으십니다.
④ 니 아버지는 마실 가서 안 돌아오셨니?

출좋포 6 잘못된 높임 표현 고치기

"높임 요소" 말고도 "올바른 높임 표현"으로 고치기도 출제된다.

1 간접 높임의 경우에는 직접 높임의 어휘를 쓸 수 없다.

- 회장님의 말씀이 계시겠습니다.(×) → 있으시겠습니다.(○)

2 간접 높임의 대상이 될 수 없는 경우에는 '-시-'를 쓰면 안 된다.

☞ 상품, 품절, 가격에는 '-시-'를 쓰면 안 된다.

3 높임 대상과 관련된 명사를 높이지 않으면 틀린다.

- 집(×) → 댁(○)
- 밥(×) → 진지(○)
- 술(×) → 약주(○)
- 말(×) → 말씀(○)
- 이름(나이)(×) → 성함(연세, 춘추)(○)
- 저, 자기(×) → 당신(○)

4 겸양 표현을 적절하게 사용하여야 한다.

- '말씀'은 존대어이자 화자를 낮추는 겸양어이다.
- 저희 나라, 저희 겨레(×) → 우리나라, 우리 겨레(○)

해설

높임의 대상과 관련된 것을 높이는 간접 높임 표현에 대한 설명이다. ③에서 주어는 '약속'이고, 높임의 대상인 '할머니'와 관련된 것이므로 서술어에 '-시-'를 사용하여 간접적으로 높인다.

오답풀이 ① 상대인 '작은아버님'을 높이기 위해 '-습니까'를 사용한 아주 높임 표현을 사용하고, 또한 '작은아버님'은 문장의 주체이기도 하므로 '계시다'라는 특수어휘를 사용하고 있다.
② 객체인 '할머니'를 높이기 위해 특수 어휘 '모시다'를 사용한 객체 높임법이다.
④ 청자의 위치를 생각하여 주체를 높여주는 가존법에 해당한다. 화자는 자신이 가장 손윗사람이어도 화자를 위해 주체를 높여준다.

▶ ③

5 목적어, 부사어가 높임의 대상이 아니라면 객체 높임 특수 어휘를 쓸 수 없다.

- 어머니께서는 집안의 대소사를 아랫사람들에게 여쭈어보십니다.(×)
→ 아랫사람들에게 물어보십니다.(○)

6 주체 높임 '-시-'를 올바르게 사용해야 한다.

- 선생님이 이따 오래.(×) → 선생님이 이따 오라셔(오라고 하셔).(○)
- 그 사람 해고해! 하시라면(하시라고 하면) 해야죠.(×)
→ 하라시면(하라고 하시면) 해야죠.(○)
- 곧이어 펜트하우스를 시청하겠습니다.(×) → 시청하시겠습니다.(○)
- 어머님, 아범(아비)이 방금 들어오셨어요.(×) → 들어왔어요.(○)

7 화자가 자기 자신을 높일 수는 없다.

- 저는 고객을 위해 항상 노력 중이세요.(×) → 저는 고객을 위해 항상 노력 중이에요.(○)
☞ 화자 자신을 높이는 것은 옳지 않으므로 '저는 고객을 위해 항상 노력 중이에요.'로 바꿔야 한다.

8 화자가 주어일 때만 쓰이는 '-ㄹ게'는 주체 높임의 '-시-'와 함께 쓸 수 없다.

- 손님, 피팅룸으로 들어가실게요.(×) → 손님, 피팅룸으로 들어가시길 바랍니다.(○)

9 지위가 높거나 나이 많은 사람에게 쓰면 안 되는 단어들이 있으니 주의해야 한다.

- (정리하는 선생님께) 수고하셨습니다.(×)→ 노고가 많으십니다, 감사합니다.(○)
- (점원이 할아버지에게) 할아버지, 이러한 부분을 당부 드립니다.(×) → 부탁드립니다.(○)
- 철수는 어머니께 야단을 맞았다.(×) → 걱정(=꾸지람, 꾸중)을 들었다.(○)

적중용 **콤단문으로 보는 기출문제**

높임법의 쓰임이 적절한 것은? 2018 소방직 하반기

① 고객님이 주문하신 커피 나오셨습니다.
② 할아버지께서 네 방으로 오라고 하셨어.
③ 지금부터 사장님의 말씀이 계시겠습니다.
④ 어머니께서 제게 시간을 여쭈어 보셨어요.

해설

'오다'의 주체는 '너'이므로 높임 표현을 쓰면 안 되므로 옳다. '하다'의 주체는 '할아버지'이므로 '하셨어'로 주체 높임 선어말 어미 '-시-'를 쓰는 것은 옳다.

오답풀이 ① → 고객님이 주문하신 커피 나왔습니다. : '상품'은 높임의 대상인 고객과 관련이 깊지 않으므로 간접 높임의 대상이 아니다. 따라서 주체 높임 선어말 어미 '-시-'를 쓰는 것은 옳지 않다.

③ → 지금부터 사장님의 말씀이 있으시겠습니다. : '계시다'는 직접 높임 어휘이므로 간접 높임의 표현으로 '있으시다'로 고쳐야 한다.

④ → 어머니께서 제게 시간을 물어 보셨어요. : '여쭙다'는 부사어나 목적어를 높이는 객체 높임의 어휘이다. 그런데 여기에서 객체는 '제게'이므로 높임의 대상이 아니다. 따라서 '여쭈어'를 '물어'로 고쳐야 한다. 또한 주체인 어머니를 높여야 하므로 보조 용언에 '-시-'를 넣어야 한다.

▶ ②

레벨별 亦功 기출 훈련 : Ch.3 높임

▶ 레벨별 역공 기출 훈련 해설 영상은 주독야독 시즌 1(2024 7월)에서 꼭 수강해 주시기 바랍니다.

적중용 亦功 최빈출

01 ㉠~㉢의 밑줄 친 부분이 높이고 있는 인물은?

2017 국가직 9급 추가

> ㉠ 할아버지께서는 아버지의 사업을 도우신다.
> ㉡ 형님이 선생님을 모시고 집으로 왔다.
> ㉢ 할머니, 아버지가 고모에게 전화하는 것을 들었어요.

	㉠	㉡	㉢
①	아버지	선생님	할머니
②	아버지	형님	아버지
③	할아버지	형님	아버지
④	할아버지	선생님	할머니

정답풀이 ㉠ 할아버지께서는 아버지의 사업을 도우신다. : '도우시다'는 '돕[→ 도우] + 시 + 다'이다. '-시-'는 주체 높임 선어말 어미이므로 높임의 대상은 주어 '할아버지'이다.
㉡ 형님이 선생님을 모시고 집으로 왔다. : '모시고'는 객체 높임 어휘이므로 높임의 대상은 목적어 '선생님'이다.
㉢ 할머니, 아버지가 고모에게 전화하는 것을 들었어요. : '-어(어미) + 요(보조사)'는 청자를 높이는 상대 높임(해요체)이므로 높임의 대상은 청자인 '할머니'이다.

02 다음 중 객체 높임법을 확인할 수 없는 것은?

2014 기상직 9급

① 어머니께 이 편지를 전해 드리고 오너라.
② 할머니께서는 잠귀가 매우 밝으신 편입니다.
③ 아버지를 모시고 병원에 좀 다녀오도록 해요.
④ 이번 일요일에는 할아버지를 꼭 뵙고 오도록 해라.

정답풀이 '께서'에 주체 높임의 주격 조사 '께서'가 있다. '밝으신'에 주체 높임 선어말 어미 '-시-'가 있다. ('귀가 매우 밝으신'은 간접 높임 표현이다.) 하지만 객체 높임법은 확인할 수 없다.

오답풀이 ① 객체 높임의 부사격 조사 '께'와 객체 높임 어휘 '드리다'가 쓰였다.
③ 객체 높임 어휘 '모시고'가 쓰였다.
④ 객체 높임 어휘 '뵙고'가 쓰였다.

03 다음 글의 괄호 안에 들어갈 문장으로 적절한 것은?

2019 국가직 9급

> 국어의 높임법에는 말하는 이가 듣는 이에 대하여 높이거나 낮추어 말하는 상대 높임법, 서술어의 주체를 높이는 주체 높임법, 서술어의 객체를 높이는 객체 높임법 등이 있다. 이러한 높임 표현은 한 문장에서 복합적으로 실현되기도 하는데, (   ) 의 경우 대화의 상대, 서술어의 주체, 서술어의 객체를 모두 높인 표현이다.

① 아버지께서 할머니를 모시고 댁에 들어가셨다.
② 제가 어머니께 그렇게 말씀을 드리면 될까요?
③ 어머니께서 아주머니께 이 김치를 드리라고 하셨습니다.
④ 주민 여러분께서는 잠시만 제 이야기에 귀를 기울여 주시기 바랍니다.

정답풀이 [상대 +], [주체 +], [객체 +]를 만족시켜야 한다. ③은 이 모두를 만족시킨다. 대화의 상대를 높이고 있다(-습니다). 서술어의 주체인 '어머니'도 높임의 주격 조사 '께서'와 높임 선어말 어미 '-시-'로 높이고 있다. 또 서술어의 객체인 '아주머니'를 높이기 위해 높임의 부사격 조사 '께'와 객체 높임 특수 어휘 '드리다'가 쓰였다.

오답풀이 ① [상대-], [주체 +], [객체 +]로 대화의 상대를 높이고 있지 않다. 서술어의 주체인 '아버지'를 높임의 주격 조사 '께서'와 높임 선어말 어미 '-시-'로 높이고 있다. 또 서술어의 객체인 '할머니'를 높이기 위해 객체 높임 특수 어휘 '모시다, 댁'이 쓰였다. 대화의 상대를 높이고 있지 않아서 답이 아니다.
② [상대 +], [주체-], [객체 +]로 대화의 상대를 높이고 있다. 서술어의 주체인 '나'를 높이지 않고 있다. 또 서술어의 객체인 '어머니'를 높이기 위해 높임의 부사격 조사 '께', 객체 높임 특수 어휘 '드리다'가 쓰였다. 주체를 높이지 않아 답이 아니다.
④ [상대 +], [주체 +], [객체-]로 대화의 상대를 높이고 있다. '바랍니다'를 통해 [상대 +]임을 알 수 있다. '께서' '-시-'를 통해 [주체 +]임을 알 수 있다. 객체 높임은 쓰이지 않았다.

Answer
01 ④ 02 ② 03 ③

04 **다음 밑줄 친 말 중 경어법이 잘못된 것은?** 2015 법원직

① 어머니를 모시고 장에 갔다 오너라.
② 궁금한 것이 있으시면 저에게 여쭤 보세요.
③ 제가 찾아 뵙고 말씀 드리겠습니다.
④ 할머니께서는 아직 귀가 밝으십니다.

정답풀이 '저에게'의 '저'는 1인칭 화자이므로 객체 높임의 대상이 될 수 없다. 따라서 '물어'로 고쳐야 한다.

오답풀이 ① '어머니'는 객체 높임의 대상이므로 객체 높임 어휘인 '모시다'를 쓰는 것은 옳다.
③ '말씀'은 '나(저)'를 낮추는 말이므로 옳다.
④ '할머니의 귀'는 신체이므로 간접 높임의 대상이다. 따라서 '밝으십니다'로 쓰는 것은 옳다.

05 **다음 문장 중, 높임법을 올바르게 구사하고 있는 것은?** 2021 의무소방원

① 현재 이 적금의 이율이 제일 높으세요.
② 질문이 있으시면 손을 들고 말씀해 주세요.
③ 미나야, 선생님이 너 지금 바로 교무실로 오시래.
④ 사용 중에 불편한 점이 계시면 언제든 연락하십시오.

정답풀이 고객님이 한 것이므로 '질문'은 간접 높임의 대상이 된다. 또 간접 높임의 어휘 '있으시다'도 잘 썼다.

오답풀이 ① 높으세요('높으시어요'의 준말) → 높아요 : '적금의 이율'은 고객님과 밀접한 대상이 아니므로 간접 높임의 대상이 아니다. (간접 높임의 대상 : 높임 대상의 신체 일부, 소유물, 가족, 심리 등)
따라서 주체 높임 선어말 어미 '-시-'를 뺀 '높아요.'로 고쳐야 한다.
③ 오시래('오시라고 해')의 준말) → 오라셔 : 오는 것은 '미나'이므로 높이면 안 되고('오라고') 그러라고 하신 것은 선생님이므로 높여야 한다.('하셔') '오라고 하셔'의 준말은 '오라셔'이다.
④ 계시면 → 있으시면 : 간접 높임을 잘못 썼다. 고객님의 불편한 점은 고객님의 심리이므로 고객님과 밀접한 관계가 있다고 볼 수 있으므로 간접 높임의 대상이 된다. 하지만 '계시다'는 직접 높임의 어휘이므로 여기에서 쓸 수 없다. 따라서 간접 높임인 어휘인 '있으시다'로 고쳐야 한다.

06 **밑줄 친 부분에 해당하는 예로 적절한 것은?**
2014 방재안전직 9급

> 간접 높임이란 '할아버지께서는 돈이 많으시다.'처럼 높여야 할 대상의 신체 부분, 성품, 심리, 소유물과 같이 주어와 밀접한 관계를 맺고 있는 대상을 높이는 것을 말한다. 하지만 간접 높임을 지나치게 사용할 경우 언어생활의 오류를 범하게 된다.

① 과장님, 여쭈어볼 게 있어요.
② 나도 그 선생님께 선물을 드렸어.
③ 철수야, 선생님께서 너 지금 교무실로 오시래.
④ 손님, 사용 중에 불편한 점이 계시면 언제든 연락주십시오.

정답풀이 손님의 불편한 점은 손님의 감정과 관련이 있으므로 간접 높임의 대상이다. 하지만 '계시다'는 직접 높임 어휘이므로 '있으시면'으로 고쳐야 한다.

오답풀이 나머지는 간접 높임을 지나치게 사용하는 경우가 아니다.
① 과장님, (과장님께) 여쭈어볼 게 있어요 : 부사어 '과장님'을 높이는 객체 높임 어휘로 '여쭈다'가 잘 쓰였다.
② 나도 그 선생님께 선물을 드렸어. : 부사어 '선생님'을 높이는 객체 높임 어휘로 '드리다'가 잘 쓰였다.
③ 철수야, 선생님께서 너 지금 교무실로 오시래. : '오시래'는 '오시라고 해'의 준말이다. 이렇게 되면 '너'가 '오시는' 꼴이 되므로 옳지 않다. 오는 것은 '너'이고 그러라고 말한 것은 높임의 대상인 '선생님'이므로 '오라셔(오라고 하셨어)'가 옳다.

적중용 赤功 중간빈출

07 **다음 중 상대 높임법의 등급이 다른 하나는?** 2017 서울시 7급

① 여보게, 어디 가는가?
② 김 군, 벌써 봄이 왔다네.
③ 오후에 나와 같이 산책 가세.
④ 어느덧 벚꽃이 다 지는구려.

정답풀이 '는구려'는 '하오체'의 종결 어미이다. 나머지 선택지들은 '하게체'의 종결 어미이다. 상대 높임법의 등급은 종결 어미를 통해 알 수 있다.

08 **높임 표현으로 가장 적절한 것은?** 2015 국가직 7급

① 할아버지께서 이제야 집에 가시는군요.
② 당신은 제 말씀에는 전혀 귀를 기울이지 않으시는군요.
③ 이것이 바로 생전에 당신께서 가장 아끼던 벼루입니다.
④ 우리 사장님께서 뵙기를 청한 이유는 고견을 듣기 위함입니다.

정답풀이 자신의 말을 낮추는 '말씀'을 사용한 것은 옳다. 또한 높임의 대상인 '당신'이 귀를 기울이지 않는 것이므로 주체 높임의 '시-'가 쓰이는 것이므로 옳다.

오답풀이 ① 할아버지의 '집'이 아니라 높임 어휘 '댁'으로 고쳐야 한다.
③ '당신'은 '자기'의 높임 재귀칭 대명사이므로 당신의 행위를 높여야 한다. 따라서 '아끼던'이 아니라 '아끼시던'으로 고쳐야 한다.
④ '청하다'의 주체가 '사장님'이므로 '청한'이 아니라 '청하신'으로 고쳐야 한다. 또한 고견을 듣는 것도 '사장님'이므로 '들으시기'로 고쳐야 한다. (참고로, 객체 높임의 대상인 목적어가 빠져 있으므로 추가해야 한다. 또 청자를 높이기 위해서 '우리'보다는 1인칭의 낮춤 표현인 '저희'를 쓰는 것이 자연스럽다.)

Answer

04 ② 05 ② 06 ④ 07 ④ 08 ②

Chapter 04

사동 / 피동

사동 / 피동

1. 사동과 피동의 요소 파악하기
2. 사동 vs 피동의 구별
3. 사동 접미사 '-이-, -시키-'의 잘못된 쓰임
4. 이중 피동의 잘못된 쓰임

콤단문으로 보는 대표 기출

다음 글에서 추론한 내용으로 적절하지 않은 것은?

> 국어에서 용언에 결합하여 조어 기능을 하는 접미사 중 동사나 형용사에 결합하여 사동의 의미를 더하거나 타동사에 결합하여 피동의 의미를 더하는 접미사가 있다. 예를 들어 '먹이다'의 경우, 어근 '먹-'에 사동의 의미를 나타내는 접미사 '-이-'가 결합하여 주어가 '먹게 하다'라는 사동의 의미를 가지는 동사를 만들어낸다. '안기다'의 경우, 어근 '안-'에 피동의 의미를 나타내는 접미사 '-기-'가 결합하여 주어가 '안김을 당한다'는 의미를 가지는 동사를 만들어 낸다. 그런데 사동 접미사와 피동 접미사는 '-이-, -히-, -리, -기-'라는 접미사의 형태가 동일하므로 이 둘을 꼭 구별해야 한다. '철수가 아이에게 책을 읽혔다'와 '책이 많은 학생들에게 읽혔다'는 각각 사동과 피동을 의미하는 문장이다. 여기에서 '책을'이라는 목적어가 있는 문장은 사동사가 있는 문장이지만 목적어가 없는 문장은 피동사가 있는 문장이라고 볼 수 있다. 한편 피동사 중에는 목적어를 가질 수 있는 특별한 경우가 있다. 예를 들어 '철수가 영호에게 돈을 빼앗겼다'에서 '돈을'이라는 목적어가 있지만 '빼앗겼다'에는 피동의 의미가 들어있다.

① '선생님도 학생들에게 책을 읽혔다'는 어근 '읽-'에 사동 접미사 '-히-'가 결합하여 사동사가 된 것이다.
② '엄마가 아이에게 손을 물렸다'는 어근 '물-'에 사동 접미사 '-리-'가 결합하여 사동사가 된 것이다.
③ '사람들이 도로를 넓혔다'는 어근 '넓-'에 사동 접미사 '-히-'가 결합하여 사동사가 된 것이다.
④ '태풍에 가지가 꺾였다'는 어근 '꺾-'에 피동 접미사 '-이-'가 결합하여 피동사가 된 것이다.

해설

"한편 피동사 중에는 목적어를 가질 수 있는 특별한 경우가 있다."라는 제시문에 따라 '엄마가 아이에게 손을 물렸다'는 어근 '물-'에 피동 접미사 '-리-'가 결합하여 피동사가 된 것임을 알 수 있으므로 ②는 적절하지 않다. 여기에서 주어 '엄마가'가 묾을 당하는 의미가 있기 때문이다.

오답풀이 ① '책을'이라는 목적어가 있으며, 주어가 책을 읽게 하였다는 의미가 있으므로 어근 '읽-'에 사동 접미사 '-히-'가 결합하여 사동사가 되었다는 것은 적절하다.
③ '도로를'이라는 목적어가 있으며, 주어가 도로를 넓게 하였다는 의미가 있으므로 어근 '넓-'에 사동 접미사 '-히-'가 결합하여 사동사가 되었다는 것은 적절하다.
④ 목적어가 없으며 주어가 꺾음을 당한 의미가 있으므로 어근 '꺾-'에 피동 접미사 '-이-'가 결합하여 피동사가 되었다는 설명은 적절하다. ▶ ②

1 사동(使動)

주어가 남에게 동작을 시키는 것을 말한다.

01 사동(使動)의 종류

파생적 사동 (단형 사동)	용언의 어간 + 사동 접미사 '-이-, -히-, -리-, - 기-, -우-, -구-, -추-, -이키-, - 으키-, -애-', '-시키-' 이중 사동 접미사 '-이우-' 예 엄마가 아이에게 밥을 먹였다. 역공녀가 학생을 합격시켰다.
통사적 사동 (장형 사동)	본용언에 사동 보조 용언 '-게 하다'가 붙어 실현 예 엄마가 아이에게 밥을 먹게 한다.

출•좋•포 7 사동

1 주동문의 서술어 : 형용사 혹은 자동사

주동문 : 도로가(주어) 넓다.(형용사)

사동문 : 사람들이(새로운 주어) 도로를(목적어) 넓힌다.(사동사)

2 주동문의 서술어 : 타동사

주동문 : 그가(주어) 책을(목적어) 읽었다.(타동사)

사동문 : 내가(새로운 주어) 그에게(부사어) 책을(목적어) 읽혔다.(사동사)

출·좀·포 8 틀린 사동 표현: '이' '시키'의 남용

1 과도한 사동 접사 '이'의 사용

의미상 필요하지 않다면, 사동 접사 '이'를 남용하면 안 된다.

과도한 사동 접사 '이'의 사용 예시	기본형
그녀는 목메인 목소리를 냈다. [목메 + 이 + ㄴ] → 목멘(○)	목메다
넌 끼여들지마. [끼 + 이 + 어 + 들 + 지 + 마] → 끼어들지마(○)	끼다
습관처럼 중요한 말을 되뇌이는 버릇이 있다.[되 + 뇌 + 이 + 는] → 되뇌는(○)	되뇌다
역공녀를 보면 마음이 설레였다. [설레 + 이 + 었 + 다] → 설레었다/설렜다(○)	설레다
비 개인 거리를 나홀로~ 우산을 쓰고 걸어갔어~ [개 + 이 + ㄴ] → 갠 (○)	개다
도시를 헤매이는 아이들 [헤매 + 이 + 는] → 헤매는(○)	헤매다
동이 트였다. [트 + 이 + 었 + 다] → 텄다(○)	트다
철수는 아픈 할머니를 뉘였다. [뉘 + 이 + 었 + 다] → 뉘었다(○) 철수는 영희에게 채였다. [채 + 이 + 었 + 다] → 채었다(○)	누이다 차이다

2 과도한 사동 접사 '시키다'의 사용

'하다'를 쓸 수 있는 말에 무리하게 '시키다'를 결합하지 않는다.

과도한 사동 접사 '시키다'의 사용 예시	기본형
내가 친구 한 명 소개시켜 줄게. → 소개해(○)	소개하다
이 공간을 분리시킬 벽을 설치했다. → 분리할(○)	분리하다
모든 기계를 하루 종일 가동시켜서 기일을 맞추도록 하자. → 가동해서(○)	가동하다
입금시키다, 금지시키다, 강화시키다, 개선시키다, 결집시키다, 지연시키다, 고정시키다. → 입금하다, 금지하다, 강화하다, 개선하다, 결집하다, 지연하다, 고정하다(○)	

적중용 **콤단문으로 보는 기출문제**

밑줄 친 말의 쓰임이 올바른 것은? 2022. 지방직 9급

① 습관처럼 중요한 말을 되뇌이는 버릇이 있다.
② 나는 친구 집을 찾아 골목을 헤매이고 다녔다.
③ 너무 급하게 밥을 먹으면 목이 메이기 마련이다.
④ 그는 어린 시절 기계에 손가락이 끼이는 사고를 당했다.

해설

손가락이 낌을 당하는 의미이므로 피동의 '끼이다'가 쓰이는 것은 옳다. 하지만 나머지 단어들은 접미사 '이'가 잘못 결합된 것이므로 각각 '되뇌는, 헤매고, 메기'로 고쳐야 한다.

▶ ④

2 피동(被動)

주어가 당하는 것을 말한다.

01 피동(被動)의 종류

파생적 피동 (단형 피동)	동사의 어간(주로 타동사) + 피동 접미사 '-이-, -히-, -리-, -기-', '-되-' 예 도둑이 경찰에게 잡혔다. 카드 포인트가 등록되었다.
통사적 피동 (장형 피동)	본용언 + 보조 용언 *'-어지다' '-게 되다' 예 구두끈이 풀어지다. [풀- + -어지- + -다] 예 사실이 드러나게 되다. [드러나- + -게 되다]

02 틀린 피동 표현

피동 접미사 '-이-, -히-, -리-, -기-, -되-'와 피동의 보조 용언 '-어지다'는 이중으로 겹쳐서 사용할 수 없다.

- 이 사실이 믿겨지지[믿- + -기- + -어지- + -지] 않았다. → 믿기지/믿어지지
- 내일 날씨는 맑을 것으로 보여집니다. [보- + -이- + -어지- + ㅂ니다]
  → 보입니다./보아집니다.
- 간판이 잘 읽혀지지[읽- + -히- + -어지- + -지] 않아요. → 읽히지/읽어지지
- 앞으로 이 문제가 잘 풀릴 것이라고 예상되어진다.
  → [예상 + -되- + -어지- + -ㄴ- + -다] → 예상된다.

출좋포 9 모양이 같은 사동사와 피동사의 구별

공통되는 접미사 '-이 -, -히 -, -리 -, -기 -' 때문에
사동사와 피동사를 구별하는 문제가 나온다.

	사동사	피동사
목적어의 유무	예 역공녀가 공시생들에게 책을 읽혔다. 역공녀가 공시생들에게 연필을 잡혔다. 철수는 나에게 영화를 보였다.	예 그 책은 많은 공시생들에게 읽혔다. 공시생들이 역공녀에게 잡혔다. 이제 영화가 보였다.
의미	주어가 시킴	주어가 당함

» 피동사가 목적어를 갖는 예외의 경우
→ 따라서 꼭 '의미'도 함께 파악하는 것이 좋다.

- 사동: 엄마는 아이에게 젖을 물렸다. ('엄마'가 젖을 물게 한 의미가 있으므로 사동)
  철수는 영희에게 피해를 입혔다. ('철수'가 피해를 입게 한 의미가 있으므로 사동)
  영자는 짐을 그곳으로 옮겼다. ('영자'가 짐을 옮게 한 의미가 있으므로 사동)
- 피동: 엄마는 아기에게 코를 물렸다. ('엄마'가 물음을 당한 의미가 있으므로 피동)
  철수는 도둑에게 돈을 빼앗겼다. ('철수'가 빼앗음을 당한 의미가 있으므로 피동)
  영자는 철수에게 발을 밟혔다. ('영자'가 밟음을 당한 의미가 있으므로 피동)

적중용 콤단문으로 보는 기출문제

01 밑줄 친 말이 가장 자연스러운 것은? 2015 국가직 7급

① 닫혀진 마음을 열 길이 없구나.
② 저쪽 복도에 놓여진 화분은 엄청 예쁘구나.
③ 그 토의에서 궁극적으로 받아들여진 것이 결국 뭐지?
④ 장마로 인해 끊겨진 통신 선로가 드디어 복구되었군요.

02 밑줄 친 부분의 사례로 적절한 것은? 2018 국가직 7급

> 한국어의 피동 표현 중 '-어/아지다'에 의한 피동이 있다. 이것은 연결 어미 '-어/아'에 보조 동사 '지다'가 결합된 통사적 구성으로 통사적 피동이라 부르기도 한다. 그런데 '-어/아지다'가 피동의 의미보다는 '-게 되다'와 비슷한 의미를 가져 어떠어떠한 상태로 된다는 과정화의 의미가 더 강할 때가 있다.

① 이 책이 잘 읽혀진다.
② 방에 우유가 쏟아졌다.
③ 그 가게에 잘 가지지 않아요.
④ 이 연필은 글씨가 잘 써진다.

해설

01 '받아들이다'는 '남의 말이나 요구 따위를 들어주다.'를 의미하므로 '당하다'를 의미하는 피동사가 아니다. 따라서 뒤에 피동 표현 '-어지다'가 붙어도 이중 피동 표현이라고 볼 수 없다.

☞ 이와 비슷하게 이중 피동이 아닌 단어들로는 '여겨지다, 밝혀지다, 알려지다, 읽혀지다'가 있다.

오답풀이 ① '닫 + 히(피동 접미사) + 어지(피동 보조 용언) + ㄴ'은 이중 피동이므로 옳지 않다.
② '놓 + 이(피동 접미사) + 어지(피동 보조 용언) + ㄴ'은 이중 피동이므로 옳지 않다.
④ '끊 + 기(피동 접미사) + 어지(피동 보조 용언) + ㄴ'은 이중 피동이므로 옳지 않다. ▶ ③

02 과정화의 의미인지는 '-게 되다'로 고쳐서 자연스러운 문장을 찾으면 된다. '그 가게에 잘 가지지 않아요.'를 "그 가게에 잘 가게 되지 않아요."로 바꾸면 자연스럽다.

오답풀이 ① '읽혀진다'는 '읽 + 히(피동접미사) + 어지(피동 보조 용언) + ㄴ + 다'로 이중 피동이므로 어법에 어긋난다. '읽어진다, 읽힌다'로 고쳐야 한다. 하지만 비문인 것이 답의 결정적인 근거가 되는 것은 아니다. '과정화'의 의미가 없기 때문에 답이 될 수 없는 것이다.
②, ④의 '방에 우유가 쏟게 되었다'와 '이 연필은 글씨가 잘 쓰게 되다'는 어색하므로 답이 될 수 없다. '쏟아졌다'와 '써진다'에는 피동의 의미가 더 강하게 느껴진다. ▶ ③

레벨별 亦功 기출 훈련: Ch.4 사동 / 피동

▶ 레벨별 역공 기출 훈련 해설 영상은 주독야독 시즌 1(2024 7월)에서 꼭 수강해 주시기 바랍니다.

PART 02

적중용 亦功 최빈출

01 사동법의 특징을 고려할 때 밑줄 친 단어의 쓰임이 옳은 것은? 2018 지방직 9급

① 그는 김 교수에게 박 군을 소개시켰다.
② 돌아오는 길에 병원에 들러 아이를 입원시켰다.
③ 생각이 다른 타인을 설득시킨다는 건 참 힘든 일이다.
④ 우리는 토론을 거쳐 다양한 사회적 갈등을 해소시킨다.

정답풀이 주어를 기준으로 주어가 직접 하는 의미가 가능하면 '–게 만들다'를 의미하는 '시키다'를 넣을 수 없다. 따라서 '시키다' 대신에 '하다'를 넣어서 말이 되는지 보았을 때 말이 안 되면 '시키다'는 옳게 쓰인 것이고 말이 되면 '시키다'는 잘못 쓰인 것이다. ②의 '입원하다'를 넣으면 생략된 주어가 직접 입원을 하는 것인데, 이렇게 되면 말이 안 된다. 주어가 직접 입원하는 것이 아니라 아이가 입원하는 것이므로 '입원시키다'는 옳다.

오답풀이 ① 주어 '그는'이 직접 소개를 해주는 것이므로 '소개했다'로 고쳐야 한다.
③ 생략된 주어가 타인을 직접 설득하는 것이므로 '설득한다는'으로 고쳐야 한다.
④ 주어 '우리는'이 직접 갈등을 해소하는 것이므로 '해소한다'로 고쳐야 한다.

02 밑줄 친 단어의 쓰임이 옳은 것은? 2017 국가직 7급 생활 안전 분야

① 담배를 피다　② 날이 개이다
③ 고기를 재다　④ 차에 치다

정답풀이 '(고기 따위의 음식을) 양념하여 그릇에 차곡차곡 담아 두다'를 의미하는 '재다'는 옳게 사용되었다.

오답풀이 ① '담배에 불을 붙여 연기를 빨아 입이나 코로 내보내다'를 의미하는 것은 '피다'가 아니라 '피우다'이다. '피다'는 목적어가 없는 자동사이다.
② '(흐리거나 궂은 날씨가) 맑아지다'를 뜻하는 것은 '개이다'가 아니라 '개다'이다. '개이다'는 불필요한 사동 접미사 '–이–'가 결합된 것이므로 옳지 않다.
④ '치다'가 아니라 피동사 '치이다'가 옳다. '무거운 물건에 부딪히거나 깔리다.'를 의미한다.

03 다음 설명에 해당하지 않는 문장은? 2022 지역인재 9급

> 사동주가 피사동주로 하여금 어떤 행위를 하게 하거나 어떤 상황에 처하게 하는 표현법을 사동이라 하고, 사동이 표현된 문장을 사동문이라고 한다.

① 도둑이 경찰에게 잡혔다.
② 철호가 몸짓으로 나를 웃겼다.
③ 영애가 민수를 기쁘게 하였다.
④ 어머니가 아이에게 새 옷을 입혔다.

정답풀이 나머지 문장은 '나를, 민수를, 새 옷을'처럼 목적어가 있으며 사동의 의미가 있다. 하지만 '도둑이 경찰에게 잡혔다.'는 목적어도 없으며 도둑이 잡음을 당하는 의미가 있으므로 피동문이다. 따라서 이는 사동문과는 관련이 없다.

01 ② 02 ③ 03 ①

적중용 赤功 중간 빈출

04 **사동 표현이 없는 것은?** 2018 지방직 7급

① 목동이 양들에게 풀부터 뜯겼다.
② 아이들은 종이비행기만 하늘로 날렸다.
③ 태희는 반지마저 유진에게 보여 주었다.
④ 소영의 양손에 무거운 보따리가 들려 있다.

정답풀이 '들려 있다' 앞에는 목적어가 없는 것으로 보아 '들려 있다'는 피동사이다. '들리어'의 '-리-'는 사동 표현이 아니라 피동 접미사이다.

오답풀이 사동 표현은 '-게 하다'의 시킴의 뜻이 있으며 사동사는 모두 타동사이므로 '목적어'가 있다. '뜯겼다', '날렸다', '보여 주었다'는 모두 목적어를 필수적으로 요구하는 서술어이다.
'① 풀부터, ② 종이비행기만, ③ 반지마저'는 각각 보조사가 붙었지만 목적격 조사도 붙을 수 있으므로 목적어이다. '뜯겼다', '날렸다', '보여 주었다'는 각각 사동사이다.

Answer

04 ④

Chapter 05 종결 / 시제 / 부정

1 종결(終結)

01 개념

문장을 끝맺는 표현으로, 화자의 생각이나 느낌을 표현한다.

02 특징

종결 표현의 의미는 종결 어미에 따라 결정된다.

03 종류

① 평서문 : 역공녀는 웃기다. 역공녀는 웃깁니다. 그래 내가 합격시키겠다고 약속하마.
② 의문문 : 밥 먹었니?(판정), 우리 어디에서 봐?(설명), 밥 좀 천천히 먹지 않을래?(수사)
③ 명령문 : 여기를 보아라, 여기를 보게, 여기를 보오, 여기를 보십시오, 여기를 보세요.
④ 청유문 : 집에 가자, 집에 가세, 집에 갑시다, 집에 가십시다.
⑤ 감탄문 : 예쁘구나.

2 시제(時制)

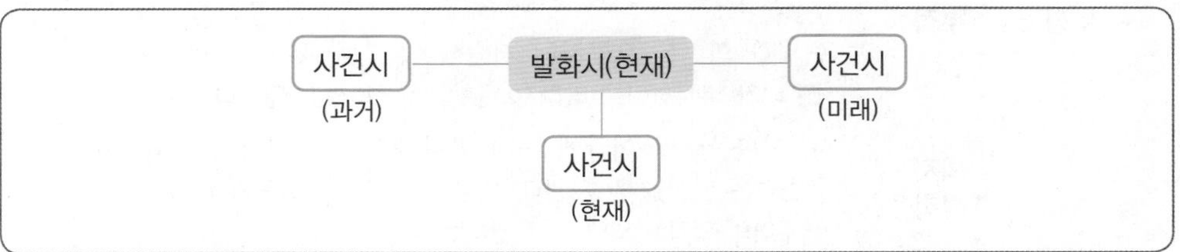

- 시제란 말하는 시점인 '발화시'를 기준으로 하여, 사건이 일어나는 시점인 '사건시'의 시간상의 위치를 나타내는 표현이다. 시제는 대개 선어말 어미나 관형사형 어미, 시간 부사어 등으로 표현된다.
- 동작상(動作相)이란 시간의 흐름 속에서 동작이 끝나지 않고 계속 진행되는지, 아니면 완전히 완료되었는지를 나타내는 표현이다.

출·좋·포 10 **절대 시제와 상대 시제**

1 절대 시제: 말하는 시점(발화시)을 기준으로 결정되는 일반적인 시제

실현 방법	선어말 어미를 통해 실현됨. 문장의 끝! 예 형이 내가 읽는 책을 빼앗았다. (과거)

2 상대 시제: 사건이 일어난 시점(사건시)을 기준으로 결정되는 시제

실현 방법	관형사형과 연결형을 통해 표현됨. 문장의 가운데! 예 형이 내가 읽는 책을 빼앗았다. (현재) 형이 내가 읽은 책을 빼앗았다. (과거)

3 부정(否定)

01 길이에 따른 부정 표현

짧은 부정	부사 '아니(안)', '못'을 사용하여 실현되는 부정문 예 시험을 안 보다. 시험을 못 보다.
긴 부정	어간에 '-지 아니하다(=않다)', '-지 못하다' '-지 말다'가 붙어서 실현되는 부정문 예 시험을 보지 않다. 시험을 보지 못하다. 시험을 못 보지 마라.(= 말아라)

02 부정 표현의 종류

종류	의미	설명
'못' 부정	능력 부정	부사 '못'이나 어간에 '-지 못하다'가 붙어서 실현되는 부정문 예 역공녀는 남친을 못 사귄다. 역공녀는 남친을 사귀지 못한다. → 어떠한 외부적 이유 혹은 능력이 없어 사귀지 못한다는 의미 ☞ 어떠한 의지를 요구하는 서술어에는 '못' 부정을 쓸 수 없다. 예 너가 무사하기를 바라지 못한다. → 바라지 않는다.
*'안' 부정	의지 부정	부사 '아니(안)'나 어간에 '-지 아니하다'가 붙어서 실현되는 부정문 예 역공녀는 남친을 안 사귄다. 역공녀는 남친을 사귀지 않는다. → 주어의 의지에 의해 안 사귄다는 의미
	단순 부정	부사 '아니(안)'나 어간에 '-지 아니하다'가 붙어서 실현되는 부정문 예 비가 안 내린다. 비가 내리지 않는다. 역공녀는 안 예쁘다. 역공녀는 예쁘지 않다. → 단순한 사실을 부정하는 의미
'말다' 부정	금지	동사 어간에 '-지 말다'가 붙되, 항상 명령형, 청유형으로만 활용되는 부정문 예 놀지 말아라. 놀지 말자.

MEMO

출.좋.포 문법·어휘

Part

03

[공문서] 문장 고쳐 쓰기

Chapter 01

올바른 문장 구조

1 병렬 관계의 오류

- 1반 축구팀은 불안한 수비와 문전 처리가 미숙하여 2반 축구팀에 패배하였다.
  → 수비가 불안하고
- 사고 원인 파악과 재발 방지 대책을 조속히 마련하기 바랍니다. → 사고의 원인을 파악하고
  ☞ '과/와'로 연결되는 문장은 앞뒤의 구조나 내용이 대등해야 어색하지 않다.
- 영이는 노래를 하고, 순이는 키가 크다.
  → 영이는 노래를 하고, 순이는 춤을 춘다. / 영이는 키가 작고, 순이는 키가 크다.
  ☞ 앞의 절과 뒤의 절이 내용상 연관성이 없는데도 병렬 문장으로 연결되어 있어 어색하다.
- 에너지 절약 및 근무 능률을 향상시키는 데 힘써주십시오.
  → 에너지를 절약하고 근무 능률을 향상하는
- 다문화 가정에 대한 인식의 변화와 관심이 높아지고 있다. → 인식이 변화되고
- 한번 오염된 환경이 깨끗해지려면, 많은 비용과 노력, 그리고 긴 시간이 든다.
  → 많은 비용과 노력이 들고, 긴 시간이 걸린다.

2 문장 성분의 호응

주어와 서술어의 호응	• 내가 하고 싶은 말은 다름이 아니라, 아직 늦지 않았으니 새로 시작하기를 바란다. → 바란다는 것이다. • 기재 사항의 정정 또는 금융 기관의 수납인 및 취급자인이 없으면 무효입니다. → 정정이 있거나 • 이 지역은 무단 입산자에 대하여는 자연 공원법 제60조에 의거 처벌을 받게 됩니다. → 이 지역에 무단 입산자는
목적어와 서술어의 호응	• 재일 동포들은, 일본 사회의 구성원으로서 모든 의무를 다하고 있으면서도 차별과 합당한 대우를 받지 못하고 있다. → 차별을 받고 합당한 대우를 받지 못하고 있다. • 모든 사람은 한 사람의 자연인으로서의 자유는 물론이고 한 사람의 사회인으로서의 책임도 질 줄 알아야 한다. → 자유를 누리는 것은 물론이고 • 저희들에게 축복과 격려하여 주신 데 감사드립니다. → 저희들을 축복하고 격려하여 주셔서

부사어와 서술어의 호응	• 아무리 돈이 많지만 그럴 수는 없다. → 많아도 • 짐승도 은혜를 알거늘, 하물며 사람이 은혜를 알아야 한다. → 모르랴(모르겠는가) • 모름지기(마땅히, 당연히, 반드시) 사람은 항상 모든 것을 공부한다. → 공부해야 한다. • 그런 행동을 하다니, 역공녀는 여간 깐깐하다. → 여간 깐깐하지 않다. • 그 사람은 결코 우유부단한 사람이다. → 우유부단한 사람이 아니다. • 왜냐하면 한국이 빠른 속도로 경제적 발전을 이루었다는 것이다. → 이루었기 때문이다. • 바야흐로 버스가 이제 출발하였다. → 출발하려 한다.
수식어와 피수식어의 호응	• 한결같이 어려운 이웃을 돕는 사람들이 많습니다. → 어려운 이웃을 한결같이 돕는 ☞ '한결같이'가 '어려운'을 수식하는지, '돕는'을 수식하는지 모호하다. • 그의 나에 대한 평가는 어떤지 궁금하다. → 나에 대한 그의 평가는

출좋포 1 부사어와 서술어의 호응

- 별로 ~지 않다
- 차마 ~ 수 없다
- 뉘라서 ~(으)ㄹ 것인가
- 아마(틀림없이) ~(으)ㄹ 것이다, 만약(만일) ~더라도, 혹시(아무리) ~ㄹ지라도, 비록 ~지라도(~지만, ~더라도, ~어도), 마치(흡사) ~처럼(~ 같이, ~과 같다)
- 물론(다만) ~하지만(~하여)

3 문장 성분 갖추기

주어 갖추기	• 하지만 돌이켜보니 / 지금의 내 모습을 형성하는 데 많은 영향을 미쳤다. → '지금의' 앞에 '과거 경험이' 추가 • 문학은 다양한 삶의 체험을 보여 주는 예술의 장르로서 / 문학을 즐길 예술적 본능을 지닌다. → '문학을' 앞에 '인간은' 추가 ☞ 앞 문장의 주어와 뒤 문장의 서술어가 호응하지 않으므로, 뒤 문장에 '인간은'이라는 주어가 필요하다. • 본격적인 공사가 언제 시작되고, 언제 개통될지 모른다. → '개통될지' 앞에 '도로가' 추가 ☞ '개통될지'에 해당하는 주어는 '공사'가 아니므로 새로운 주어를 넣어야 한다.
목적어 갖추기	우리는 모두 그분을 존경하였고, 그분 또한 사랑하였다. → 우리를 사랑하였다. ☞ '사랑하다'는 타동사이므로 목적어 '우리를'을 넣어 주어야 한다.
관형어 갖추기	건우가 시험에 합격한 것은 기쁨이 되었다. → 우리의 기쁨 ☞ '기쁨이'에 호응하는 관형어가 생략되어 누구의 기쁨이 된 것인지 분명하지 않다.
부사어 갖추기	인간은 환경을 지배하기도 하고, 때로는 순응하면서 산다. → 환경에 순응하기도 하면서 산다. ☞ '순응하다'는 필수 부사어를 갖는 동사이므로 부사어를 보충해야 하고, 앞문장이 '-기도 하고'의 구조이므로 뒷문장도 '~기도 하면서'의 구조를 갖추는 것이 자연스럽다.

Chapter 02

문장의 중의성

수식 관계로 인한 중의성	• 그 거만한 시장의 외삼촌은 약속을 잘 지키지 않는다. ☞ 거만한 사람이 시장인지, 외삼촌인지 모호하다. • 여행을 무척이나 좋아하는 아우의 친구를 만났다. ☞ 여행을 좋아하는 사람이 아우인지, 친구인지 모호하다. • 그 판매원은 웃으면서 들어오는 손님에게 인사를 건넸다. ☞ 웃으면서 들어오는 주체가 판매원인지 손님인지 모호하다. • 사람들이 많은 도시를 다녀 보면 재미있는 일이 많을 것이다. ☞ 사람들이 많이 있는 도시인지, 여러 도시를 다닌다는 말인지 모호하다. • 다행히도 그 이야기를 들은 우리들은 모두 안전했다. ☞ '다행히도'가 '들은'을 꾸미는지, '안전했다'를 꾸미는지 모호하다.
비교 구문으로 인한 중의성	• 그녀는 나보다 책을 더 좋아한다. ☞ 그녀와 나 둘 중에 책을 더 좋아하는 것이 그녀인지, 그녀가 나와 책 둘 중에 책을 더 좋아하는 것인지 모호하다.
병렬 구문으로 인한 중의성	• 철수는 영희와 순애를 만나러 갔다. ☞ 철수가 혼자 영희와 순애 두 사람을 만나러 갔는지, 아니면 철수가 영희와 둘이서 순애를 만나러 갔는지 모호하다. • 동창회에서 들었는데, 영희와 철수가 결혼했다더군. ☞ 영희와 철수가 각각 다른 배우자와 결혼했다는 뜻인지, 아니면 영희가 철수와 결혼했다는 뜻인지 모호하다.
영향권의 중의성	• 사람들이 다(모두, 전부) 오지 않았다. ☞ 사람들이 한 명도 안 왔다, 사람들이 일부만 왔다로 해석이 가능하다. • 감과 사과 세 개를 샀다. ☞ 감 한 개와 사과 세 개인지, 감과 사과가 각각 세 개인지, 감과 사과를 합하여 세 개인지 모호하다.
조사로 인한 중의성	• 할아버지의 그림을 보았다. ☞ 할아버지 소유의 그림인지, 할아버지가 그린 그림인지, 할아버지를 그린 그림인지 모호하다.
지시어로 인한 중의성	• 그는 많은 돈이 생겼지만 그것을 숨겼다. ☞ '그것'이 많은 돈이 생긴 사실인지 돈 자체인지 모호하다.

Chapter

03 중복된 의미의 표현 삭제하기

- 그 안건은 과반수가 넘어 안건이 가결되었다. → 반수
  ☞ '과반수(過半數)'의 '과(過)'와 '넘는'이 중복된다.
- 내일 9시에 역전 앞에서 만날래? → 역전
  ☞ '역전(驛前)'의 '전(前)'과 '앞'이 중복된다.
- 미리 예습하는 것은 복습보다 더 큰 학습 효과를 나타낸다. → 예습
  ☞ '미리'와 '예습(豫習)'의 '예(豫)'가 중복된다.
- 역공녀는 남은 여생을 경제적 자유를 얻어 행복하게 살았다. → 여생
  ☞ '남은'과 '여생(餘生)'의 '여(餘)'가 중복된다.
- 부정부패를 완전히 근절해야 한다. → 근절해야 한다.
  ☞ '근절(根絶)'의 '근(根)'은 '뿌리째, 완전히'의 의미로 앞의 부사어 '완전히'와 중복된다.
- 우리는 어려운 난관을 극복하여 시험에 합격하게 되었다. → 난관
  ☞ '어려운'과 '난관(難關)'의 '난(難)'이 중복된다.

Chapter 04

올바른 어휘 선택하기

문맥상 옳지 않는 단어가 사용되지는 않는지 주의하여야 한다. 형태가 비슷하여 각기 다른 뜻을 갖고 있음에도 혼용되어 잘못 쓰일 수 있기 때문이다.

1 성별에 따른 단어 선택

- 그의 아들은 대학교에서 학생들을 가르치는 뛰어난 재원(才媛)이다. → 인재(人材)
  ☞ '재원(才媛)'은 '재주가 뛰어난 젊은 여자'를 가리키는 말이므로 '남자'에게는 쓸 수 없다.
- 그 남자는 방년(芳年) 18세이다 → 당년(當年)
  ☞ '방년'은 '여자의, 이십 세 전후의 꽃다운 나이. 방령(芳齡)'을 의미하므로 남자인 성별에는 쓸 수 없다. '당년(當年)으로 고쳐야 한다.
- 영지는 혼기가 찬 자신의 아들을 드디어 여의었다. → 딸을

2 긍정적인 맥락의 단어/부정적인 맥락의 단어

- 아파트가 무너지자 주민들이 보상(補償)을 요구하였다. → 배상(賠償)
  ☞ '보상(補償)'은 합법으로 생긴 피해에 대해, '배상(賠償)'은 불법으로 인해 생긴 피해를 의미하는 것으로 부정적인 일에서 쓰인다.
- 역공녀는 역공남의 범행에 협조(協助)한 죄로 구속되었다. → 범행을 방조(幇助)한
  ☞ '협조(協助)'는 긍정적인 행위를 도울 때 쓰는 단어이다. 범죄 행위를 돕거나 방치한 경우에는 '방조(幇助)'라는 말을 쓴다.
- 도전자는 통쾌한 케이오 승을 거두겠다고 기함(氣陷)을 토하고 있다. → 기염(氣焰)
  ☞ '기함'은 '갑자기 놀라거나 아파서 소리를 지르면서 넋을 잃음.'이라는 뜻으로 부정적인 어감을 가지는 단어이다. '기염'은 불꽃처럼 대단한 기세를 의미하는 것으로 '토하다'와 함께 쓰인다.
- 위안부 할머니들의 삶은 끔찍한 일로 회자(膾炙)되고 있다. → 여겨지고
  ☞ '회자(膾炙)되다'는 '칭찬을 받으며 사람의 입에 자주 오르내리다. 회와 구운 고기라는 뜻에서 나온 말'을 의미하므로 긍정적인 어감에 쓰여야 한다.
- 열심히 노력한 탓에 역공녀는 1타로 자리매김했다. → 덕, 덕분
  ☞ '탓'은 주로 잘못된 일의 까닭이나 원인을 의미하는 말이므로, 긍정적인 의미의 '덕'이나 '덕분'을 사용하는 것이 적절하다.
- 그는 유머 감각이 뛰어나 친구들 사이에서 유명세(有名稅)가 대단했다. → 인기(人氣)
  ☞ '유명세'는 '세상에 이름이 널리 알려져 있는 탓으로 당하는 불편이나 곤욕'을 이르는 말로 부정적인 문맥에 쓰인다. 따라서 '인기'로 고치는 것이 자연스럽다.

- 그 얘기는 일체(一切) 입 밖에 꺼내지 마시오. → 일절(一切)

☞ '일체(= 모두, 전부)'는 긍정적인 문맥에 '일절'은 부정적인 문맥에 쓰인다. '일체'는 '모든 것, 온갖 사물, 통틀어서, 모두'를 의미한다. '일절(= 전혀)'은 '사물을 부인하거나 행위를 금지할 때 씀.'을 의미하는 것으로 존재 자체가 부정된다. 따라서 '일절 없다', '일체 있다'로 표현해야 한다.

- 자신을 밝히지 않고 남을 도와 왔던 화제의 장본인(張本人)을 소개하겠습니다.
→ 인물(人物), 주인공(主人公)

☞ '장본인'이란 어떠한 일을 꾀하여 일으킨 바로 그 사람이라는 뜻으로, 부정적인 맥락에 더 많이 쓰인다. 긍정적인 맥락에는 '인물, 주인공' 등을 쓰는 것이 자연스럽다.

- 청소년은 흡연을 해서는 안 된다는 인식을 조장(助長)하기 위해 노력했다. → 심어 주기

☞ '조장'이란 바람직하지 않은 일을 부추김을 의미하므로 부정적인 맥락에 더 많이 쓰인다. '사행심 조장, 과소비 조장' 등과 같이 쓰이며, 긍정적인 의미를 지닌 문장과는 어울리지 않는다.

조성 vs 조장
: 행복한 분위기를 조장하였다.
→ 조성하였다. (○)

3 비슷하게 생긴 단어의 선택

- 역공녀는 만약을 위해 지난달 보험금(保險金)을 연체하지 않고 냈다. → 보험료(保險料)

☞ '보험금(保險金)'은 사고가 발생하였을 때, 보험사가 피보험자에게 지급하는 돈을 의미하므로 문맥상 옳지 않다. 보험사에 비보험사가 돈을 내는 것이므로 '보험료(保險料)'가 옳다.

- 역공녀와 수지의 얼굴은 서로 틀린 것입니다. → 다른

☞ '틀리다'는 '정답이 아니다'는 뜻이고, '다르다'는 '같지 않다'는 뜻이다.

4 특정 단어 뒤에 쓰이는 서술어의 선택

- 그의 시도는 미수(未遂)에 머물고 말았다. → 미수(未遂)에 그치고

☞ '미수 (未遂)'는 '목적을 이루지 못함.'을 의미한다. 미수는 '그치다'와 호응하여 쓰인다.

- 하교 시간이 되자 학생들이 봇물(洑물)을 이루며 학교에서 나왔다. → 봇물 터지듯

☞ '봇물'은 '보에 괸 물 또는 보에서 흘러내리는 물'이므로 동적으로 표현해야 한다. 따라서 '봇물 터지듯'으로 써야 한다.

- 뮤지컬의 대단원(大團圓)의 막을 열었다. → 대단원의 막을 내렸다.

☞ '대단원'이란 '어떤 일의 맨 마지막, 대미'를 나타내는 말이므로 '대단원의 막을 내리다'로 고쳐야 한다.

5 주체와 객체의 혼동

- 공과금을 기한 내에 은행 등 지정 기관에 수납(收納)하지 않으면 연체료를 내야 한다.
→ 납부(納付)

☞ '수납'은 돈이나 물품 따위를 받아 거두어들이는 것이므로 옳지 않다. 여기에서는 세금을 '내는' 것이므로 '세금 · 공과금 따위를 냄.'을 의미하는 '납부'를 써야 한다.

접수와 신청

- 각 가정에서는 쓰레기를 분리해서 수거(收去)해주십시오. → 배출(排出)

☞ '수거(收去)'는 '거두어 감'을 의미하므로 옳지 않다. '안에서 밖으로 밀어 내보냄.'을 의미하는 '배출(排出)'이 옳다.

- 그는 관련 서류를 구청으로 접수(接受)하라는 연락을 받았다. → 제출(提出)

☞ '접수(接受)'는 '받아서 거둠.'을 의미 하므로 의견이나 '문안(文案), 법안 따위를 내어 놓음.'을 의미하는 '제출(提出)'이 옳다.

- 은행 돈을 빌려 사무실을 임대(賃貸)하였다. → 임차(賃借)

☞ '임대'는 '돈을 받고 자기 물건을 남에게 빌려 줌.'을 의미한다. 은행 돈을 줘서 사무실을 빌리는 것이므로 돈을 주고 남의 물건을 빌리는 '임차하다'가 옳다.

6 적절한 단어의 선택

- 일본 정부는 독도 문제를 국제 사법 재판소에 단독으로라도 고발하는 것을 불사(不辭)하지 않겠다고 밝혔다. → 불사(不辭)하겠다고

☞ '불사하다'는 '사양하지 아니하다. 또는 마다하지 아니하다'의 의미이므로 '불사하겠다고'로 써야 한다.

- 산업화에 소외된 노동자들의 애환(哀歡)을 위로하였다. → 슬픔

☞ '애환'은 '슬픔과 기쁨'이므로 위로의 대상이 될 수 없다. 따라서 '슬픔'이 옳다.

- 습작 활동을 오래도록 한 일은 그의 치밀한 성격을 야기(惹起)하였다. → 형성(形成)

☞ '야기(惹起)'는 '일이나 사건 따위를 끌어 일으킴.'의 의미이므로 '성격을 야기하다'라는 표현은 적절하지 않다.

- 오랜만에 고향에 돌아오는 친구를 배웅하러 공항에 갔다. → 마중

☞ '배웅하다'는 '떠나가는 손님을 따라 나가 작별하여 보냄.'을 의미하므로 문맥상 옳지 않다. '오는 사람을 나가서 맞이함.'의 의미인 '마중하다'를 써야 한다.

- 역공녀는 한문(漢文)으로 자신의 이름을 적었다. → 한자(漢字)

☞ '한문'이란 '한자로 쓴 글, 문장'을 가리킨다. 이름을 적었으므로 '한자'가 자연스럽다.

- 김 선생은 신문사에서 편집국장, 주필 등을 연임(連任)하면서 많은 공을 세웠다. → 역임(歷任)

☞ '연임(連任)'은 '임기가 끝난 사람이 다시 그 직위에 임용됨.'을 의미하므로 문맥상 옳지 않다. 여기에서는 두루 여러 지위를 거친 경우를 말하는 것이므로 '역임'을 써야 한다. 참고로 같은 관직에 다시 임명됨을 의미하는 것은 '재임(再任)'이다.

- 여행하는 와중(渦中)에 그는 심하게 아팠다고 한다. → 도중(途中)

☞ '와중(渦中)'은 '일 따위가 시끄럽고 어지럽게 벌어진 가운데'의 의미이므로 문맥과는 어울리지 않는다. '일이 끝나지 않고 진행되는 중간'을 의미하는 도중(途中)이 적절하다.

- 그가 과로로 쓰러져 운명(殞命)을 달리했다. → 유명(幽明)

☞ '유명(幽明)을 달리하다'는 '죽다'를 표현하는 관용구이다.

- 재건축이 예정되면서 아파트 입주민(入住民)들이 재건축 관련 회의를 개최하였다. → 주민(住民)

☞ '입주민(入住民)'은 '새로 지은 집에 들어와서 사는 사람'을 말한다. 이미 살던 사람이므로 '주민(住民)'이 적절하다.

• 조선 시대에는 유교가 흥행(興行)하였다. → 성행(盛行)

☞ '흥행(興行)'은 관람료를 받고 연극 • 영화 등을 보여 줌을 의미한다. 이 문맥에서는 '매우 왕성하게 유행함'을 의미하는 '성행(盛行)'이 더 자연스럽다.

• 그 회사는 유명한 경제 전문가에게 매사를 자문(諮問)을 구하였다. → 자문(諮問)했다

☞ '자문(諮問)'은 '어떤 일과 관련된 전문가나 전문 기관에 의견을 물음.'을 의미하는데 '자문을 구하다'는 틀린 표현이고 '자문하다'로 사용하여야 한다.

• 불법 거래가 전혀 개선(改善)되지 않았다. → 근절(根絶)

☞ '불법 거래'는 없애야 하는 것이지 개선의 대상이 아니다.

• 저 새는 꼬리가 귀엽다. → 꽁지

☞ 새의 꽁무니에 달린 기다란 깃은 '꽁지'라고 한다.

• 역공녀가 눈맵시가 있는지 내가 합격할 것이라는 것을 귀신같이 알았다. → 눈썰미

☞ '눈맵시'는 '눈매', 즉 '눈이 생긴 모양새'를 의미하므로 이 문맥에는 옳지 않다. '한두 번 본 것을 곧 그대로 해내는 재주'를 의미하는 '눈썰미'를 쓰는 것이 자연스럽다.

• 그와 거래를 할 것인지, 말 것인지 그 귀로(歸路) 속에서 고민하고 있다 → 기로(岐路)

☞ '귀로 (歸路)'는 '돌아오는 길'을 의미하므로 문맥상 옳지 않다. '갈림길'을 의미하는 '기로'가 옳다.

• 이번 시험의 난이도(難易度)가 크게 높아졌다. → 난도(難度)

☞ '난이도'는 '어려움과 쉬움의 정도'의 의미로 동시에 낮아질 수 없으므로, '어려움의 정도'를 의미하는 '난도(難度)'가 와야 한다.

• 독감 예방 접종(接種)을 맞아야 한다. → 주사를

☞ '접종'은 '병원균이나 항체 따위를 사람이나 동물의 몸에 주입함.'라는 의미이므로 '맞다'와 의미가 중복된다. 따라서 '주사를'로 고쳐야 한다.

• 앞집 후배와 나는 세 살 터울이다. → 차이

☞ '터울'은 '한 어머니가 낳은 자녀의 나이 차이'를 의미하는 말이므로 형제가 아닌 사이에 쓸 수 없는 말이다.

• 훈장이 추서(追敍)되었으니 선생님은 연락을 주십시오. → 수여(授與)

☞ '추서(追敍)'는 '죽은 뒤에 관작을 내리거나 품계를 높여 줌.'을 뜻하는 말이므로 살아 있는 사람에게는 쓸 수 없다.

• 우리 할머니는 향년(享年) 90세이신데 밥도 잘 드신다. → 당년(當年)

☞ '향년(享年)'은 '한평생을 살아 누린 나이, 곧, 죽은 이의 나이'를 말할 때 쓰므로 살아계시는 분께는 '당년(當年)'을 쓴다.

• 햇빛을 쬐면서 준비 운동을 하였다. → 햇볕

☞ '햇빛'은 '해의 빛, 광선(光線)'이므로 '해에서 내리쬐는 뜨거운 기운'을 의미하는 '햇볕을 쬐다'가 적절하다.

• 햇빛을 비치니 기분이 좋았다. → 비추니

☞ '비치다'는 '빛이 나서 환하게 되다.'를 의미하는 자동사이다. 따라서 '빛을 보내어 밝게 하다.'를 의미하는 타동사가 와야 한다.

• 면접하러 온 사람들은 현관 앞에서 복장을 매무새하였다. → 매무시

☞ '매무새'는 '옷을 입은 완성된 맵시'를 의미한다. 하지만 여기에서는 '옷을 입을 때, 매고 여미는 등의 뒷단속을 하는 일'을 의미하는 '매무시'가 옳다.

Chapter 05

번역 투의 표현

1 우리말답지 않은 표현 고치기

01 일본어의 영향을 받은 표현

- 역공녀는 미인에 다름 아니다. → 미인이나 다름없다 / 미인이라 할 만하다.
- 역공녀는 역공남에 대하여 알은체하였다. → 역공남에게
- 역공 데일리 문제에 있어 성실하게 참여하는 것이 중요합니다. → 문제에
- 역공녀에게 있어서 합격이란 하나의 길일 뿐이다. → 역공녀에게
- 우리의 목표는 공무원 시험 합격에 있다. → 공무원 시험 합격이다

02 영어 및 기타 번역 투의 영향을 받은 표현

- 매일 오후 2시에 회의를 갖는 것으로 정하였습니다. → 회의를 하는
  ☞ '회의를 갖다'는 'have a meeting'을 직역한 표현이다
- 박문각은 노량진에 위치하고 있다. → 박문각은 노량진에 있다.
  ☞ '…에 위치하다(be located in)' 등은 영어의 관용구를 직역한 표현이다.
- 우리는 젊은 강사를 필요로 한다. → 강사가 필요하다.
  ☞ '필요로 하다.'는 'be necessary to'를 직역한 표현이다.
- 평소에 소신을 잘 지키는 것으로 유명한 그 정치인도 논란에서 자유로울 수 없었다.(자유롭지 못하다)
  → 논란을 피할 수 없었다 / 논란의 대상이 되었다.
  ☞ '…에서/…로부터 자유롭다'는 '(be) free from'을 직역한 표현이다.
- 그가 합격했다는 소식을 역공녀로부터 들었다. → 역공녀에게서
  ☞ '~로부터'는 'from'이 남용된 표현이다. '…부터'는 보통 '…까지'와 함께 나와 관련된 범위의 시작을 나타내는 보조사이다.
- 역공녀는 유튜브를 통해 커리큘럼을 설명하였다. → 유튜브로
  ☞ ~을 통해'는 'through'를 직역한 표현이다.

- 역공녀에 의해서 책이 출간되었다. → 역공녀가 책을 출간하였다.

☞ 영어의 수동태는 우리말의 피동 표현에 해당하는데, 우리말은 피동 표현을 잘 쓰지 않고 능동 표현을 쓰기 때문에, '주어 + 목적어 + 서술어'의 배열을 유지하는 경우가 더 많다.

- 인터넷에는 신뢰성이 떨어지는 정보가 많아 주의가 요구된다. → 주의해야 한다

- 오답을 철저하게 하는 것은 아무리 강조해도 지나치지 않는다.

→ 오답을 철저하게 해야 한다.

☞ '아무리 강조해도 지나치지 않는다.'는 영어 'cannot too'의 번역 투이다.

- 합격하기 위해 가장 필요한 것 중의 하나는 규칙적인 생활을 하는 것이다.

→ 가장 필요한 것은

☞ '중의 하나'는 영어식 표현 'one of the ~' 구문을 직역한 표현이다.

- 역공녀와 한 잔의 커피를 마셨다. → 커피 한 잔을

☞ '한 잔의 커피'는 'a cup of coffee'를 직역한 표현이다.

Part

04

음운론

CHAPTER 01 음운의 체계
CHAPTER 02 음운의 변동

Chapter 01

음운의 체계

음운의 체계

1. 자음의 체계 파악하기
2. 모음의 체계 파악하기

1 음운(音韻)

01 음운이란?

(1) 발음 환경이나 사람이 달라도 같은 소리라고 인식되는 일반적 · 관념적 · 추상적 소리

(2) 의미를 변별하는 가장 작은 소리의 단위. 비분절 음운도 음운이다!

- '강/방/상'의 뜻을 구별해 주는 'ㄱ/ㅂ/ㅅ'은 자음이다.
- '강/공/궁'의 뜻을 구별해 주는 'ㅏ/ㅗ/ㅜ'는 모음이다.

] 분절 음운(음소)

- '눈[눈]과 눈[눈:]'의 뜻을 구별해 주는 [:]은 소리의 길이이다.
- '집에 가. 가? 가!'에서 뜻을 구별해주는 억양이다.

] 비분절 음운(운소)

음성이란?
의사소통이 가능한 말소리
1. 물리적, 개별적, 구체적 소리
2. 사람에 따라 다양하게 실현
3. 같은 음운이라도, 위치에 따라 음성이 다르게 실현됨.
   예 변이음
   국어[구거]
   '구'의 'ㄱ' 은 [k]
   '거'의 'ㄱ'은 [g]
4. 의미를 변별해 주지 못함.

출·좋·포 1 음운의 체계

1 자음

자음은 공기가 목청을 통과해 목 안이나 입안에서 장애를 받으면서 나는 소리이다.

조음 방법 \ 조음 위치			양순음	치조음	경구개음	연구개음	후두음
안울림소리 무성음	파열음	예사소리	ㅂ	ㄷ		ㄱ	
		된소리	ㅃ	ㄸ		ㄲ	
		거센소리	ㅍ	ㅌ		ㅋ	
	파찰음	예사소리			ㅈ		
		된소리			ㅉ		
		거센소리			ㅊ		
	마찰음	예사소리		ㅅ			ㅎ
		된소리		ㅆ			
울림소리 유성음	비음		ㅁ	ㄴ		ㅇ	
	유음			ㄹ			

2 모음

(1) 단모음(10개) : 발음 도중에 혀나 입술이 고정되어 움직이지 않는 소리로, 10개이다.

혀의 위치 / 입술 모양 / 혀의 높이	전설 모음		후설 모음	
	평순 모음	원순 모음	평순 모음	원순 모음
고모음	ㅣ	ㅟ	ㅡ	ㅜ
중모음	ㅔ	ㅚ	ㅓ	ㅗ
저모음	ㅐ		ㅏ	

(2) 이중 모음 : 소리를 내는 동안 입술 모양이나 혀의 위치가 달라져 첫소리와 끝소리가 다른 모음《ㅑ · ㅕ · ㅛ · ㅠ · ㅒ · ㅖ · ㅘ · ㅙ · ㅝ · ㅞ · ㅢ 따위》

(3) 반모음 : 반만 발음되는 모음으로 반모음 'ㅣ'와 반모음 'ㅗ/ㅜ'가 있다.

레벨별 亦功 기출 훈련 : Ch.1 음운의 체계

▶ 레벨별 역공 기출 훈련 해설 영상은 주독야독 시즌 1(2024 7월)에서 꼭 수강해 주시기 바랍니다.

적중용 亦功 최빈출

01 음운에 대한 설명으로 옳지 않은 것을 고르면?

① '강'과 '감'의 뜻을 달라지게 하는 'ㅇ'와 'ㅁ'을 음운이라고 한다.
② 일반적으로 모음과 자음 등을 지칭하지만 비분절 음운도 포함된다.
③ 음운이 모여 한 번에 낼 수 있는 소리의 덩어리를 음절이라고 한다.
④ 머릿속에서 동일하다고 인식되는 구체적인 소리이다.

정답풀이 구체적인 소리는 음성에 대한 설명이다. '추상'적이고 '관념'적인 소리가 음운이다. 음성은 사람마다 다른데, 머릿속에서 동일하다고 인식되는 추상적인 소리는 음운이다.

02 '/ㄷ/','/ㄸ/','/ㅌ/' 소리의 공통 자질은? 2014. 경찰 1차

> ㉠ 공기가 코를 통과하면서 나오는 소리
> ㉡ 조음 기관의 어떤 부분이 장애를 받아 나는 소리
> ㉢ 혀의 앞부분이 딱딱한 입천장에 닿아서 나는 소리
> ㉣ 소리를 낼 때 공기가 빠져나가면서 마찰이 나는 소리
> ㉤ 폐에서 나오는 공기를 일단 막았다가 막은 자리를 터뜨리면서 내는 소리

① ㉠, ㉣　　② ㉡, ㉤
③ ㉢, ㉣　　③ ㉣, ㉤

정답풀이 ㉡ 자음이기 때문에 조음기관의 어떤 부분이 장애를 받아 나는 소리라고 볼 수 있다.
㉤ '/ㄷ/', '/ㄸ/', '/ㅌ/'은 파열음이기 때문에 '폐에서 나오는 공기를 일단 막았다가 막은 자리를 터뜨리면서 내는 소리'가 맞다.

오답풀이 ㉠ 비음(ㅇ, ㄴ, ㅁ)에 대한 설명이다.
㉢ 경구개음(ㅊ, ㅉ, ㅈ)에 대한 설명이다.
㉣ 마찰음(ㅆ, ㅅ, ㅎ)에 대한 설명이다.

03 설명이 옳지 않은 것은? 2017. 국가직 9급

① 'ㄴ, ㅁ, ㅇ'은 유음이다.
② 'ㅅ, ㅆ, ㅎ'은 마찰음이다.
③ 'ㅡ, ㅓ, ㅏ'는 후설 모음이다.
④ 'ㅟ, ㅚ, ㅗ, ㅜ'는 원순 모음이다.

정답풀이 'ㄴ, ㅁ, ㅇ'은 유음이 아니라 비음이다.

04 주어진 단어의 자음 두 개를 〈보기〉의 조건에 따라 순서대로 나타낼 때, 모두 옳은 것은? 2017. 사회복지직

> 〈보기〉
> 하나의 음운이 가진 조음 위치의 특성을 ＋＋라고 하고, 가지고 있지 않은 특성을 －로 규정한다. 예컨대 'ㅌ'은 [＋치조음, －양순음, －경구개음, －연구개음, －후음]으로 나타낼 수 있다.

① 가로 : [＋경구개음], [－후음]
② 미비 : [－경구개음], [＋후음]
③ 부고 : [＋양순음], [－치조음]
④ 효과 : [－후음], [－연구개음]

정답풀이 'ㅂ'은 양순음이므로 [＋양순음]이며 'ㄱ'은 연구개음으로 '치조음'이 아니므로 [－치조음]이다.

오답풀이 ① 'ㄱ'은 '연구개음'이므로 [＋경구개음]이 아니다. 'ㄹ'은 치조음이므로 [－후음]은 맞다.
② 'ㅁ'은 양순음이므로 [－경구개음]이다. 'ㅂ'은 양순음이므로 [＋후음]이 아니다.
④ 'ㅎ'은 후음이므로, [－후음]은 틀렸다. [＋후음]이다. 또 'ㄱ'은 연구개음이므로, [－연구개음]도 틀렸다. [＋연구개음]이다.

05 **조음 기관이 좁혀진 사이로 공기가 마찰하여 나는 소리가 들어 있지 않은 것은?** 2013. 국가직 9급

① 개나리 ② 하얗다
③ 고사리 ④ 싸우다

정답풀이 '조음 기관이 좁혀진 사이로 공기가 마찰하여 나는 소리'는 '마찰음'이다. '마찰음'에는 'ㅆ, ㅅ, ㅎ'가 있다. 따라서 마찰음 'ㅆ, ㅅ, ㅎ'이 사용되지 않은 것은 '개나리'이다.

오답풀이 ②는 마찰음 'ㅎ'이, ③은 마찰음 'ㅅ'이, ④는 마찰음 'ㅆ'이 사용되었다.

적중용 赤功 중간 빈출

06 **음운에 대한 설명으로 옳지 않은 것은?** 2015. 경찰 2차 변형

① 분절되지 않는 소리의 길이나 억양 등은 음운이다.
② '닫히다'의 음운의 개수는 7개이다.
③ '원앙'의 음운의 개수는 4개이다.
④ '깨고 날아갔다'의 음운의 개수는 13개이다.

정답풀이 음운은 소리의 단위이므로 '닫히다'의 발음이 어떤지를 봐야 한다. [다치다]이므로 'ㄷ, ㅏ, ㅊ, ㅣ, ㄷ, ㅏ'로 6개이다.

오답풀이 ① 분절되지 않는 소리의 길이나 억양 등은 음운이다. 비분절 음운, 운소라고 불리며 음운에 속한다.
③ '원앙'의 음운은 'ㅝ, ㄴ, ㅏ, ㅇ'으로 4개이다. 초성의 ㅇ은 음가가 없으므로 음운의 개수에 들어가지 않는다. 'ㅝ'는 이중 모음인데, 이중 모음은 1개로 친다.
④ '깨고 날아갔다'의 발음은 '깨고 나라갇따'이다. 따라서 음운은 'ㄲ, ㅐ, ㄱ, ㅗ, ㄴ, ㅏ, ㄹ, ㅏ, ㄱ, ㅏ, ㄷ, ㄸ, ㅏ'로 13개이다. 'ㄲ, ㄸ'도 하나의 음운으로 친다.

07 **다음 설명 중 가장 옳지 않은 것은?** 2016. 서울시 7급

① 평음, 경음, 유기음과 같은 삼중 체계를 보이는 것은 파열음과 마찰음이다.
② 한국어의 단모음에는 'ㅔ, ㅐ, ㅟ, ㅚ'도 포함된다.
③ 'ㅈ, ㅊ, ㅉ'을 발음할 때에는 파열음의 특성도 확인된다.
④ 'ㅑ'와 'ㅝ'에서 확인되는 반모음은 각각 [j](혹은 [y]), [w]이다.

정답풀이 평음은 예사소리, 경음은 된소리, 유기음은 거센소리를 의미한다. 자음에서 평음(예사소리), 경음(된소리), 유기음(거센소리)의 삼중 체계를 보이는 것은 파열음(ㄱ, ㄲ, ㅋ/ㄷ, ㄸ, ㅌ/ㅂ, ㅃ, ㅍ)과 파찰음(ㅈ, ㅉ, ㅊ) 뿐이다. 'ㅅ, ㅆ / ㅎ'이 마찰음이다. 하지만, 'ㅅ, ㅆ'에는 평음(예사소리), 경음(된소리)만 있고 거센소리는 존재하지 않으므로 삼중 체계와는 거리가 멀다.

오답풀이 ② 'ㅏ, ㅐ, ㅓ, ㅔ, ㅗ, ㅚ, ㅜ, ㅟ, ㅡ, ㅣ'의 10개의 단모음이 전부이므로 'ㅔ, ㅐ, ㅟ, ㅚ'이 포함된다고 볼 수 있다.
③ 파찰음(ㅈ, ㅉ, ㅊ)은 공기를 막는다는 점에서 파열음의 성질을 갖고, 그 이후에 좁은 공간에서 마찰을 일으킨다는 점에서 마찰음의 성질을 갖는다. 따라서 파열음의 특성도 확인되고 마찰음의 특성도 확인된다.
④ 'ㅑ'는 반모음 'ㅣ[j] + ㅏ'이므로 반모음 'ㅣ[j]로 시작하는 이중 모음이 맞다. 'ㅝ'는 반모음 'ㅜ[w] + ㅓ'이므로 'ㅜ[w]'로 시작하는 이중 모음이다.

Answer

01 ④ 02 ② 03 ① 04 ③ 05 ① 06 ② 07 ①

음운의 변동

음운의 변동

1. 음운 변동의 결과가 맞는지 파악하기
2. 음운 변동의 유형 파악하기
3. 음운 변동 후의 음운 개수의 변화 파악하기

훈련용 **콤단문으로 보는 대표 기출**

다음 글에서 추론한 내용으로 적절하지 않은 것은?

구개음화와 경음화는 한국어 음운 변동 중 교체 현상의 대표적인 예시이다. 이들은 발음을 쉽고 자연스럽게 할 수 있도록 하기 위해 일어나는 음운 변동으로 각각 다른 방식으로 음운의 변화를 일으킨다. 먼저 구개음화는 치조음 'ㄷ'과 'ㅌ'이 'ㅣ'나 반모음 'j'(이중모음 'ㅑ', 'ㅕ', 'ㅛ', 'ㅠ'의 초성) 계열의 형식 형태소 앞에서 구개음인 'ㅈ'과 'ㅊ'으로 변하는 현상이다. 예를 들어, '굳이'는 [구지]로 발음된다.

'ㄴ 첨가'는 한국어 음운 변동 현상 중 하나로, 단어의 형태소 경계에서 발음의 편의를 위해 자음 'ㄴ'이 새로 추가되는 현상을 말한다. 이 현상은 주로 합성어나 파생어에서 두 형태소 중 앞 형태소가 자음으로 끝나고, 뒤 형태소가 '이', '야', '여', '요', '유'와 같은 모음으로 시작할 때 'ㄴ'이 첨가된다. 예를 들어 '한여름'은 [한녀름]으로, '눈요기'는 [눈뇨기]로, '식용유'는 [시굥뉴]로 발음된다.

① '해돋이'는 구개음화가 일어나 [해도지]로 발음된다.
② '솜이불'은 ㄴ첨가가 일어나 [솜니불]로 발음된다.
③ '같이'는 구개음화가 일어나 [가치]로 발음된다.
④ '밭이랑'은 구개음화가 일어나 [바치랑]으로 발음된다.

해설

'밭이랑'은 '밭(명사)+이랑(명사)'의 합성어로 뒤 형태소가 '이', '야', '여', '요', '유'와 같은 모음으로 시작하므로 ㄴ이 첨가된다. [밭이랑 →(ㄴ첨가) → 밭니랑 →(음절의 끝소리 규칙) → 받니랑 → (비음화) → 반니랑]의 과정을 거쳐 [반니랑]으로 발음되어야 하므로 [바치랑]으로 발음되는 것은 적절하지 않다.

오답풀이 ① '해돋이'에서 '-이'는 파생 접미사로 형식 형태소이므로 구개음화가 일어나 '해돋이'는 [해도지]로 발음된다.

② '솜이불'은 '솜(명사)+이불(명사)'의 합성어로 뒤 형태소가 '이', '야', '여', '요', '유'와 같은 모음으로 시작하므로 ㄴ이 첨가되어 [솜니불]로 발음된다.

③ '같이'에서 '-이'는 파생 접미사로 형식 형태소이므로 구개음화가 일어나 '같이'는 [가치]로 발음된다. ▶ ④

1 음운 변동의 개념

어떤 음운이 주변 환경에 따라 다른 음운으로 교체, 축약, 탈락, 첨가되는 현상

유형	현상	개념 및 예시
교체	음절의 끝소리 규칙	받침이 음절 끝에 올 때에는 표기된 대로 발음되는 것이 아니라 대표음(ㄱ, ㄴ, ㄷ, ㄹ, ㅁ, ㅂ, ㅇ)으로 발음되는 현상 예 앞[압], 밖[박], 꽃[꼳], 낮[낟], 히읗[히읃]
	된소리되기	① 안울림소리 + 안울림소리 예 역도[역또], 닫기[닫끼], 극비[극삐] ② 어간 받침 'ㄴ(ㄵ), ㅁ(ㄻ), ㄼ, ㄾ' + 예사소리 예 넘다[넘ː따], 넓게[널께], 핥다[할따] ③ 용언의 관형형 '-ㄹ' 뒤 + 예사소리 예 만날 사람[만날싸람] ④ 한자어의 'ㄹ' 받침 + 'ㄷ, ㅅ, ㅈ' 예 몰상식[몰쌍식], 갈등[갈뜽], 불세출[불쎄출] 예외) 불법[불법 / 불뻡] 열병[열병]
	비음화	① 받침 ㅁ, ㅇ + 첫소리 ㄹ 예 담력[담녁], 종로[종노] ② 받침 ㅂ, ㄷ, ㄱ + 첫소리 ㅁ, ㄴ 예 입는다[임는다], 닫는[단는], 국민[궁민] ③ 받침 ㅂ, ㄷ, ㄱ + 첫소리 ㄹ 예 협력[혐녁], 몇 리[면니], 독립[동닙]
	유음화	① 받침 ㄹ + 첫소리 ㄴ 예 칼날[칼랄], 찰나[찰라] ② 받침 ㄴ + 첫소리 ㄹ 예 신라[실라], 난로[날로]
	구개음화	받침 ㄷ, ㅌ + 첫소리 ㅣ, 반모음 ㅣ 예 굳이[구지], 해돋이[해도지], 닫혀[다처]
축약	자음 축약	ㄱ, ㄷ, ㅂ, ㅈ + ㅎ = ㅋ, ㅌ, ㅍ, ㅊ 예 각하[가카], 좋던[조턴], 법학[버팍], 쌓지[싸치]
	모음 축약	단모음 + 단모음 = 이중 모음(반모음 + 단모음) 예 이기어 → 이겨, 보아서 → 봐서, 주어서 → 줘서, 되어 → 돼, 싸이어 → 쌔어/싸여
탈락	자음군 단순화	보통은 앞 자음이 선택되나, 'ㄻ, ㄺ, ㄿ'은 뒤 자음이 선택된다. 예 넋[넉], 앉다[안따], 곬[골], 핥다[할따], 앎[암ː], 닭[닥], 읊다[읍따] 예외) 예 맑고[말꼬], 굵게[굴께], 밟다[밥ː따], 넓둥글다[넙뚱글다], 넓죽하다[넙쭈카다]
	자음 탈락	① 'ㄹ' 탈락 예 울+-(으)ㅂ니다 → 웁니다, 울+-(으)시는 → 우시는, 울+-는 → 우는, 울+ㄹ → 울, 울+오 → 우오 ② 'ㅅ' 탈락 예 잇+어서 → 이어서, 붓+어서 → 부어서 ③ 'ㅎ' 탈락 예 쌓이다[싸이다], 많아[마ː나]
	모음 탈락	① 'ㅡ' 탈락 예 들르- + -어 → 들러, 우러르- + -어 → 우러러 ② '동음' 탈락 예 가- + -아서 → 가서, 가- + -았다 → 갔다
첨가	'ㄴ' 첨가 (합성어, 파생어)	앞말이 자음으로 끝나고 뒷말이 '이, 야, 여, 요, 유'로 시작하는 경우에는 뒷말의 초성 자리에 'ㄴ' 소리가 첨가되는 현상 예 막-일[망닐], 알-약[알략], 늑막-염[능망념], 서울-역[서울력] 눈-요기[눈뇨기], 식용-유[시공뉴], 직행-열차[지캥녈차]
	반모음 첨가 = 'ㅣ' 모음 순행 동화	앞의 'ㅣ'모음에 의해 반모음 'ㅣ'가 첨가되는 현상 예 되어 → [되어/되여], 피어 → [피어/피여], 이오 → [이오/이요], 아니오 → [아니오/아니요]

동화 원인의 위치에 따른 구분
- 순행 동화: 앞의 동화 원인이 뒤를 동화 시킴
- 역행 동화: 뒤의 동화 원인이 앞을 동화 시킴
- 상호 동화: 서로 동화 원인이 되어 둘다 동화됨.

단, ㅣ나 'ㅣ'로 시작되는 형식 형태소여야 구개음화가 일어난다.

양순음화, 연구개음화는 표준 발음이 아니다.
- 양순음화
  예 신문[심문], 문법[뭄뻡], 젖먹이[전머기]
- 연구개음화
  예 감기[강기], 건강[겅강]

2 사잇소리 현상

01 된소리되기

: 앞 어근의 끝 음이 울림소리(모음, ㄴ, ㄹ, ㅁ, ㅇ)이고,
뒤 어근의 첫 음이 안울림 예사소리인 경우, 뒤의 예사소리가 된소리로 발음되는 현상

예 귀+병 → 귓병[귀뼝/귇뼝], 도매+금 → 도매금[도매끔], 문+고리 → 문고리[문꼬리],
자리+세 → 자릿세[자리쎄/자릳쎄], 전세+집 → 전셋집[전세찝/전섿찝],
눈+동자 → 눈동자[눈똥자], 길+가 → 길가[길까], 술+잔 → 술잔[술짠],
속임+수 → 속임수[소김쑤]

02 ㄴ 덧남

: 뒤에 'ㄴ, ㅁ'이 결합되는 경우에는 [ㄴ]이 덧나는 현상

예 코+날 → 콧날[콘날], 퇴+마루 → 툇마루[퇸:마루], 아래+니 → 아랫니[아랜니],
배+머리 → 뱃머리[밴머리]

03 ㄴㄴ 덧남

: 뒤에 'ㅣ'나 반모음 'ㅣ'가 결합되는 경우에는 [ㄴㄴ]이 덧나는 현상

예 예사+일 → 예삿일[예산닐], 나무+잎 → 나뭇잎[나문닙], 뒤+윷 → 뒷윷[뒨:뉻],
깨+잎 → 깻잎[깬닙], 도리깨+열 → 도리깻열[도리깬녈]

더 알아두기 음운 변동의 원인

표현 효과의 원리	소리를 강하게 표현하고 분명하게 구별하기 위해서 ('명확성'에 초점) → 된소리되기, 사잇소리 현상 예 국밥[국빱], 산비둘기[산삐둘기]
조음 편리화의 원리 (경제성의 원리)	발음을 편하고 쉽게 하기 위해서 → 음절의 끝소리 규칙, 동화, 축약, 탈락 등 예 꽃[꼳], 신라[실라], 국화[구콰], 삶[삼:]

적중용 콤단문으로 보는 기출문제

다음 단어를 [ ]와 같이 발음했다면 발음의 원인이 다른 하나는 무엇인가? 2014. 서울시 7급

① 굳이[구지]
② 담력[담녁]
③ 신라[실라]
④ 콧물[콘물]
⑤ 치과[치꽈]

해설

이화 현상의 하나인 사잇소리 현상에 의한 변동이므로 '표현 효과의 원리'이다. 따라서 다른 하나는 ⑤의 '치과[치꽈]'이다.
한자어 '치(齒)'와 '과(科)'의 합성어이기 때문에 '치과'에 사이시옷 표기를 하지 않았다.

오답풀이 ① 구개음화, ② 자음 동화(비음화), ③ 자음 동화(유음화), ④ 자음 동화(비음화). 사잇소리 현상 ①~④ 모두 발음을 편리하게 하고자 하는 경제성의 원리와 관련 있다. ▶ ⑤

레벨별 亦功 기출 훈련: Ch.2 음운의 변동

▶ 레벨별 역공 기출 훈련 해설 영상은 주독야독 시즌 1(2024 7월)에서 꼭 수강해 주시기 바랍니다.

적중용 亦功 최빈출

01 국어의 주요한 음운 변동을 다음과 같이 유형화할 때, '부엌일'에 일어나는 음운 변동 유형으로 옳은 것은? 2019. 국가직 9급

변동 전		변동 후
㉠ XaY	→	XbY(교체)
㉡ XY	→	XaY(첨가)
㉢ XabY	→	XcY(축약)
㉣ XaY	→	XY(탈락)

① ㉠, ㉡　② ㉠, ㉣
③ ㉡, ㉢　④ ㉡, ㉣

정답풀이 1. '부엌일' → [부억닐]: 음절의 끝소리 규칙(교체)과 'ㄴ' 첨가(첨가)가 일어남.
2. [부억닐] → [부엉닐]: 비음화(교체)가 일어남.
따라서 '부엌일'에 일어나는 음운 변동의 유형은 ㉠ 교체, ㉡ 첨가이다.

02 국어의 음운 현상에는 아래의 네 가지 유형이 있다. 〈보기〉의 (가)와 (나)에 해당하는 음운 현상의 유형을 순서대로 고르면? 2015. 서울시 9급

㉠ XAY → XBY(대치)
㉡ XAY → X∅Y(탈락)
㉢ X∅Y → XAY(첨가)
㉣ XABY → XCY(축약)

〈보기〉
솥+하고 → [솓하고] → [소타고]
(가)　(나)

① ㉠, ㉡　② ㉠, ㉣
③ ㉡, ㉢　④ ㉣, ㉡

정답풀이 [솥하고 → (음절 끝소리 규칙) → 솓하고 → (자음 축약) → 소타고]
(가): 음절의 끝소리 규칙에 의해 음절 말 'ㅌ'이 'ㄷ'으로 바뀌는 것은 음운 변동의 유형 중에서 대치(교체)이다.
(나): 예사소리 'ㄷ'이 'ㅎ'과 결합하여 거센소리 'ㅌ'으로 소리나는 것은 음운 변동의 유형 중에서 자음축약(거센소리되기)이다.

03 다음에서 설명하고 있는 음운 변동의 예로 적절하지 않은 것은? 2014. 사회복지직 9급

> 음운 변동은 그 결과에 따라 한 음운이 다른 음운으로 바뀌는 교체(交替), 원래 있던 음운이 없어지는 탈락(脫落), 없던 음운이 추가되는 첨가(添加), 두 개의 음운이 합쳐져서 하나로 되는 축약(縮約) 등으로 분류할 수 있다.

① 교체 – 부엌[부억]
② 탈락 – 굳이[구지]
③ 첨가 – 솜이불[솜니불]
④ 축약 – 법학[버팍]

정답풀이 '굳이'는 '이' 모음 앞에서 'ㄷ'이 'ㅈ'으로 되는 구개음화 현상이므로 '탈락'은 옳지 않다.

오답풀이 ① 부엌[부억]: 음절의 끝소리 규칙이므로 음운 변동의 유형은 대치(교체)이다.
③ 솜이불[솜니불]: 'ㄴ' 첨가이므로 음운 변동의 유형은 첨가이다.
④ 법학[버팍]: 'ㅂ'과 'ㅎ'이 만나 'ㅍ'으로 축약된 것이므로 자음 축약(거센소리되기)이다. 따라서 음운 변동의 유형은 축약이다.

01 ①　02 ②　03 ②

04 '깎다'의 활용형에 적용된 음운 변동에 대한 설명으로 옳은 것은? 2018. 국가직 9급

> • 교체 : 한 음운이 다른 음운으로 바뀌는 현상
> • 탈락 : 한 음운이 없어지는 현상
> • 첨가 : 없던 음운이 생기는 현상
> • 축약 : 두 음운이 합쳐져서 또 다른 음운 하나로 바뀌는 현상
> • 도치 : 두 음운의 위치가 서로 바뀌는 현상

① '깎는'은 교체 현상에 의해 '깡는'으로 발음된다.
② '깎아'는 탈락 현상에 의해 '까까'로 발음된다.
③ '깎고'는 도치 현상에 의해 '깍꼬'로 발음된다.
④ '깎지'는 축약 현상과 첨가 현상에 의해 '깍찌'로 발음된다.

정답풀이 '깎는'은 [깎는 → (음절의 끝소리 규칙) → 깍는 → (비음화) → 깡는]의 과정을 거쳐 발음된다.
'음절의 끝소리 규칙'과 '비음화'는 '교체'에 해당하므로 ①의 설명은 옳다.

오답풀이 ② '깎아'는 '-아' 어미가 형식 형태소에 해당하므로 그대로 이어서 발음하여 [까까]로 발음된다. '연음'은 음운이 그대로 유지되는 것이므로 탈락 현상이 아니다.
③ '깎고'는 [깎고 → (음절의 끝소리 규칙) → 깍고 → (된소리되기) → 깍꼬]의 과정을 거쳐 발음된다. '음절의 끝소리 규칙'과 '된소리되기'는 '교체'에 해당한다. 따라서 두 음운의 위치가 서로 바뀌는 '도치' 현상은 적절하지 않다.
④ '깎지'는 [깎지 → (음절의 끝소리 규칙) → 깍지 → (된소리되기) → 깍찌]의 과정을 거쳐 발음된다. '음절의 끝소리 규칙'과 '된소리되기'는 '교체'에 해당한다. 따라서 두 음운이 합쳐져서 다른 음운으로 바뀌는 '축약'과 새로운 음운이 생기는 '첨가'로 설명한 것은 옳지 않다.

05 다음에 대한 설명으로 적절한 것은? 2019. 지방직 9급

> ㉠ 가을일[가을릴]　　㉡ 텃마당[턴마당]
> ㉢ 입학생[이팍쌩]　　㉣ 흙먼지[흥먼지]

① ㉠ : 한 가지 유형의 음운 변동이 나타난다.
② ㉡ : 인접한 음의 영향을 받아 조음 위치가 같아지는 동화 현상이 나타난다.
③ ㉢ : 음운 변동 전의 음운 개수와 음운 변동 후의 음운 개수가 서로 다르다.
④ ㉣ : 음절 끝에 'ㄱ, ㄴ, ㄷ, ㄹ, ㅁ, ㅂ, ㅇ' 이외의 자음이 오면 이 7개의 자음 중 하나로 바뀌는 규칙이 적용된다.

정답풀이 음운 변동 전의 음운 개수 : 'ㅣ, ㅂ, ㅎ, ㅏ, ㄱ, ㅅ, ㅐ, ㅇ'로 8개
음운 변동(자음 축약=거센소리되기) 후에는 [이팍쌩]이므로 음운 개수 : 'ㅣ, ㅍ, ㅏ, ㄱ, ㅆ, ㅐ, ㅇ'로 7개 따라서, 음운 변동 전의 음운 개수와 음운 변동 후의 음운 개수가 서로 다르다.

오답풀이 ① [가을일 → (ㄴ 첨가) → 가을닐 → (유음화) → 가을릴] 이므로 'ㄴ 첨가'와 '유음화'가 일어났음을 알 수 있다. 'ㄴ 첨가'와 '유음화'는 각각 첨가와 교체에 해당하므로 2가지 유형의 음운 변동이 나타난다.
② [텃마당 → (음절의 끝소리 규칙) → 텯마당 → (비음화) → 턴마당] 이다. 인접한 음의 영향을 받아 '조음 방법'이 같아지는 '비음화'가 일어났다. '조음 위치' 동화로는 양순음화, 연구개음화가 있으며, 이들은 비표준 발음이다.
④ [흙먼지 → (자음군 단순화) → 흑먼지 → (비음화) → 흥먼지] 이므로 음절 끝소리 규칙이 아닌 자음군 단순화가 일어났음을 알 수 있다.

06 **음운 변동에 대한 설명으로 옳은 것은?** 2018. 지방직 7급

① 값진[갑찐] : 탈락, 첨가 현상이 있다.
② 밖과[박꽈] : 대치, 축약 현상이 있다.
③ 끓는[끌른] : 탈락, 대치 현상이 있다.
④ 밭도[받또] : 대치, 첨가 현상이 있다.

정답풀이 [끓는 → (자음군 단순화) → 끌는 → (유음화) → 끌른]의 과정을 거친다. '자음군 단순화'는 탈락이며, '유음화'는 대치(=교체)이므로 ③은 옳다.

오답풀이 ① [값진 → (자음군 단순화) → 갑진 → (된소리되기) → 갑찐]의 과정을 거친다. '자음군 단순화'는 탈락이며, '된소리되기'는 대치(=교체)이므로 '값진'이 탈락, 첨가 현상이라고 한 ①은 틀리다.
② [밖과 → (음절의 끝소리 규칙) → 박과 → (된소리되기) → 박꽈]의 과정을 거친다. '음절의 끝소리 규칙'은 대치(=교체)이며, '된소리되기'는 대치(=교체)이므로 '밖과'가 대치, 축약 현상이라고 한 ②는 틀리다.
④ [밭도 → (음절의 끝소리 규칙) → 받도 → (된소리되기) → 받또]의 과정을 거친다. '음절의 끝소리 규칙'과 '된소리되기'는 모두 대치(=교체)이므로 '밭도'가 대치, 첨가 현상이라고 한 ④는 틀리다.

07 **다음 밑줄 친 단어 중에서 탈락 현상이 일어난 경우가 아닌 것은?**

① 거리에 사람이 너무 <u>많다</u>.
② 어머니는 김치를 <u>담갔다</u>.
③ 집을 나서며 문을 <u>잠갔다</u>.
④ 나무가 <u>커서</u> 열매를 맺었다.

정답풀이 '많다'에서는 'ㅎ'과 'ㄷ'이 결합하여 'ㅌ'으로 축약되는 거센소리되기가 일어나 [만타]로 발음된다.

오답풀이 ②, ③, ④은 '담그다', '잠그다', '크다'와 같이 모두 용언의 어간 모음이 'ㅡ'로 시작하는 어미들로 어미 '-아'가 결합하여 'ㅡ'가 탈락되었다. ('ㅡ' 규칙 용언들이다.)

적중용 亦功 중간 빈출

08 **음운 변동의 원인을 ㉠과 ㉡으로 구분할 때, 변동의 원인이 이질적인 하나는?** 2014. 기상직 9급

> 음운 변동이 일어나는 원인으로는 발음을 좀 더 쉽게 하려는 ㉠<u>경제성의 원리</u>에 의한 것과 표현 강화를 위한 ㉡<u>표현 효과의 원리</u>에 의한 것이 있다. 전자에는 음절의 끝소리 규칙, 음운의 동화, 음운의 축약과 탈락이 있고, 후자에는 된소리되기와 사잇소리 현상이 있다.

① 맏누이　　② 굳히다
③ 잡히다　　④ 집비둘기

정답풀이 '집비둘기'의 표준 발음은 [집삐둘기]이다. 예사 소리인 'ㅂ'이 'ㅃ'으로 바뀌는 '된소리되기(경음화)'가 일어났기 때문에 '표현 효과의 원리'에 해당한다.
나머지는 모두 ㉠이 변동의 원인이다.

오답풀이 '경제성의 원리'보다 '표현 효과의 원리'에 해당하는 것이 더 적으므로 표현 효과의 원리에 해당하는 아이들만 기억하자. 나머지 음운 변동은 모두 경제성의 원리이다.

경제성의 원리	표현 효과의 원리
거의 대부분의 축약, 교체, 탈락	된소리되기, 사잇소리 현상

'경제성의 원리'는 발음할 때 편리하게 하는 것에 초점이 있다. 일반적으로 발음할 때 '축약'되거나 '교체', '탈락'되는 것들이 이에 해당된다.
'잡히다'는 [잡히다]보다 [자피다]로 발음하는 것이 편하다. '겉모습'의 경우에 일어나는 음절의 끝소리 규칙과 비음화 등도 경제성의 원리에 근거한다. '가+아서'에서 동음이 탈락되는 것도 탈락되는 것이 발음이 편하다. 거의 대부분의 음운 변동 현상(음절의 끝소리 규칙, 자음동화, 모음동화, 자음축약, 모음축약, 탈락 등)이 경제성의 원리와 관련있다.
그에 비해 '표현 효과의 원리'는 발음의 편리성보다는 강하게 표현하는 것에 초점이 있다. '된소리되기'와 '사잇소리현상'이 이에 해당된다. 예를 들면, '집비둘기'를 [집비둘기]라고 부드럽게 발음하면 에너지 소모가 적은데, [집삐둘기]처럼 '된소리 되기'로 강하게 발음하면 에너지 소모는 많지만(경제성은 떨어지지만), 강하게 표현하는 효과는 있다. 사잇소리 현상에서 '밤길'을 [밤길]이 아니라 [밤낄]로 부르는 것도 표현 효과의 원리이다.
① [만누이]로 비음화, ② [구치다]로 자음축약, 구개음화, ③은 [자피다]로 자음 축약이다. ①~③ 어디에도 된소리되기, 사잇소리 현상이 없으므로 답은 ④이다.

Answer
04 ① 05 ③ 06 ③ 07 ① 08 ④

09 **다음 중 국어의 음운 현상에 대한 설명으로 가장 적절하지 않은 것은?** 2017. 경찰 1차

① 탈락 : 자음군 단순화는 겹받침을 가진 형태소 뒤에 모음으로 시작하는 문법 형태소가 결합할 때 일어나는 현상이다.

② 첨가 : 'ㄴ' 첨가는 자음으로 끝나는 말 뒤에 'ㅣ'나 반모음 'ㅣ[j]'로 시작하는 말이 결합할 때 'ㄴ'이 새로 덧붙는 현상이다.

③ 축약 : 유기음화는 'ㅎ'와 'ㄱ, ㄷ, ㅂ, ㅈ' 중 하나가 만날 때 이 두 자음이 하나의 음으로 실현되는 현상이다.

④ 교체(대치) : 유음화는 'ㄴ'이 앞이나 뒤에 오는 'ㄹ'의 영향을 받아 'ㄹ'로 동화되는 현상이다.

정답풀이 '문법 형태소'란 형식 형태소로, '어미, 조사, 접사'를 가리킨다. 모음으로 시작하는 문법 형태소는 힘이 없기 때문에 앞에 겹받침으로 끝나는 실질 형태소가 오는 경우에는 그대로 연음된다. 예를 들어 '삶이'의 경우, '이'가 모음으로 시작하는 문법 형태소이므로 발음은 [살미]가 된다. 따라서 '자음군 단순화'는 '탈락' 현상에 속하는 것은 옳지만 모음으로 시작하는 문법 형태소가 결합할 때는 받침이 그대로 연음되므로 탈락으로 보는 것은 옳지 않다.
삶이[살미] → 그대로 연음됨.(탈락X)
삶 안 [사만] → 자음군 단순화 후, 연음됨.(탈락O)

10 **동화의 방향이 다른 것은?** 2018. 서울시 7급 1차

① 손난로 ② 불놀이
③ 찰나 ④ 강릉

정답풀이 손난로[손날로] : 뒤에 있는 '로'의 유음 'ㄹ'이 원인이 되어 앞에 있는 '난'의 받침 'ㄴ'이 'ㄹ'로 변했으므로 역행 동화이다.

오답풀이 ② 불놀이[불로리] : 앞에 있는 '불'의 'ㄹ'이 원인이 되어 뒤에 있는 '놀'의 'ㄴ'이 [ㄹ]로 변한 순행 동화이다.
③ 찰나[찰라] : 앞에 있는 '찰'의 'ㄹ'이 원인이 되어 뒤에 있는 '나'의 'ㄴ'이 'ㄹ' 변한 순행 동화이다.
④ 강릉[강능] : 앞에 있는 '강'의 'ㅇ'이 원인이 되어 뒤에 있는 '릉'의 'ㄹ'이 'ㄴ'으로 변한 순행 동화이다.

11 **밑줄 친 부분이 〈보기〉에 해당하지 않는 것은?** 2017. 서울시 7급

〈보기〉
국어에는 동일한 모음이 연속될 때 하나가 탈락하는 현상이 나타난다.

① 늦었으니 어서 <u>자</u>.
② 여기 잠깐만 <u>서서</u> 기다려.
③ 조금만 천천히 <u>가자</u>.
④ 일단 <u>가</u> 보면 알 수 있겠지.

정답풀이 〈보기〉는 음운의 변동에서 모음 탈락 중 동음 탈락에 한 설명이다.
'가자'는 동사 어간 '가-'에 청유형 종결 어미 '-자'가 결합된 것이므로 모음의 동음 탈락이 일어나지 않는다.

오답풀이 ① 동사 어간 '자-'에 '해체'의 명령형 종결어미 '-아'가 결합되어 동일한 모음 'ㅏ'가 탈락하였다.
② 동사 어간 '서-'에 연결 어미 '-어서'가 결합된 것이므로 'ㅓ'가 동일하여 하나가 탈락하였다.
④ 동사 어간 '가-'에 본용언과 보조 용언을 연결하는 데 쓰는 보조 연결 어미 '-아'가 결합된 것이므로 어간 '가-'의 모음 'ㅏ'와 연결 어미 '-아'의 모음 'ㅏ'가 동일하여 하나가 탈락하였다.

12 **[A]와 [B]에서 일어난 음운 변동의 공통점으로 가장 적절한 것은?** 2022. 법원직 9급

[A] 복면[봉면], 받는[반는], 잡목[잠목]
[B] 난로[날로], 권리[궐리], 신라[실라]

① 앞에 오는 자음의 조음 위치에 동화되는 음운 변동이다.
② 앞에 오는 자음의 조음 방법에 동화되는 음운 변동이다.
③ 뒤에 오는 자음의 조음 위치에 동화되는 음운 변동이다.
④ 뒤에 오는 자음의 조음 방법에 동화되는 음운 변동이다.

정답풀이 [A]와 [B]는 각각 역행 비음화, 역행 유음화이므로 뒤에 오는 자음의 조음 방법에 동화되는 음운 변동이다.

09 ① 10 ① 11 ③ 12 ④

MEMO

출.좋.포 문법·어휘

Part

05

어문 규정

Chapter 01

표준 발음법

제2항 | 표준어의 자음은 다음 19개로 한다.

ㄱ ㄲ / ㄴ / ㄷ ㄸ / ㄹ / ㅁ / ㅂ ㅃ / ㅅ ㅆ / ㅇ / ㅈ ㅉ / ㅊ ㅋ ㅌ ㅍ ㅎ

출·좋·포 1 제2항 초성 배열 순서

1. ❶ ________소리가 ❷ ________소리보다 일찍 온다.
2. ❸ ______________의 된소리가 바로 뒤에 온 후 다음 자음으로 이동된다.

제3항 | 표준어의 모음은 다음 21개로 한다.

ㅏ	ㅑ	ㅓ	ㅕ	ㅗ	ㅛ	ㅜ	ㅠ	ㅡ	ㅣ
ㅐ	ㅒ	ㅔ	ㅖ	ㅘ		ㅝ		ㅢ	
				ㅙ		ㅞ			
				ㅚ		ㅟ			

출·좋·포 2 제3항 중성 배열 순서

1. ❹ ____________ 모음이 먼저 온다.
2. ❺ ____________ : ❻ ______가 붙는 경우
3. ❼ ______ : ㅏ, ㅐ, ㅣ가 붙는 경우
   ❽ ______ : ㅓ, ㅔ, ㅣ가 붙는 경우

받침의 사전 배열 순서

ㄱ ㄲ ㄳ / ㄴ ㄵ ㄶ / ㄷ / ㄹ ㄺ ㄻ ㄼ ㄽ ㄾ ㄿ ㅀ / ㅁ /
ㅂ ㅄ / ㅅ ㅆ / ㅇ / ㅈ ㅊ ㅋ ㅌ ㅍ ㅎ

출·좋·포 3 제3항 종성 배열 순서

제4항 | 겹자음 중에서 ❾ ______자음, ❿ ______자음 순으로 배열된다.

정답

❶ 된 ❷ 거센 ❸ 같은 계열
❹ 오리지널 ❺ ㅏ, ㅑ, ㅓ, ㅕ
❻ ㅣ ❼ ㅗ ❽ ㅜ ❾ 앞 ❿ 뒤

제4항	'ㅏ ㅐ ㅓ ㅔ ㅗ ㅚ ㅜ ㅟ ㅡ ㅣ'는 단모음(單母音)으로 발음한다.

붙 임 'ㅚ, ㅟ'는 원칙적으로 단모음이지만, 이중 모음으로 발음함도 허용한다.

출좋포 4 **제4항 'ㅚ'의 발음**

ㅚ = [❶______(원칙) / ❷______(허용)]

제5항	'ㅑ ㅒ ㅕ ㅖ ㅘ ㅙ ㅛ ㅝ ㅞ ㅠ ㅢ'는 이중 모음으로 발음한다.

다만 1. 용언의 활용형에 나타나는 '져, 쪄, 쳐'는 [저, 쩌, 처]로 발음한다.

가져[가저] 쪄[쩌] 다쳐[다처]
묻혀[무처] 붙여[부처] 잊혀[이처]

출좋포 5 **제5항 다만 1 "져, 쪄, 쳐"의 발음**

❸______음 'ㅈ, ㅉ, ㅊ' 뒤에 ❹______에서 발음되는 반모음 'ㅣ[j]'가 연이어 발음될 수 없기 때문이다.

다만 2. '예, 례' 이외의 'ㅖ'는 [ㅔ]로도 발음한다.

출좋포 6 **제5항 다만 2 "ㅖ"의 발음**

1. '예, 례'는 [❺______]로만 발음된다.
2. '계, 몌, 폐, 혜'는 [❻______](원칙), [❼______](허용)로도 발음한다.

다만 3. 자음을 첫소리로 가지고 있는 음절의 'ㅢ'는 [ㅣ]로 발음한다.

다만 4. 단어의 첫음절 이외의 '의'는 [ㅣ]로, 조사 '의'는 [ㅔ]로 발음함도 허용한다.

출좋포 7 **제5항 다만 3, 다만 4 "의"의 발음**

1. 자음을 가진 'ㅢ' = [❽______]로만 발음됨.
2. 첫째 음절 '의' = [❾______]로만 발음됨.
3. 둘째 음절 이하 '의' = [❿______](원칙) [⓫______](허용)
4. 관형격 조사 '의' = [⓬______](원칙) [⓭______](허용)

정답

❶ ㅚ ❷ ㅞ ❸ 경구개 ❹ 경구개 ❺ ㅖ ❻ ㅖ ❼ ㅔ ❽ ㅣ ❾ 의 ❿ ㅢ ⓫ ㅣ ⓬ ㅢ ⓭ ㅔ

제13항 | 받침 'ㅎ'의 발음은 다음과 같다.

1. 'ㅎ(ㄶ, ㅀ)' 뒤에 'ㅅ'이 결합되는 경우에는, 'ㅅ'을 [ㅆ]으로 발음한다.

닿소[다:쏘]　　　　많소[만:쏘]　　　　싫소[실쏘]

출·좋·포 8

제12항 받침 'ㅎ'의 발음

1. ❶ ________ + ❷ ________ = ❸ ________

제13항+14항 | 홑받침이나 쌍받침, 겹받침이 모음으로 시작된 조사나 어미, 접미사와 결합되는 경우에는 제 음가대로 뒤 음절 첫소리로 옮겨 발음한다.

출·좋·포 9

제13항 + 14항 "모음 형식 형태소"가 오는 경우의 발음

홑받침이나 쌍받침, 겹받침 뒤에 모음 ❹ ________ 형태소가 오는 경우에는 대표음화 없이 ❺ ________ 된다.

제15항 | 받침 뒤에 모음으로 시작되는 실질 형태소가 연결되는 경우에는, 대표음으로 바꾸어서 뒤 음절 첫소리로 옮겨 발음한다.

출·좋·포 10

제15항 "모음 실질 형태소"가 오는 경우의 발음

모음 ❻ ________ 형태소가 오는 경우에는 홑받침이든 쌍받침이든 겹받침이든 ❼ ________ 적용 후 ❽ ________ 된다.

다만, 맛있다[마딛따(원칙) / 마싣따(허용)], 멋있다[머딛따(원칙) / 머싣따(허용)]는 예외적으로 외워야 한다.

정답

❶ ㅎ ❷ ㅅ ❸ ㅆ
❹ 형식 ❺ 연음
❻ 실질 ❼ 대표음화 ❽ 연음

제16항	한글 자모의 이름은 그 받침소리를 연음하되, 'ㄷ, ㅈ, ㅊ, ㅋ, ㅌ, ㅍ, ㅎ'의 경우에는 특별히 다음과 같이 발음한다.

출좋포 11 제16항 한글 자모의 이름 발음

한글 자모의 이름은 ❶ ________ 후에 ❷ ________ 한다.

다만, 음절의 끝소리 규칙이 적용되어 '❸ ____'으로 발음된 것들은 모두 '❹ ____'으로 바꿔서 연음한다.

디귿이[디그시]	디귿을[디그슬]	디귿에[디그세]
지읒이[지으시]	지읒을[지으슬]	지읒에[지으세]
치읓이[치으시]	치읓을[치으슬]	치읓에[치으세]
키읔이[키으기]	키읔을[키으글]	키읔에[키으게]
티읕이[티으시]	티읕을[티으슬]	티읕에[티으세]
피읖이[피으비]	피읖을[피으블]	피읖에[피으베]
히읗이[히으시]	히읗을[히으슬]	히읗에[히으세]

제20항	'ㄴ'은 'ㄹ'의 앞이나 뒤에서 [ㄹ]로 발음한다.

다만, 다음과 같은 단어들은 'ㄹ'을 [ㄴ]으로 발음한다.

의견란[의:견난]	임진란[임:진난]	생산량[생산냥]
결단력[결딴녁]	공권력[공꿘녁]	동원령[동:원녕]
상견례[상견녜]	횡단로[횡단노]	이원론[이:원논]
입원료[이붠뇨]	구근류[구근뉴]	음운론[으문논]

출좋포 12 제20항 유음화 & 예외

다만, 유음화의 예외 : ❺ ________ 구성의 한자어

PART 05

정답

❶ 음절의 끝소리 규칙 ❷ 연음
❸ ㄷ ❹ ㅅ ❺ 2+1

제28항 | 표기상으로는 사이시옷이 없더라도, 관형격 기능을 지니는 사이시옷이 있어야 할 (휴지가 성립되는) 합성어의 경우에는, 뒤 단어의 첫소리 'ㄱ, ㄷ, ㅂ, ㅅ, ㅈ'을 된소리로 발음한다.

문-고리[문꼬리]	눈-동자[눈똥자]
신-바람[신빠람]	산-새[산쌔]
손-재주[손째주]	길-가[길까]
물-동이[물똥이]	발-바닥[발빠닥]
굴-속[굴:쏙]	술-잔[술짠]
바람-결[바람껼]	그믐-달[그믐딸]
아침-밥[아침빱]	잠-자리[잠짜리]
강-가[강까]	초승-달[초승딸]
등-불[등뿔]	창-살[창쌀]
강-줄기[강쭐기]	

출·좀·포 13 제28항 사잇소리 현상의 된소리되기

A(명사) + B(명사) = 합성어
A의 끝 음이 ❶ ________ + B의 첫 음이 예사소리

붙 임 사잇소리 현상이 일어나지 않는 단어

반창고[반창고]	고무줄[고무줄]	과반수[과 : 반수]
유리잔[유리잔]	인두겁[인두겁]	고래기름[고래기름]
간단(簡單)[간단]	등기(登記)[등기]	불장난[불장난]

제29항 | 합성어 및 파생어에서, 앞 단어나 접두사의 끝이 자음이고 뒤 단어나 접미사의 첫음절이 '이, 야, 여, 요, 유'인 경우에는, 'ㄴ' 음을 첨가하여 [니, 냐, 녀, 뇨, 뉴]로 발음한다.

다만, 다음과 같은 말들은 'ㄴ' 음을 첨가하여 발음하되, 표기대로 발음할 수 있다.

이죽-이죽[이중니죽/이주기죽]+	야금-야금[야금냐금/야그먀금]
욜랑-욜랑[욜랑뇰랑/욜랑욜랑]+	이글이글 [이글리글/이그리글]
금융[금늉/그뮹]	검열[검:녈/거:멸]

+ 이죽이죽[이중니죽/이주기죽]: 계속 밉살스럽게 지껄이며 짓궂게 빈정거리는 모양
+ 욜랑욜랑[욜랑뇰랑/욜랑욜랑]: 몸의 일부를 가볍게 흔들며 잇따라 움직이거나 촐싹거리는 모양

출·좀·포 14 제29항 'ㄴ'첨가

받침 + '이, 야, 여, 요, 유, 이' = 'ㄴ' 첨가

다만, 'ㄴ'을 첨가해야 하지만, 연음도 허용하는 경우
→ ❷ ______ 글자 ❸ ______________

정답
❶ 울림소리 ❷ 4 ❸음성 상징어

붙임 2 두 단어를 이어서 한 마디로 발음하는 경우에는 이에 준한다.

한 일[한닐]	옷 입다[온닙따]	서른여섯[서른녀섣]
3 연대[삼년대]	먹은 엿[머근녇]	할 일[할릴]
잘 입다[잘립따]	스물여섯[스물려섣]	1 연대[일련대]
먹을 엿[머글렫]		

다만, 다음과 같은 단어에서는 'ㄴ(ㄹ)' 음을 첨가하여 발음하지 않는다.

6 · 25[유기오]	3 · 1절[사밀쩔]	송별-연[송 : 벼련]*
월요일[워료일]	목요일[모교일]	금요일[그묘일]
등-용문[등용문]*	절약[저략]*	

출종포 15 제29항 붙임 1, 2, 다만

붙임 2 연음이 원칙이지만 두 단어를 이어서 한 마디로 발음하는 경우 ㄴ첨가도 허용함.

	끊어서 발음	이어서 발음
옷 입다	[오딥따]	[온닙따]
서른여섯	[서르녀섣]	[서른녀섣]
스물여섯	[스무려섣]	[스물려섣]
1 연대	[이련대]	[일련대]
3 연대	[사면대]	[삼년대]
먹은 엿	[머그녇]	[머근녇]
먹을 엿	[머그렫]	[머글렫]
잘 입다	[자립따]	[잘립따]
한 일	[하닐]	[한닐]
할 일	[하릴]	[할릴]

다만, 'ㄴ' 첨가 환경임에도 그냥 연음되는 경우
등-용문[❶ ______] / 송별-연[❷ ______] / 절약[❸ ______]

정답
❶ 등용문 ❷ 송:벼련 ❸ 저략

제30항 | 사이시옷이 붙은 단어는 다음과 같이 발음한다.

1. 'ㄱ, ㄷ, ㅂ, ㅅ, ㅈ'으로 시작하는 단어 앞에 사이시옷이 올 때에는 이들 자음만을 된소리로 발음하는 것을 원칙으로 하되, 사이시옷을 [ㄷ]으로 발음하는 것도 허용한다.

냇가[내:까/낻:까]　　샛길[새 : 낄/샏 : 낄]
빨랫돌[빨래똘/빨랟똘]　　콧등[코뜽/콛뜽]
깃발[기빨/긷빨]　　대팻밥[대:패빱/대:팯빱]
햇살[해쌀/핻쌀]　　뱃속[배쏙/밷쏙]
뱃전[배쩐/밷쩐]　　고갯짓[고개찓/고갣찓]

2. 사이시옷 뒤에 'ㄴ, ㅁ'이 결합되는 경우에는 [ㄴ]으로 발음한다.

콧날[콛날 → 콘날]　　아랫니[아랟니 → 아랜니]
툇마루[퇻 : 마루 → 퇸 : 마루]　　뱃머리[밷머리 → 밴머리]

3. 사이시옷 뒤에 '이' 음이 결합되는 경우에는 [ㄴㄴ]으로 발음한다.

베갯잇[베갣닏 → 베갠닏]　　깻잎[깯닙 → 깬닙]
나뭇잎[나묻닙 → 나문닙]　　도리깻열[도리깯녈 → 도리깬녈]
뒷윷[뒫:뉻 → 뒨:뉻]

출·좋·포 16 제30항 사이시옷이 적힌 단어의 발음

1. 사잇소리 현상(원칙) / 음끝규 'ㄷ' + 된소리되기(허용)
2. 'ㄴ' 덧남 : ❶ ______ → ❷ ______
3. 'ㄴㄴ' 덧남 : ❸ ______ → ❹ ______ → ❺ ______

정답

❶ 음절의 끝소리 규칙 ❷ 비음화
❸ 음절의 끝소리 규칙 ❹ ㄴ첨가
❺ 비음화

레벨별 亦功 기출 훈련: Ch.1 표준 발음법

▶ 레벨별 역공 기출 훈련 해설 영상은 주독야독 시즌 1(2024 7월)에서 꼭 수강해 주시기 바랍니다.

적중용 亦功 최빈출

01 **다음에서 밑줄 친 부분의 발음으로 가장 옳지 않은 것은?** 2018. 서울시 9급

> 손　　자: 할아버지, 여기 있는 ㉠ 밭을 우리가 다 매야 해요?
> 할아버지: 응. 이 ㉡ 밭만 매면 돼.
> 손　　자: 이 ㉢ 밭 모두요?
> 할아버지: 왜? ㉣ 밭이 너무 넓으니?

① ㉠: [바슬]　　② ㉡: [반만]
③ ㉢: [받]　　④ ㉣: [바치]

정답풀이 ㉠ 밭을[바슬](×) → [바틀](○): 홑받침이나 쌍받침이 모음으로 시작된 형식 형태소와 결합되는 경우에는, 그대로 연음되어 '밭을'은 [바틀]로 발음해야 하므로 ①은 옳지 않다.

오답풀이 ② ㉡ 밭만[밭만 → (음절의 끝소리 규칙) → 받만 → (비음화) → 반만]
③ ㉢ 밭[밭 → (음절의 끝소리 규칙) → 받]
④ ㉣ 밭이[밭이 → (연음=음운 변동×) → 바티 → (구개음화) → 바치]

02 **㉠~㉣을 사전에 올릴 때 '한글 맞춤법 규정'에 따른 순서로 적절한 것은?** 2020. 국가직 9급

> ㉠ 곬 ㉡ 규탄 ㉢ 곳간 ㉣ 광명

① ㉠→㉢→㉡→㉣　　② ㉠→㉢→㉣→㉡
③ ㉢→㉠→㉡→㉣　　④ ㉢→㉠→㉣→㉡

정답풀이 사전에 등재할 때는 초성 > 중성 >종성 순으로 등재하는데 초성이 모두 'ㄱ'이므로 중성을 봐야 한다.
㉠, ㉢의 중성이 'ㅗ'이다. 따라서 ㉠, ㉢의 종성을 보면 각각 'ㄽ, ㅅ'이므로 'ㄽ'이 앞선다. 따라서 순서가 '㉠ → ㉢'임을 알 수 있다. ㉡, ㉣의 중성이 각각 'ㅠ, ㅘ'이므로 순서가 '㉣ → ㉡' 임을 알 수 있다.
따라서 ㉠ → ㉢ → ㉣ → ㉡대로 배열되는 것이 옳다.

03 **사전 등재 순서에 맞게 배열된 것은?** 2014. 지방직 9급

① 두다, 뒤켠, 뒤뜰, 따뜻하다
② 냠냠, 네모, 넘기다, 닐리리
③ 얇다, 앳되다, 여름, 에누리
④ 괴롭다, 교실, 구름, 귀엽다

정답풀이 자음 'ㄱ'은 동일하므로 첫음절의 모음 순서만 확인하면 되는데 'ㅚ, ㅛ, ㅜ, ㅟ' 순이므로 '괴롭다 → 교실 → 구름 → 귀엽다'는 맞는 배열이다.

오답풀이 ①은 '두다 − 뒤뜰 − 뒤켠 − 따뜻하다', ②는 '냠냠 − 넘기다 − 네모 − 닐리리', ③은 '앳되다 − 얇다 − 에누리 − 여름'과 같이 배열되어야 맞다.

Answer
01 ① 02 ② 03 ④

PART 05

04 〈보기〉의 '가져라'와 같은 사례는?

2018. 교육행정직 9급

〈보기〉

'가지어라'의 축약형 '가져라'의 표준 발음은 [가저라]이지만 '가져라'로 적는다. 이는 형태를 밝혀 적는 방식이다.

① 우리 편 이겨라.
② 따뜻이 입고 다녀라.
③ 비빔밥을 맛있게 비벼라.
④ 고장이 난 시계를 얼른 고쳐라.

정답풀이 '표준 발음법 제5항의 다만1.'에 의하면 용언의 활용형에 나타나는 '져, 쪄, 쳐'는 [저, 쩌, 처]로 발음한다. 따라서 ④ '고쳐라'가 답이다.

05 이중 모음의 발음이 바르지 않은 것은?

2014. 경찰 1차

① 우리의[우리에] ② 계시다[게:시다]
③ 귀띔[귀뜸] ④ 차례[차례]

정답풀이 [귀띰]이 맞다. '자음+ㅢ'의 구성인 경우에는 무조건 [ㅣ]가 표준 발음이기 때문에 [귀띰]으로 발음해야 한다.

06 (가)를 참고 하여 (나)를 발음할 때, 표준 발음에 해당되지 않는 것은?

(가) 제5항 'ㅑ, ㅒ, ㅕ, ㅖ, ㅘ, ㅙ, ㅝ, ㅞ, ㅠ, ㅢ'는 이중 모음으로 발음한다.
다만 3. 자음을 첫소리로 가지고 있는 음절의 'ㅢ'는 [ㅣ]로 발음한다.
다만 4. 단어의 첫 음절 이외의 '의'는 [ㅣ]로, 조사 '의'는 [ㅔ]로 발음함도 허용한다.
(나) 민주주의의 의의

① [민주주의의 의의] ② [민주주의의 의이]
③ [민주주이에 의이] ④ [민주주의이 의의]

정답풀이 '의'는 단어의 첫음절에서는 [의]로만 발음되고, 조사는 [에]로도 발음할 수 있다. 둘째 음절 이하의 '의'는 [이]로도 발음할 수 있다. 따라서 ④ [민주주의이 의의]는 조사 '의'를 '이'로 발음했으므로 적절하지 않다.

07 ㉠과 ㉡에 들어갈 내용을 바르게 묶은 것은?

2017. 교육행정직 7급

겹받침 'ㄺ', 'ㄼ'은 어말 또는 자음 앞에서 각각 ㉠ '__, __'(으)로 발음한다. 그러나 ㉡ '__, __'와/과 같은 경우는 적용되지 않는다.

	㉠	㉡
①	[ㄱ], [ㄹ]	늙지, 넓죽한
②	[ㄱ], [ㄹ]	맑고, 밟거나
③	[ㄹ], [ㅂ]	굵다, 섧지
④	[ㄹ], [ㅂ]	묽게, 얇게

정답풀이 'ㄺ'(읽다[익따], 맑다[막따])은 앞 자음이 탈락되는 겹자음이므로 [ㄱ]으로 발음된다. 'ㄼ'(여덟[여덜], 넓다[널따])은 뒤 자음이 탈락되는 겹자음이므로 [ㄹ]으로 발음된다. ㉡은 적용되지 않는 예외적인 상황이다. 따라서 겹받침 'ㄺ'의 경우에는 'ㄺ'을 말음으로 가지는 어간에 'ㄱ' 어미가 오는 '맑고'[말꼬]의 예가 와야 한다. 겹받침 'ㄼ'의 경우에는 '밟거나[밥:꺼나], 넓둥글다[넙뚱글다], 넓죽하다[넙쭈카다]'가 와야 한다.

08 **표준 발음법에 따라 옳지 않은 것은?** 2022. 서울시 9급(6월)

① 금융[금늉/그뮹]
② 샛길[새ː낄/샏ː낄]
③ 나뭇잎[나묻닙/나문닙]
④ 이죽이죽[이중니죽/이주기죽]

정답풀이 나뭇잎은 [나문닙]만 표준 발음이므로 [나묻닙]은 옳지 않다.

09 **〈보기〉에서 음의 첨가 현상이 일어나지 않는 것을 모두 고른 것은?** 2020. 서울시 9급

〈보기〉	
ㄱ. 등용문	ㄴ. 한여름
ㄷ. 눈요기	ㄹ. 송별연

① ㄱ, ㄷ　② ㄱ, ㄹ
③ ㄴ, ㄷ　④ ㄴ, ㄹ

정답풀이 표준 발음법 제29항 다만) 다음과 같은 단어에서는 'ㄴ(ㄹ)'소리를 첨가하여 발음하지 않는다.

6 · 25[유기오]　3 · 1절[사밀쩔]
송별-연[송:벼련]　등용-문[등용문]

오답풀이 "합성어 및 파생어에서, 앞 단어나 접두사의 끝이 자음이고 뒤 단어나 접미사의 첫 음절이 '이, 야, 여, 요, 유'인 경우에는, 'ㄴ' 소리를 첨가하여 [니, 냐, 녀, 뇨, 뉴]로 발음한다."는 표준 발음법 제29항인데, 그 아래에 '한여름[한녀름], 눈요기[눈뇨기]'가 대표적인 예로 들어가 있다.

10 **단어의 발음이 잘못 표기된 것은?** 2021. 군무원 7급

① 태권도 – [태꿘도]　② 홑이불 – [혼니불]
③ 홑옷 – [호돋]　④ 공권력 – [공꿜력]

정답풀이 '공권력'은 '공공 권력의 힘'을 의미하는 '2+1'의 한자어 구성이다. 이 경우에는 유음화가 일어나지 않는 예외의 예시이므로 비음화가 일어나야 한다. 따라서 [공꿜력]이 아니라 [공꿘녁]이 옳다. '의견란[의:견난], 구근류[구근뉴], 동원령[동원녕], 임진란[임:진난], 상견례[상견녜], 결단력[결딴녁]' 등이 있다.

오답풀이 ① 한자어 내부에서 일어나는 된소리되기 현상은 학자들도 설명하기가 애매하다고 한다. [태꿘도]가 옳다.
② [홑이불 → (음절의 끝소리 규칙, ㄴ첨가) → 혿니불 → (비음화) → 혼니불]
③ '홑옷'에서 '옷'은 모음 실질 형태소이므로 대표음화 된 후 연음되어야 하므로 [호돋]이 옳다.

11 **표준 발음법상 'ㄹ'의 발음이 동일한 것들을 바르게 묶은 것은?** 2018. 서울시 7급(2차)

① 상견례, 의견란, 백리
② 임진란, 공권력, 광한루
③ 대관령, 입원료, 협력
④ 동원령, 구근류, 난로

정답풀이 '상견례, 의견란'은 각각 '상견/례' '의견/란'으로 나누어지는 단어로서, 유음화가 적용되지 않는 예외 사례이다. 유음화 대신에 'ㄹ'의 비음화가 적용되어 [상견녜], [의:견난]으로 발음된다. '백리'는 상호 비음화가 이루어져, [뱅니]로 발음된다. 모든 'ㄹ'이 'ㄴ'으로 발음되므로 ①이 정답이다.

오답풀이 ② '임진/란' '공권/력'은 'ㄹ'의 비음화가 일어나 각각 [임:진난], [공꿘녁]으로 발음되지만 '광한루'는 유음화가 일어나 [광:할루]가 되므로 'ㄹ' 발음이 동일하지 않다.
③ '대관령'은 유음화로 인해 [대:괄령]으로 발음된다. '입원/료'는 'ㄹ'의 비음화가 일어나 [이붠뇨]로 발음된다. '협력'은 상호 비음화로 [혐녁]으로 발음되므로 'ㄹ' 발음이 동일하지 않다.
④ '동원/령, 구근/류'는 'ㄹ'의 비음화가 일어나 각각 [동:원녕], [구근뉴]로 발음되지만, '난로'는 유음화로 인해 [날로]로 발음되므로 'ㄹ' 발음이 동일하지 않다.

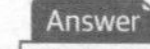

04 ④ 05 ③ 06 ④ 07 ② 08 ③ 09 ② 10 ④ 11 ①

12 ㉠~㉣의 발음 중 표준 발음이 아닌 것은?

2016. 교육행정직 9급

- ㉠ 마음의 소리를 듣다.
- 바람이 ㉡ 스쳐 지나간다.
- 건강을 잃으면 모든 걸 ㉢ 잃는다.
- 첨성대의 몸체는 27단으로 ㉣ 되어 있다.

① ㉠: [마으메]　② ㉡: [스처]
③ ㉢: [일는다]　④ ㉣: [되여]

정답풀이 ㉢ 잃는다[일른다]: 'ㅀ' 뒤에 'ㄴ'이 결합되는 경우에는 'ㅎ'을 발음하지 않는다는 표준 발음법 제12항에 의해 [일는다]가 되었다가 유음화에 의해 [일른다]로 발음된다.

오답풀이 ① ㉠ 마음의[마으믜/마으메]: 조사 '의'는 [의]로 발음되는 것이 원칙이나, [ㅔ]로도 발음할 수 있다.
② ㉡ 스쳐[스처]: 용언의 활용형에 나타나는 '져, 쪄, 쳐'는 [저, 쩌, 처]로 발음한다는 표준 발음법 제5항 다만 1에 의해 [스처]로 발음된다.
④ ㉣ 되어[되어/되여]: [어]로 발음함을 원칙으로 하되, [여]로 발음함도 허용한다는 표준 발음법 제22항에 의해 [되어/되여] 모두 표준 발음으로 인정된다.

13 밑줄 친 부분의 표준 발음으로 옳지 않은 것은?

2015. 사회복지직 9급

① 길을 떠나기 전에 뱃속을 든든하게 채워 두자. – [배쏙]
② 시를 읽다 보면 마음이 편안해진다. – [일따]
③ 외래어를 표기할 때 받침에 'ㄷ'을 쓰지 않는다. – [디그슬]
④ 우리는 금융 위기를 슬기롭게 극복하였다. – [금늉]

정답풀이 표준 발음법 제11항에 의해 겹받침 'ㄺ'은 어말 또는 자음 앞에서 [ㄱ]으로 발음하므로 '읽다'는 [익따]로 발음된다.

오답풀이 ① 뱃속[배쏙/밷쏙]
③ ㄷ을[디그슬]
④ 금융[금늉/그뮹]

14 다음 〈보기〉의 밑줄 친 ㉠~㉤에 대한 표준 발음으로 옳은 것을 모두 고르면?

2017. 국회직 8급

〈보기〉
- ㉠ 깃발이 바람에 날리다. – [기빨]
- ㉡ 불법적인 방법으로 돈을 벌고 있다. – [불법쩍]
- 나는 오늘 점심을 ㉢ 면류로 간단히 때웠다. – [멸류]
- ㉣ 도매금은 도매로 파는 가격을 말한다. – [도매금]
- 준법의 테두리 안에서 시위를 한다면 ㉤ 공권력 발동을 최대한 자제할 것이다. – [공:꿘녁]

① ㉠, ㉡, ㉢　② ㉠, ㉡, ㉤
③ ㉠, ㉢, ㉤　④ ㉡, ㉢, ㉣
⑤ ㉡, ㉣, ㉤

정답풀이 ㉠ '깃발'은 '기(旗)+발'의 '어근+어근'의 구성을 가진 합성어이다. 뒤의 어근의 예사소리가 된소리로 발음되어, 사이시옷이 표기된 단어는 2가지로 발음된다. 따라서 '깃발'은 [기빨/긷빨]로 발음할 수 있다.
㉡ 출제 당시 '불법'의 표준 발음은 [불법]만 인정되었으나, 2017년 12월 《표준국어대사전》에서 '불법'의 된소리 발음을 인정함에 따라 [불법/불뻡] 모두 표준 발음이 되었음을 기억해야 한다. 그리고 '불법적'에서 안울림소리 'ㅂ'과 안울림소리 'ㅈ'이 만났기 때문에 된소리되기가 일어나 [쩍]으로 발음된다. 결론적으로 현재는 [불법쩍/불뻡쩍]으로 둘 다 발음될 수 있다.
㉢ 'ㄴ'은 'ㄹ'의 앞이나 뒤에서 유음화되어 [ㄹ]로 발음되므로 '면류'는 [멸류]로 발음된다.

오답풀이 ㉣ '도매금(都賣金)'은 표기상으로 사이시옷이 없다. 3글자 한자어에는 사이시옷이 올 수 없기 때문이다. 하지만 그렇더라도 '도매가격'의 뜻을 가지는 종속 합성어의 의미를 갖기 때문에 '금'을 된소리로 발음해야 한다. 단어 첫소리를 된소리로 발음한다는 표준 발음법 제28항에 따라 '도매–금'은 [도매끔]으로 발음한다.
㉤ '공권력'의 경우에는 '공권/력'처럼 2글자+1글자 구성인 경우이므로 유음화가 일어나지 않고 비음화가 일어나 'ㄹ'을 [ㄴ]으로 발음하여 [공꿘녁]으로 발음된다. 하지만 〈보기〉에서처럼 [공:] 장음으로 발음되지 않으므로 적절하지 않다.

적중용 赤功 중간 빈출

15 ㉠~㉣에 대한 예로 가장 적절한 것은? 2020. 소방직

> 특정 음운 환경에서 'ㄱ, ㄷ, ㅂ, ㅅ, ㅈ' 같은 예사소리가 'ㄲ, ㄸ, ㅃ, ㅆ, ㅉ' 같은 된소리로 바뀌는 현상이 일어나는데, 이를 된소리되기 또는 경음화라고 한다. 된소리되기의 종류로는 ㉠ 'ㄱ, ㄷ, ㅂ' 뒤에서 일어나는 된소리되기, ㉡ 어간 받침 'ㄴ, ㅁ' 뒤에서 일어나는 된소리되기, ㉢ 'ㄹ'로 끝나는 한자와 'ㄷ, ㅅ, ㅈ'으로 시작하는 한자가 결합할 때 일어나는 된소리되기, ㉣ 관형사형 어미 '-(으)ㄹ' 뒤에 있는 체언에서 일어나는 된소리되기 등이 있다.

① ㉠: 잡고 → [잡꼬]
② ㉡: 손재주 → [손째주]
③ ㉢: 먹을 것 → [머글껃]
④ ㉣: 갈등 → [갈뜽]

정답풀이 '잡고'의 경우 안울림 예사소리 'ㅂ'과 뒤의 안울림 예사소리 'ㄱ'의 환경에서 'ㄱ'이 'ㄲ'으로 교체되는 ㉠의 경우가 맞다.

오답풀이 ② '손재주'의 발음은 [손째주]이지만 ㉡의 경우가 아니다. 첫째, '손재주'는 합성어 과정에서 나오는 사잇소리 현상으로, 된소리되기 현상과는 아예 관련이 없다. 둘째, ㉡에서 말하는 환경은 '어간' 뒤에서 일어나는 된소리되기인데, '손재주'는 어간이 아니라 '명사 어근+명사 어근'의 구조이기 때문에 ㉡의 경우라고 말할 수 없다.
㉡의 경우는 '신고[신:꼬], 앉고[안꼬], 더듬지[더듬찌], 감게[감께]' 등이 있다.

③ '먹을 것'의 발음은 [머글껃]이지만 이는 ㉢이 아니라 ㉣에 해당되므로 옳지 않다. ㉢의 경우는 '발전[발쩐], 발달[발딸], 발생[발쌩], 몰상식[몰쌍식]' 등이 있다.

④ '갈등'의 발음은 [갈뜽]이지만 이는 ㉣이 아니라 ㉢에 해당되므로 옳지 않다.

16 다음 밑줄 친 ㉠~㉤ 중 표준 발음으로 옳은 것을 모두 고르면? 2018. 국회직 8급

> • 이 문제는 입주민들과의 ㉠ 협의[혀비]를 통해서 해결합시다.
> • 외국인들은 한글의 복잡한 ㉡ 띄어쓰기[띄어쓰기]를 어려워한다.
> • 관객들이 ㉢ 썰물[썰:물]처럼 빠져나갔다.
> • 나라다운 나라 만들기라는 ㉣ 우리의[우리에] 소망이 이루어질까?
> • ㉤ 반신반의[반:신바:니] 하는 분위기였다.

① ㉠, ㉡, ㉢ ② ㉠, ㉢, ㉣
③ ㉠, ㉣, ㉤ ④ ㉡, ㉢, ㉤
⑤ ㉡, ㉣, ㉤

정답풀이 ㉠ '협의'의 '의'는 둘째 음절에 있으므로 [ㅢ], [ㅣ]로 발음된다. 따라서 '협의'는 [혀븨/혀비]로 발음되므로 ㉠은 옳다.
㉣ '우리의'의 '의'는 관형격 조사이므로 [ㅢ], [ㅔ]로 발음된다. 따라서 [우리의/우리에]로 발음되므로 ㉣은 옳다.
㉤ 합성어의 경우에는 첫음절 외에도 둘째 음절 이하에서도 분명한 긴소리를 인정하므로(표준 발음법 제6항, 다만) '반신반의'는 [반:신바:늬/반:신바:니]로 발음할 수 있다.

오답풀이 ㉡ 자음이 얹힌 'ㅢ'는 [ㅣ]로만 발음되므로, '띄어쓰기[띠어쓰기, 띠여쓰기]로 발음해야 한다.
㉢ 표준 발음법 제7항, 붙임에 의하면 '밀-물, 썰-물, 쏜-살-같이, 작은-아버지'와 같은 합성어에서는 본디의 길이에 관계없이 짧게 발음히므로 [썰물]이 옳다.

12 ③ **13** ② **14** ① **15** ① **16** ③

17 **밑줄 친 부분의 표준 발음이 옳은 것만을 〈보기〉에서 모두 고르면?** 2019. 국회직 8급

〈보기〉

㉠ 이번 일을 계기[계:기]로 삼자.
㉡ 퇴임하는 직원을 위한 송별연[송:벼련]을 열다.
㉢ 그의 넓죽한[널쭈칸] 얼굴이 그리웠다.
㉣ 낙엽을 밟고[밥:꼬] 지나가다.
㉤ 월드컵 때문에 축구의 열병[열뼝]이 전국을 휩쓸었다.

① ㉠, ㉡, ㉢ ② ㉠, ㉡, ㉣
③ ㉠, ㉢, ㉣ ④ ㉡, ㉣, ㉤
⑤ ㉢, ㉣, ㉤

정답풀이 ㉠ '예, 례' 이외의 'ㅖ'는 [ㅖ], [ㅔ] 모두 표준 발음이다. 따라서 [계:기], [게:기] 모두 맞다.
㉡ [O] 표준 발음법 제29항에 따르면 합성어 및 파생어에서, 앞 단어나 접두사의 끝이 자음이고 뒤 단어나 접미사의 첫음절이 '이, 야, 여, 요, 유'인 경우에는, 'ㄴ' 음을 첨가하여 [니, 냐, 녀, 뇨, 뉴]로 발음한다. 하지만 예외가 존재하는데, '송별연[송:벼련]'의 경우에는 'ㄴ(ㄹ)' 음을 첨가하지 않고 바로 연음하여 발음한다. [송:벼련]이 표준 발음이다.
㉣ [O] 표준 발음법 제10항에 따르면 겹받침 'ㄳ', 'ㄵ', 'ㄼ, ㄽ, ㄾ', 'ㅄ'은 어말 또는 자음 앞에서 각각 [ㄱ, ㄴ, ㄹ, ㅂ]으로 발음한다. 다만, '밟-'은 자음 앞에서 [밥]으로 발음한다.

오답풀이 ㉢ '넓-'은 원래는 [널]로 발음되지만 '넓죽하다[넙쭈카다], 넓둥글다[넙둥글다], 넓적하다[넙쩌카다]' 등의 경우에 [넙]으로 발음한다. 따라서 '넓죽한[넙쭈칸]'이 표준 발음이다.
㉤ 표준 발음법 제26항에 따르면 한자어에서, 'ㄹ' 받침 뒤에 연결되는 'ㄷ, ㅅ, ㅈ'은 된소리로 발음한다. '열병'은 받침 'ㄹ' 뒤에 'ㄷ, ㅅ, ㅈ'가 아니라, 'ㅂ'이므로 [열병]이 표준 발음이다.

18 **㉠ ~ ㉣에 해당하는 예를 바르게 연결한 것은?** 2019. 국가직 7급

경음화는 장애음 중 평음이 일정한 환경에서 경음으로 바뀌는 현상이다. 한국어의 대표적인 경음화 유형은 다음과 같다.
㉠ 'ㄱ, ㄷ, ㅂ' 뒤에 연결되는 평음은 경음으로 발음된다.
㉡ 비음으로 끝나는 용언 어간에 연결되는 어미의 첫소리는 경음으로 발음된다.
㉢ 관형사형 어미 '-(으)ㄹ' 뒤에 연결되는 평음은 경음으로 발음된다.
㉣ 한자어에서 'ㄹ' 뒤에 연결되는 'ㄷ, ㅅ, ㅈ'은 경음으로 발음된다.

	㉠	㉡	㉢	㉣
①	먹고	껴안더라	어찌할 바	결석
②	놓습니다	삶더라	열 군데	절정
③	받고	앉더라	발전	물동이
④	잡고	담고	갈 곳	하늘소

정답풀이 '먹고[먹꼬]'의 경우 안울림 예사소리 'ㄱ'과 뒤의 안울림 예사소리 'ㄱ'의 환경에서 'ㄱ'이 'ㄲ'으로 교체되는 ㉠의 경우가 맞다. '껴안더라[껴안떠라]'의 경우 비음으로 끝나는 용언 어간 '껴안-'에 어미 '더라'가 연결되어 어미의 첫소리가 경음으로 발음되므로 ㉡의 경우가 맞다. '어찌할 바[어찌할빠]'의 경우 관형사형 어미 '-ㄹ' 뒤에 평음 'ㅂ'이 경음 'ㅃ'이 되는 것이므로 ㉢의 경우가 맞다. '결석(缺席)'의 경우 한자어 'ㄹ' 뒤에 연결되는 평음 'ㅅ'이 경음 'ㅆ'이 되는 것이므로 ㉣의 경우가 맞다.

오답풀이 ② ㉠ '놓습니다'와 ㉢'열 군데'가 옳지 않다. '놓습니다'는 ㉠에 해당하지 않는다. '놓습니다'는 표준 발음법 제12항에 나온 "'ㅎ(ㄶ, ㅀ)' 뒤에 'ㅅ'이 결합되는 경우에는, 'ㅅ'을 [ㅆ]으로 발음한다.'가 적용된 것이기 때문이다. 또 'ㅂ' 뒤에 'ㄴ'이 와서 비음화가 일어나 [노씀니다]가 된다. '열 군데'도 ㉢에 해당하지 않는다. '열 군데'에서 '열'은 관형사형 어미가 아닌 수 관형사 '열' 이기 때문이다. 따라서 [열:군데]로 발음한다.
③ ㉢ '발전'과 ㉣ '물동이'가 옳지 않다. 발전은 ㉢에 해당하는 것이 아니라 ㉣의 예에 해당한다. '발전(發展)'은 한자어로 이루어진 단어로 '한자어에서, 'ㄹ' 받침 뒤에 연결되는 'ㄷ, ㅅ, ㅈ'은 된소리로 발음한다.'는 ㉣과 관련이 있다. ㉣ '물동이'는 고유어이므로 한자어와 관련된 ㉣에 해당하지 않는다. '표기상으로는 사이시옷이 없더라도, 관형적 기능을 지니는 사이시옷이 있어야 할(휴지가 성립되는) 합성어의 경우에는, 뒤 단어의 첫소리 'ㄱ, ㄷ, ㅂ, ㅅ, ㅈ'을 된소리로 발음한다.'는 표준 발음법 제28항에 해당하는 것일 뿐이다.
④ ㉣ '하늘소'가 옳지 않다. 하늘소는 고유어이므로 한자어와 관련된 ㉣에 해당하지 않는다. ③의 ㉣'물동이'에 대한 설명과 같다.

19 **㉠~㉣에 해당하는 예로 옳지 않은 것은?** 2021. 지방직 7급

> 「표준 발음법」 제29항
> 합성어 및 파생어에서, 앞 단어나 접두사의 끝이 자음이고 뒤 단어나 접미사의 첫음절이 '이, 야, 여, 요, 유'인 경우에는, 'ㄴ' 음을 첨가하여 [니, 냐, 녀, 뇨, 뉴]로 발음한다.
> 예 색-연필[생년필]
> • 다만, 다음과 같은 말들은 'ㄴ' 음을 첨가하여 발음하되, 표기대로 발음할 수 있다. - [㉠]
> 예 야금-야금[야금냐금 / 야그먀금]
> • [붙임 1] 'ㄹ' 받침 뒤에 첨가되는 'ㄴ' 음은 [ㄹ]로 발음한다. - [㉡]
> 예 서울-역[서울력]
> • [붙임 2] 두 단어를 이어서 한 마디로 발음하는 경우에도 이에 준한다. - [㉢]
> 예 잘 입다[잘립따]
> • 다만, 다음과 같은 단어에서는 'ㄴ(ㄹ)' 음을 첨가하여 발음하지 않는다. - [㉣]
> 예 3.1절[사밀쩔]

① ㉠: 혼합약　　② ㉡: 휘발유
③ ㉢: 열여덟　　④ ㉣: 등용문

정답풀이 '혼합약'은 '혼합(명사)+약(명사)' 구성의 합성어이다. 앞의 말이 받침(ㅂ)으로 끝나고 뒤의 말이 '이, 야, 여, 요, 유'로 시작되므로 이는 ㄴ첨가의 예에 해당된다. ㄴ첨가 이후에 'ㄴ'이 앞의 'ㅂ'을 비음으로 만드는 비음화가 일어나 [혼 : 함냑]으로 발음된다. 하지만 '혼합약'은 반드시 ㄴ첨가되는 합성어로 표기대로 발음되는 단어가 아니므로 ㉠의 예시로 적절하지 않다.

오답풀이 ② '휘발유'는 '휘발(명사)+유(명사)' 구성의 합성어이다. 앞의 말이 받침(ㄹ)으로 끝나고 뒤의 말이 '이, 야, 여, 요, 유'로 시작되므로 이는 ㄴ첨가의 예에 해당된다. 이후 'ㄹ'이 'ㄴ'을 유음화시켜 [휘발류]로 발음되므로 ㉡의 예로 적절하다.

③ '열여덟'은 '열(수사)+여덟(수사)' 구성의 합성어이다. 두 단어를 이어서 한마디로 발음하는 경우에는 'ㄴ' 첨가가 일어나므로 'ㄹ'이 뒤의 'ㄴ'을 유음화시켜 [열려덜]로 발음되므로 ㉢의 예로 적절하다. (참고로 한마디로 이어 발음하지 않고 각각 발음한다면 [여려덜]처럼 'ㄹ'을 연음하여 발음할 수도 있다.)

④ '등용문(등+용문)'도 '3.1절[사밀쩔]'처럼 'ㄴ'첨가가 일어나지 않아 [등용문]으로 발음된다. ㉣의 예로 적절하다. ('절약, 송별연'이라는 예시도 이에 해당한다)
(등용문(登龍門) : 용문(龍門)에 오른다는 뜻으로, 어려운 관문을 통과하여 크게 출세하게 됨.)

PART 05

Answer
17 ② 18 ① 19 ①

Chapter 02

표준어 규정

제6항 | 다음 단어들은 의미를 구별함이 없이, 한 가지 형태만을 표준어로 삼는다.

표준어(○)	비표준어(×)	비 고
* 빌리다	빌다	1. 빌려주다, 빌려 오다 2. '용서를 빌다'는 '빌다'임.

스물(열)-두째	순서 예 이 줄 열두째에 앉아 있다. → 수사 그녀는 스물두째 생일을 맞이하였다. → 수 관형사
스물(열)-둘째 (명사)	개수 예 이 채점 답안지는 열둘째이다. → 명사 이 과자는 스물둘째이다. → 명사

제7항 | 수컷을 이르는 접두사는 '수-'로 통일한다.

출·좋·포 17 제7항 수ㅎ, 숫, 수

제7항 | 수컷을 이르는 접두사는 '수-'로 통일한다.

1. 수ㅎ (암ㅎ) → 총 9개

❶ ______ (강아지) ❷ ______ ❸ ______ (병아리) ❹ ______ ❺ ______ ❻ ______ 쩌귀 ❼ ______ 와

2. 숫 → 총 3개

❽ ______ ❾ ______ 소 ❿ ______

3. 수 → 대부분

정답

❶ 개 ❷ 돼지 ❸ 닭 ❹ 당나귀 ❺ 것 ❻ 돌 ❼ 기 ❽ 양 ❾ 염 ❿ 쥐

제9항 | 'ㅣ' 역행 동화 현상에 의한 발음은 원칙적으로 표준 발음으로 인정하지 아니하되, 다만 다음 단어들은 그러한 동화가 적용된 형태를 표준어로 삼는다.

출좋포 18 제9항 'ㅣ'역행 동화 현상이 일어난 표준어

'ㅣ' 역행 동화 현상은 원래는 인정하지 않는다. 다만 이 단어들만은 'ㅣ' 역행 동화 현상이 적용되어야만 표준어이다.

❶ ________가 ❷ ________를 ❸ ________치고 불을 ❹ ________.

붙임 1 다음 단어는 'ㅣ' 역행 동화가 일어나지 아니한 형태를 표준어로 삼는다.

아지랑이(○) – 아지랭이(×)

붙임 2 기술자에게는 '–장이', 그 외에는 '–쟁이'가 붙는 형태를 표준어로 삼는다.

출좋포 19 제9항 붙임 1, 2 쟁이 vs 장이

붙임 1 '❺ ________'만 표준어이다.

붙임 2 손을 사용하는 기술자인 '❻ ______장이, ❼ ________장이'는 '장이'를 사용한다.

제12항 | '웃–' 및 '윗–'은 명사 '위'에 맞추어 '윗-'으로 통일한다.

다만 1. 된소리나 거센소리 앞에서는 '위–'로 한다.

다만 2. '아래, 위'의 대립이 없는 단어는 '웃–'으로 발음되는 형태를 표준어로 삼는다.

⊘ '위'와 '아래'의 대립이 없는 단어는 '웃-'의 형태를 표준어로 삼는다는 조항이다.

출좋포 20 제12항 '웃, 위/윗'

1. 웃 : '위, 아래'의 대립이 없음.
   ❽ ________에 ❾ ________가 내리면 ❿ ________들이 ⓫ ______는다.

2. 위/윗 : '위, 아래'의 대립이 있음.
   위 : '⓬ ________소리, ⓭ ______소리' 앞
   윗 : 나머지

+ 웃국 : 간장이나 술 따위를 담가서 익힌 뒤에 맨 처음에 떠낸 진한 국
+ 웃기 : 떡, 포, 과일 따위를 괸 위에 모양을 내기 위하여 얹는 재료
+ 웃돈 : 본래의 값에 덧붙이는 돈
+ 웃비 : 아직 우기(雨氣)는 있으나 좍좍 내리다가 그친 비
+ 웃옷 : 맨 겉에 입는 옷. '윗옷(상의)'은 '아래옷(하의)'의 반대임.

정답

❶ 풋내기 ❷ 냄비 ❸ 동댕이 ❹ 댕기다 ❺ 아지랑이 ❻ 미 ❼ 유기 ❽ 국기 ❾ 돈비 ❿ 어른 ⓫ 웃 ⓬ 거센 ⓭ 된

제16항 | 준말과 본말이 다 같이 널리 쓰이면서 준말의 효용이 뚜렷이 인정되는 것은 두 가지를 다 표준어로 삼는다.

'머무르다'와 같은 형태인 '짓무르다'는 준말이 없으므로 '짓물다'는 비표준어임에 유의하자.

'외우다, 외다' 모두 표준어이다.
예 영단어를 외워 보았다.(○)
영단어를 외어 보았다.(○)

본말(표준어)	준말(표준어)	비 고
*머무르다	머물다	준말에는 자음 어미만 결합 가능함. (준말에는 보통 모음 어미 결합 불가능함.)
*서두르다	서둘다	
*서투르다	서툴다	

제1절 단수 표준어

제17항 | 비슷한 발음의 몇 형태가 쓰일 경우, 그 의미에 아무런 차이가 없고, 그중 하나가 더 널리 쓰이면, 그 한 형태만을 표준어로 삼는다.

표준어(○)	비표준어(×)	비 고
*-던	-든	'-던'은 회상의 뜻을 나타내는 어미. 선택, 무관의 뜻을 나타내는 어미는 '-든'임. 가-든(지) 말-든(지), 보-든(가) 말-든(가)
*-(으)려고 -(으)려야	-(으)ㄹ려고/ -(으)ㄹ라고 -(으)ㄹ려야/ -(으)ㄹ래야	
*짓-무르다	짓-물다	

제25항 | 의미가 똑같은 형태가 몇 가지 있을 경우, 그중 어느 하나가 압도적으로 널리 쓰이면, 그 단어만을 표준어로 삼는다.

표준어(○)	비표준어(×)	비 고
*뒤져-내다+	뒤어-내다	
*버젓-이	뉘연-히	
*안절부절-못하다	안절부절-하다	

제 4 절 복수 표준어

> 제26항 | 한 가지 의미를 나타내는 형태 몇 가지가 널리 쓰이며 표준어 규정에 맞으면, 그 모두를 표준어로 삼는다.

복수 표준어(○)	비 고
*가엾다/가엽다	가엾어/가여워, 가엾은/가여운
*서럽다/섧다	'섦다'는 비표준어임. 모두 'ㅂ' 불규칙 용언이다.
*여쭈다/여쭙다	여쭈어/여쭈워
*연-달다/잇-달다/잇따르다	'잇달다'가 타동사로 쓰이는 경우에는 복수 표준어가 될 수 없다.

亦功 기출 훈련 : Ch.2 표준어 규정

▶ 레벨별 역공 기출 훈련 해설 영상은 주독야독 시즌 1(2024 7월)에서 꼭 수강해 주시기 바랍니다.

적중용 亦功 최빈출

01 밑줄 친 단어가 표준어 규정에 맞게 쓰인 것은? 2023. 국가직 9급

① 저기 보이는 게 암염소인가, 수염소인가?
② 오늘 윗층에 사시는 분이 이사를 가신대요.
③ 봄에는 여기저기에서 아지랭이가 피어오른다.
④ 그는 수업을 마치면 으레 친구들과 운동을 한다.

정답풀이 '두말할 것 없이 당연히', '틀림없이 언제나'라는 뜻이다.

오답풀이 ① 염소의 수컷은 [순념소]로 발음되기에 사이시옷을 표기한 '숫염소'가 표준어이다.
② '위층'이 표준어이다. 위, 아래의 대립이 없는 경우는 '웃-'으로 표기하지만, 그 외의 경우는 '위-'로 표기한다.
③ 주로 봄날 햇빛이 강하기 쬘 때 공기가 공중에서 아른아른 움직이는 현상은 '아지랑이'로 적는다.

02 복수 표준어에 해당하지 않는 것은? 2010. 서울시 9급

① 볕을 쬐다/쪼이다
② 나사를 죄다/조이다
③ 벌레가 꼬다/꼬이다
④ 물이 괴다/고이다
⑤ 쇠고기/소고기

정답풀이 '꼬다'와 '꼬이다'는 둘다 표준어는 맞지만 의미가 다르다는 점에서 복수 표준어라고 볼 수 없다. 복수 표준어는 의미나 어감이 같지만 '꼬이다'는 '꼬다'의 피동형이기 때문에 '꼼을 당하다'를 의미한다.
굳이 말하자면, '꾀다(○)/꼬이다(○)'가 복수 표준어이다.

03 밑줄 친 단어 중 표준어가 아닌 것은? 2018. 서울시 7급

① 잘못한 사람이 되려 큰소리를 친다.
② 너는 시험이 코앞인데 맨날 놀기만 하니?
③ 어제 일을 벌써 깡그리 잊어버렸다.
④ 영화를 보면서 눈물을 억수로 흘렸다.

정답풀이 '도리어'의 준말은 '되레'가 옳다. '예상이나 기대 또는 일반적인 생각과는 반대되거나 다르게'란 뜻이 있다.

오답풀이 ② '맨날'은 '만날'의 복수 표준어이다.
③ 부사 '깡그리'는 '하나도 남김없이'란 뜻의 표준어이다.
④ 명사 '억수'는 '물을 퍼붓듯이 세차게 내리는 비, 끊임없이 흘러내리는 눈물, 코피 따위를 비유적으로 이르는 말'을 뜻하는 표준어이다. 여기에 부사격 조사 '로'가 붙은 것이다.

04 〈보기〉에 공통적으로 적용되는 표준어 규정으로 가장 옳은 것은? 2020. 서울시 9급

〈보기〉
강낭콩, 고삿, 사글세

① 어원에서 멀어진 형태로 굳어져서 널리 쓰이는 것은, 그것을 표준어로 삼는다.
② 어원적으로 원형에 더 가까운 형태가 아직 쓰이고 있는 경우에는, 그것을 표준어로 삼는다.
③ 모음의 발음 변화를 인정하여, 발음이 바뀌어 굳어진 형태를 표준어로 삼는다.
④ 비슷한 발음의 몇 형태가 쓰일 경우, 그 의미에 아무런 차이가 없고, 그중 하나가 더 널리 쓰이면, 그 한 형태만을 표준어로 삼는다.

정답풀이 표준어 규정 제5항에 따라 답은 ①이다. 하지만 이것이 아니더라도 문제를 충분히 맞힐 수 있다. '사글세'만 보더라도 '삯+월세'에서 어간의 원형을 밝혀적지 않았음을 알 수 있다. 이는 어원에서 멀어진 형태이다. '강낭콩'과 '고삿'도 언중이 어원을 인식하지 않고 발음한 것이므로 ①에 해당한다.

오답풀이 ②의 예는 다음과 같다. '표준어 규정 제5항의 다만'에서 갈비, 갓모, 휴지(休紙)'는 변화된 형태인 '가리, 갈모, 수지' 등도 각각 쓰였으나, 본래의 형태가 더 널리 쓰이므로 '갈비, 갓모, 휴지'의 형태를 표준어로 인정하였다.
③의 예는 다음과 같다. 표준어 규정 제11항 다음 단어에서는 모음의 발음 변화를 인정하여, 발음이 바뀌어 굳어진 형태를 표준어로 삼는다.
지리-하다(×) → 지루-하다(○)
나무래다(×) → 나무라다(○)
트기(×) → 튀기(○)
④의 예는 다음과 같다. 표준어 규정 제17항 비슷한 발음의 몇 형태가 쓰일 경우, 그 의미에 아무런 차이가 없고, 그중 하나가 더 널리 쓰이면, 그 한 형태만을 표준어로 삼는다.
거둥-그리다(×) → 거든-그리다(○)
귀엣-고리(×) → 귀-고리(○)
반비아치(×) → 반빗아치(○)

05 밑줄 친 부분이 표준어가 아닌 것은?

2019. 서울시 7급

① 휴지를 함부로 버리지 <u>말아라.</u>
② 그는 <u>여직껏</u> 그 일을 모르는 척했다.
③ <u>두리뭉실하게</u> 말 돌리지 말고 사실대로 얘기해 봐.
④ 살짝 <u>주책스러운</u> 면이 있지만 인품은 훌륭한 사람이다.

정답풀이 여직껏(×) → 여태껏/입때껏(○): '여태(지금까지)'를 강조는 말로 '여태껏' 또는 '입때껏'이 있다. '여직껏'은 잘못 쓰이는 말이다.

오답풀이 ① 말아라(○): 과거 '말다'에 명령형 어미 '-아, -아라, -아요' 등이 결합할 때는 어간 끝의 'ㄹ'이 탈락하는 '하지마, 하지마라, 하지마요'만 맞는 표기였지만 2015년부터 'ㄹ'이 탈락하지 않는 경우도 표준어로 인정함에 따라 '하지 말아, 하지 말아라, 하지 말아요'도 맞는 표기가 되었다.따라서 '말아라'는 맞는 표기이다.
③ 두리뭉실하게(○): 2011년에 '두리뭉실하다'가 표준어로 인정되어 '두루뭉술하다(○)/두리뭉실하다(○)' 모두 현재 표준어이다. '말이나 태도 따위가 확실하거나 분명하지 아니하다.'의 의미이다.
④ 주책스러운(○): 2016년에 명사 '주책' 뒤에 서술격 조사 '이다'가 결합한 '주책이다'도 표준형으로 인정하였다. 마찬가지로 동일한 의미를 지니는 어근 '주책'에 접사 '-스럽다'가 결합된 어휘 '주책스럽다'도 표준어로 인정하였다. '주책없다, 주책이다, 주책스럽다' 모두 표준어이다.

06 다음 중 한글 맞춤법에 따라 바르게 표기된 것은?

2015. 서울시 9급

① 철수는 우리 반에서 키가 열둘째이다.
② 요즘 재산을 떨어먹는 사람이 많다.
③ 나는 집에 사흘 동안 머무를 예정이다.
④ 숫병아리가 내게로 다가왔다.

정답풀이 '머무르다'의 활용형 '머무를[머무르+-ㄹ]'이 쓰인 것이므로 바른 표기이다.
참고로 준말인 '머물다'인 경우에는 '머물 예정이다'로 바른 표기이다.

오답풀이 ① 열둘째(×) → 열두째(○): 순서가 12번째라는 의미로 쓰였으므로 '열두째'로 적어야 한다

순서가 12 번째가 되는 차례	열두째 예 이 줄 열두째에 앉은 애가 내 친구 순이야.
맨 앞에서부터 세어 모두 열두 개째가 됨	열둘째 예 이 채점 답안지는 열둘째이다. 이 과자는 내가 먹은 과자의 열둘째이다.

② 떨어먹는(×) → 털어먹는(○): '떨어먹다'는 '털어먹다'의 잘못된 표기이다. '털어먹다'는 '재산이나 돈을 함부로 써서 없애다.'를 의미한다.
④ 숫병아리(×) → 수평아리(○): 접미사 '수'는 중세 국어에서 'ㅎ' 종성 체언이었는데, 이것이 현대에 잔재로 남아있는 경우가 9가지가 있다. 그중에서 '수ㅎ+병아리'가 있으므로 '수평아리'가 표준어이다. 참고로 '암'도 마찬가지로 적용되므로 '암평아리'가 바른 표기이다.

수ㅎ/ 암ㅎ (9가지만 존재하므로 외워야 합니다)
수캐, 수캉아지 / 수퇘지 / 수탉, 수평아리 / 수탕나귀 / 수컷 / 수톨쩌귀 / 수키와

Answer

01 ④ 02 ③ 03 ① 04 ① 05 ② 06 ③

07 **표준어가 아닌 것은?** 2021. 군무원 7급

① 숫염소 ② 강낭콩
③ 윗어른 ④ 유기장이

정답풀이 '윗어른'이 아니라 '웃어른'이다.
'웃'이 붙는 단어들은 꼭 기억해야 한다. '위 / 아래'의 대립이 없는 경우에는 '웃'이 붙는다.
'국기 돈비 어른 옷'
'웃국 / 웃기 / 웃돈 / 웃비 / 웃어른 / 웃옷'
- 웃국 : 간장이나 술 따위를 담가서 익힌 뒤에 맨 처음에 떠낸 진한 국
- 웃기 : 떡 · 포 · 과일 따위를 괸 위에 모양을 내기 위하여 얹는 재료.
- 웃비 : 아직 우기(雨氣)는 있는데 좍좍 내리다가 그친 비.
- 웃옷 : 겉에 입는 옷 (참고로 '윗옷'도 있다. 이 경우에는 위에 입는 옷을 의미한다.)

오답풀이 ① '양, 염소, 쥐'는 '숫'이 붙는다.
② '표준어 규정 제5항 어원에서 멀어진 형태로 굳어져서 널리 쓰이는 것은, 그것을 표준어로 삼는다.'에 따라 '중국 강남에서 온 콩'이 어원에서 멀어져 '강낭콩'만 표준어가 되었다.
④ 손기술과 관련된 전문가는 '장이'가 붙는다. '고리짝을 만들어 파는 것을 업으로 하는 사람.'을 의미하므로 '유기장이'가 옳다.

08 **밑줄 친 말 중 표준어가 아닌 것은?** 2016. 기상직 9급

① 노란 곰 인형이 무척 <u>이쁘구나</u>!
② 밥이 <u>찰져서</u> 입안에서 살살 녹아.
③ 아이들이 <u>햇님</u> 얼굴을 보며 웃더란다.
④ 오 헨리의 '마지막 <u>잎새</u>'는 참 감동적이야.

정답풀이 '햇님'은 '해님'의 잘못된 표기이다. 사이시옷은 어근+어근 구성의 합성어에만 쓰일 수 있는데, '해+님'은 각각 '어근+접미사'의 파생어 구성이므로 사이시옷 표기가 불가능하다.

오답풀이 나머지는 모두 2015년 새로 인정된 복수 표준어이다.
① '예쁘다–이쁘다(추가)'
② '차지다–찰지다(추가)'
④ '잎사귀–잎새(추가)'

09 **다음 중 밑줄 친 부분의 사용이 옳은 것은?** 2017. 국회직 8급

① 이 자리를 <u>빌어서</u> 감사의 말씀을 드립니다.
② 스스로 수학의 원리를 <u>깨우치다</u>.
③ 우리 명산에는 곳곳에 사찰이 <u>깃들어</u> 있다.
④ 그런 말을 서슴없이 하다니 아주머니도 참 <u>주책이셔</u>.
⑤ 선생님이 강의를 하고 계신 <u>와중에</u> 전화벨이 울렸다.

정답풀이 '주책없다'만 표준어로 인정했지만, 2016년 말부터는 '주책이다' 또한 표준어로 인정하여 '주책이다/주책없다' 모두 표준어가 되었다.

오답풀이 ① '빌다'는 '밥을 빌어 먹다, 용서를 빌다, 성공을 빌다'로 쓰이는 단어이므로 문맥상 옳지 않다. 이 문맥에는 '어떤 일을 하기 위해 기회를 이용하다.'를 의미하는 '빌리다'를 사용하여야 한다.
② '깨우치다'는 '깨치다'에 사동접미사 '–우–'가 결합된 것으로, '깨닫게 하다.'라는 사동의 의미가 있다. 하지만 이 문맥에서는 스스로 사물의 이치를 깨닫는 것이므로 '깨치다'를 사용해야 한다.
③ '깃들어'의 기본형은 '깃들다'이다. '깃들다'는 '아늑하게 서려 들다. / 감정, 생각, 노력 따위가 어리거나 스미다.'를 의미하는 것이므로 '사찰이 깃들다'라는 말은 어색하다. 이 문장에는 '사람이나 건물 따위가 어디에 살거나 그곳에 자리 잡다.'를 의미하는 '깃들이다'를 사용하여 '사찰이 깃들여 있다.'라고 해야 한다.
⑤ '와중'은 '일이나 사건 따위가 시끄럽고 복잡하게 벌어지는 가운데'를 의미하므로 옳지 않다. 선생님이 강의를 하는 일이 시끄럽고 복잡하지는 않기 때문이다. 따라서 선생님이 강의를 하고 계시는 상황에는 '중에'를 사용해야 한다.

10 **밑줄 친 말이 표준어인 것은?** 2017. 지방직 9급(1차)

① 큰 죄를 짓고도 그는 <u>뉘연히</u> 대중 앞에 나섰다.
② 아주머니는 부엌에서 갖가지 양념을 <u>뒤어내고</u> 있었다.
③ 사업에 실패했던 원인을 이제야 <u>깨단하게</u> 되었다.
④ 그 사람은 <u>허구헌</u> 날 팔자 한탄만 한다.

정답풀이 깨단-하다「동사」【…을】: 오랫동안 생각해 내지 못하던 일 따위를 어떠한 실마리로 말미암아 깨닫거나 분명히 알다.
예 사업에 실패했던 원인을 이제야 깨단하게 되다니.

오답풀이 ① 뷔연히(×) → 버젓이(○): '버젓하다'의 어근 '버젓' +부사 파생 접미사 '이'=버젓이(부사)
「부사」「1」남의 시선을 의식하여 조심하거나 굽히는 데가 없이
예 큰 죄를 짓고도 그는 백주(白晝)에 버젓이 대중 앞에 나섰다.
「2」남의 축에 빠지지 않을 정도로 번듯하게
예 버젓이 개업한 의사가 월급쟁이 앞에서 엄살을 떨다니.
② 뒤어내고(×) → 뒤져내고(○): '뒤져내다'의 활용형
뒤져-내다「동사」【…에서 …을】: 샅샅이 뒤져서 들춰내거나 찾아내다.
예 서랍에서 돈을 뒤져내다 / 농을 뒤져 옷가지를 마구 꺼내기도 했고, 부엌에서 갖가지 양념을 뒤져내기도 했고, 작은방에서는 쌀을 마구 퍼내기도 했다.≪하근찬, 야호≫
④ 허구헌(×) → 허구한(○): '허구하다'의 활용형
허구-하다01(許久--) 「형용사」: (('허구한' 꼴로 쓰여)) 날, 세월 따위가 매우 오래다.
예 허구한 세월 / 허구한 날 팔자 한탄만 한다. / 그는 살 궁리는 안 하고 허구한 날 술만 퍼마시고 다녔다.

11 **맞춤법 사용이 올바르지 않은 것으로만 묶인 것은?**

2019. 서울시 9급

① 웃어른, 사흗날, 베갯잇
② 닐리리, 남존녀비, 혜택
③ 적잖은, 생각건대, 하마터면
④ 홑몸, 밋밋하다, 선율

정답풀이 • 닐리리(×) → 늴리리[닐리리](○): 자음을 첫소리로 가지고 있는 음절의 'ㅢ'는 'ㅣ'로 소리 나는 경우가 있더라도 'ㅢ'로 적는다.
표준 발음과 표기는 각각 음운론과 형태론의 영역이므로 분리해서 봐야 한다.
• 남존녀비(×) → 남존여비(男尊女卑)[남존녀비](○): 접두사처럼 쓰이는 한자가 붙어서 된 말이나 합성어에서, 뒷말의 첫소리가 'ㄴ' 소리로 나더라도 두음 법칙에 따라 적는다. 두음법칙은 형태 자체가 바뀌는 현상이므로 'ㄴ'을 표기해서는 안 된다.
• 헤택(×) → 혜택(惠澤)[혜:택/헤:택](○): '혜'의 'ㅖ'는 'ㅔ'로 소리 나는 경우가 있더라도 'ㅖ'로 적는다. 표준 발음과 표기는 각각 음운론과 형태론의 영역이므로 분리해서 봐야 한다.

12 **다음 〈보기〉의 밑줄 친 ㉠~㉤ 중 표준어를 모두 고르면?**

2016. 국회직 8급

〈보기〉
ㄱ. 너는 시험이 코앞인데 ㉠ <u>맨날</u> 놀기만 하니?
ㄴ. 당신은 돌아가는 상황을 잘 알면서도 ㉡ <u>딴청</u>을 붙이시는군요.
ㄷ. 아버지의 사랑방에는 밤이면 밤마다 ㉢ <u>마을꾼</u>들이 모여들었다.
ㄹ. 총소리에 그는 얼마나 급했던지 옷도 ㉣ <u>가꾸로</u> 입고 밖으로 나왔다.
ㅁ. 형은 사정없이 구둣발로 그 사람을 ㉤ <u>조져</u> 대더니 막판에는 돌멩이를 집어 들었다.

① ㉠, ㉡, ㉢
② ㉠, ㉣, ㉤
③ ㉡, ㉢, ㉣
④ ㉠, ㉡, ㉢, ㉤
⑤ ㉠, ㉡, ㉢, ㉣, ㉤

정답풀이 ㉠ '만날-맨날(추가)' 모두 2011년 새로 인정된 복수 표준어이다.
㉡ '딴죽-딴지(추가)-딴전-딴청' 모두 2014년 새로 인정된 복수 표준어이다. 모두 '이미 동의하거나 약속한 일에 대하여 딴전을 부림을 비유적으로 이르는 말.'이다. '~을 피우다'의 구성으로 잘 쓰인다.
㉢ '마을꾼-마실꾼(추가)'은 모두 2015년 새로 인정된 복수 표준어이다. 모두 '이웃에 놀러 다니는 사람'을 의미한다. '마실꾼, 마실방, 마실돌이, 밤마실'도 표준어로 인정한다. 참고로 '마실'은 놀러가다의 의미가 있을 때만 사용 가능하다.
㉣ '가꾸로 / 거꾸로'는 모두 표준어이다.
㉤ '조지다(호되게 때리다)'도 표준어이다.

Answer

07 ③ 08 ③ 09 ④ 10 ③ 11 ② 12 ⑤

적중용 赤功 중간 빈출

13 다음 밑줄 친 말 중 표준어인 것은? 2011. 지방직 9급

① 온몸에 부시럼이 나다.
② 낄낄대며 농지거리들을 주고받다.
③ 우리는 뗄레야 뗄 수 없는 사이야.
④ 그런 케케묵은 이야기는 꺼내지 마.

정답풀이 '농지거리'는 점잖지 아니하게 함부로 하는 장난이나 농담을 낮잡아 이르는 말로 옳은 표기이다.

오답풀이 ① 부시럼(×) → 부스럼(○): 피부에 나는 종기를 통틀어 이르는 말
③ 뗄레야(×) → 떼려야(○): '떼-'에 어미 '-(으)려야'가 결합된 것이므로 '떼려야 뗄 수 없다'와 같이 표현하는 것이 맞다.
④ 켸켸묵은(×) → 케케묵은(○): 모음이 단순화한 형태를 표준어로 삼은 예로 '케케묵은'이 옳은 표기이다.

14 밑줄 친 말이 표준어가 아닌 것은? 2015. 교육행정직 9급

① 그의 표정에는 웃음기가 배어 있다.
② 그는 눈물을 떨구며 길을 걷고 있다.
③ 그는 고개를 뒤로 제끼고 졸고 있었다.
④ 그는 친구를 꼬여서 함께 여행을 갔다.

정답풀이 '제끼고'가 아니라 '젖히고'로 고쳐야 한다. '제끼다'는 '제치다'의 비표준어이다. '젖히다'는 '뒤로 기울다.'라는 뜻을 가지므로 문장의 의미에 적절하다. 참고로 '제치다'는 '거치적거리지 않게 처리하다.'를 의미한다.

오답풀이 ① 배다: 스며들거나 스며 나오다.
② 떨구다: '시선을 아래로 향하다. / 고개를 아래로 숙이다.'라는 뜻으로, 비슷한 뜻의 말로 '떨어뜨리다, 떨어트리다'가 있다.
④ 꼬이다: '그럴듯한 말이나 행동으로 남을 속이거나 부추겨서 자기 생각대로 끌다.'라는 의미로, 준말로는 '꾀다'가 있다. 비슷한 의미의 '꼬시다'가 많이 쓰여 2014년 표준어로 추가하였다.

15 밑줄 친 단어 중 표준어인 것은? 2012. 국가직 9급

① 살다 보면 별 희안한 일이 다 생기지요.
② 고향에서 온 편지를 뜯어본 그의 심정은 착찹하기 이를 데 없었다.
③ 이렇게 심하게 아픈 줄 알았더라면 진즉 병원에 가 볼 것을 그랬다.
④ 그가 그처럼 흉칙스러운 생각을 가지고 있었다는 게 믿어지지 않았다.

정답풀이 '진즉(趁卽)'은 부사로 '진작'과 같은 말이다. 주로 기대나 생각대로 잘되지 않은 지나간 사실에 대하여 뉘우침이나 원망의 뜻을 나타내는 문장에 쓴다.

오답풀이 ① 희안한(×) → 희한한(○): '희한(稀罕)하다'가 기본형이다.
② 착찹하기(×) → 착잡하기(○): '착잡(錯雜)하다'가 기본형이다.
④ 흉칙스러운(×) → 흉측스러운(○): '흉측스럽다'가 기본형이다.

Answer

13 ② 14 ③ 15 ③

Chapter

03 한글 맞춤법

제 1 장 총칙

제1항 | 한글 맞춤법은 표준어를 소리대로 적되, 어법에 맞도록 함을 원칙으로 한다.

출❤좀❤포 21

제1항

1. 한글 맞춤법은 표준어를 소리대로 적되,
(= ❶ ____________이 표기에 반영됨, ❷ ____________을 밝혀 적음.)
예 수캉아지, 익명, 바느질, 씁쓸하다

2. 어법에 맞도록 함을 원칙으로 한다. (= ❸ ______을 밝혀 적음.)
예 [꽃] – 꽃이[꼬치], 꽃을[꼬츨], 꽃에[꼬체]
[꼰] – 꽃나무[꼰나무], 꽃놀이[꼰노리], 꽃망울[꼰망울]
[꼳] – 꽃과[꼳꽈], 꽃다발[꼳따발], 꽃밭[꼳빧]

제 3 장 소리에 관한 것

제 1 절 된소리

제5항 | 한 단어 안에서 뚜렷한 까닭 없이 나는 된소리는 다음 음절의 첫소리를 된소리로 적는다.

➕ 이 조항에서 '한 단어'는 '한 형태소로 이루어진 단어'를 의미하는 것으로 풀이할 수 있다. 따라서 복합어인 '눈곱[눈꼽], 발바닥[발빠닥], 잠자리[잠짜리]'와 같은 표기는 이 조항의 적용을 받지 않는다.

1. 두 모음 사이에서 나는 된소리

해쓱하다(=핼쑥하다)

다만, 'ㄱ, ㅂ' 받침 뒤에서 나는 된소리는, 같은 음절이나 비슷한 음절이 겹쳐 나는 경우가 아니면 된소리로 적지 아니한다.

국수	깍두기	딱지	색시
싹둑(~싹둑)	법석	갑자기	몹시

된소리로 나는 근거
① 안울림소리+안울림소리인 경우에는 예외 없이 된소리로 발음된다.
② 사잇소리 현상도 된소리로 발음된다.

정답
❶ 음운 변동 ❷ 표준 발음
❸ 원형

PART 05

출·좋·포 22 제5항 '예사소리'로 표기하는 경우

'❶ ________, ❷ ________' 뒤의 예사소리는 뚜렷한 까닭이 있으므로 굳이 된소리를 표기에 반영할 필요가 없다.

제13항 | 한 단어 안에서 같은 음절이나 비슷한 음절이 겹쳐 나는 부분은 같은 글자로 적는다.

똑딱똑딱	쓱싹쓱싹	씁쓸하다
딱따구리	쌉쌀하다	짭짤하다

제 3 절 두음 법칙

출·좋·포 23 두음 법칙

1 한자어 두음에 'ㄴ, ㄹ' 뒤에 'ㅣ, 반모음 ㅣ'가 오는 경우에는 탈락된다.

여자(女子)	연세(年歲)	요소(尿素)
유대(紐帶)	이토(泥土)	익명(匿名)
양심(良心)	역사(歷史)	예의(禮儀)
용궁(龍宮)	유행(流行)	이발(理髮)

2 한자어 두음에 'ㄹ' 뒤에 단모음('ㅣ' 제외)이 오는 경우에는 'ㄹ'이 'ㄴ'으로 교체된다.

낙원(樂園)	내일(來日)	노인(老人)
뇌성(雷聲)	누각(樓閣)	능묘(陵墓)

3 접두사처럼 쓰이는 한자가 붙어서 된 단어는 뒷말을 두음 법칙에 따라 적는다.

신-여성(新女性)	공-염불(空念佛)	남존-여비(男尊女卑)
역-이용(逆利用)	연-이율(年利率)	열-역학(熱力學)
내-내월(來來月)	상-노인(上老人)	중-노동(重勞動)
실-낙원(失樂園)	비-논리적(非論理的)	

4 외자인 이름, 외자가 아닌 이름 예 채윤/채륜, 하윤/하륜

5 '모난 유희열'과 '양(量) / 난(欄) / 능(陵)'

음운론적 환경	모음, 'ㄴ' 받침	열/율	예 나열, 분열, 실패율, 백분율
	'ㄴ'을 제외한 받침	렬/률	예 행렬, 직렬, 합격률, 체지방률
어휘론적 환경	고유어, 외래어	양/난/능	예 구름-양(量), 허파숨-양(量), 먹이-양(量), 벡터(vector) 양(量), 에너지(energy)-양(量), 어머니-난(欄), 가십(gossip) 난(欄), 어린이-난(欄), 아기-능(陵)
	한자어	량/란/릉	예 운행-량(運行量), 수출-량(輸出量), 공-란(空欄), 투고-란(投稿欄), 동구-릉(東九陵), 서오-릉(西五陵)

정답

❶ ㄱ ❷ ㅂ

제 5 절 접미사가 붙어서 된 말

출•좋•포 24 표음주의 표의주의에 적용되는 원칙

1 어근의 뜻이 잘 유지되는 경우 → 표의주의 (그렇지 않은 경우 → 표음주의)
예 믿음, 먹이다, 넘어지다 (표음주의: 무덤, 노름, 드러나다)

2 생산적인 접미사가 결합되는 경우 → 표의주의 (그렇지 않은 경우 → 표음주의)
예 높이, 길이, 곰배팔이 (표음주의: 지붕, 끄트머리, 마중, 마감)

3 생산적인 접미사가 결합되는 어근이 결합되는 경우 → 표의주의 (그렇지 않은 경우 → 표음주의)
예 깔쭉이, 오뚝이, 더펄이 (표음주의: 떠버리, 얼루기)

제28항 | 끝소리가 'ㄹ'인 말과 딴 말이 어울릴 적에 'ㄹ' 소리가 나지 아니하는 것은 아니 나는 대로 적는다.

다달이(달-달-이)	따님(딸-님)	마되(말-되)
마소(말-소)	무자위(물-자위)+	바느질(바늘-질)
부삽(불-삽)	부손(불-손)+	싸전(쌀-전)
여닫이(열-닫이)	우짖다(울-짖다)	화살(활-살)

+ 무자위: 물을 높은 곳으로 퍼 올리는 기계
+ 부손: 화로에 꽂아 두고 쓰는 작은 부삽

출•좋•포 25 합성어, 파생어에서의 'ㄹ' 탈락

ㄹ 받침 뒤 'ㅈ, ㄴ, ㄷ, ㅅ'

제29항 | 끝소리가 'ㄹ'인 말과 딴 말이 어울릴 적에 'ㄹ' 소리가 'ㄷ' 소리로 나는 것은 'ㄷ'으로 적는다.

반짇고리(바느질~)	사흗날(사흘~)	삼짇날(삼질~)+
섣달(설~)+	숟가락(술~)	이튿날(이틀~)
잗주름(잘~)+	푿소(풀~)+	섣부르다(설~)
잗다듬다(잘~)+	잗다랗다(잘~)+	

+ 삼짇날: 음력 삼월 초사흗날
+ 섣달: 음력으로 한 해의 맨 끝 달
+ 잗주름: 옷 따위에 잡은 잔주름
+ 푿소: 여름에 생풀만 먹고 사는 소
+ 잗다듬다: 구부러진 것을 반대로 잦히어 다듬다.
+ 잗다랗다: 꽤 잘다. / 아주 자질구레하다.

제30항 | 사이시옷은 다음과 같은 경우에 받치어 적는다.

1. 순우리말로 된 합성어로서 앞말이 모음으로 끝난 경우

(1) 뒷말의 첫소리가 된소리로 나는 것

고랫재+ 귓밥+ 나룻배 나뭇가지
머릿기름+ 댓가지 뒷갈망+ 바닷가
뱃길 모깃불 못자리 선짓국
쇳조각 아랫집 찻집 잇자국
잿더미 조갯살 쳇바퀴 킷값
핏대 햇바늘

+ 고랫재 : 방고래(방 구들장 밑으로 낸 고랑)에 모여 쌓여 있는 재
+ 귓밥(귓불) : 귓바퀴의 아래쪽으로 늘어진 살
+ 머릿기름 : 머리털에 바르는 기름
+ 뒷갈망 : 일의 뒤끝을 맡아서 처리하는 일. 뒷감당

(2) 뒷말의 첫소리 'ㄴ, ㅁ' 앞에서 'ㄴ' 소리가 덧나는 것

멧나물 아랫니 텃마당 아랫마을
뒷머리 잇몸 깻묵 냇물

(3) 뒷말의 첫소리 모음 앞에서 'ㄴㄴ' 소리가 덧나는 것

도리깻열+ 뒷윷 두렛일 뒷일
뒷입맛 베갯잇 깻잎 나뭇잎
댓잎

+ 도리깻열 : 도리깨의 한 부분. 곧고 가느다란 나뭇가지 두세 개로 만들며, 이 부분을 아래로 돌리어 곡식을 두드려 낟알을 떤다.

2. 순우리말과 한자어로 된 합성어로서 앞말이 모음으로 끝난 경우

(1) 뒷말의 첫소리가 된소리로 나는 것

귓병(-病) 푸줏간(—間) 아랫방(—房) 봇둑(洑-)+
사잣밥(使者-)+ 머릿방(-房)+ 찻종(-鍾)+ 자릿세(-貰)
전셋집(傳貰-) 찻잔(-盞) 텃세(-貰) 촛국(醋-)+
콧병(-病) 탯줄(胎-) 횟배(蛔-) 핏기(-氣)
햇수(-數) 횟가루(灰-)

+ 봇둑(洑-) : 보(흐르는 냇물을 가두어 놓은 곳)를 둘러쌓은 둑
+ 사잣밥(使者-) : 초상집에서 죽은 사람의 넋을 부를 때 저승사자에게 대접하는 밥
+ 머릿방(-房) : 안방의 뒤에 달려 있는 방
+ 찻종(-鍾) : 차를 따라 마시는 종지. 찻잔
+ 촛국(醋-) : 초를 친 냉국

(2) 뒷말의 첫소리 'ㄴ, ㅁ' 앞에서 'ㄴ' 소리가 덧나는 것

곗날(契-) 제삿날(祭祀-) 훗날(後-) 툇마루(退-)

(3) 뒷말의 첫소리 모음 앞에서 'ㄴㄴ' 소리가 덧나는 것

가욋일(加外-)+ 사삿일(私私-)+ 예삿일(例事-) 훗일(後-)

+ 가욋일(加外-) : 필요 밖의 일
+ 사삿일(私私-) : 개인의 사사로운 일

3. '한자 + 한자'임에도 사이시옷이 붙는 예외 6단어

툇간(退間) 곳간(庫間) 셋방(貰房) 찻간(車間)
횟수(回數) 숫자(數字)

출좋포 26 제30항 사이시옷의 조건

1. 적어도 하나의 (❶)
   모두 (❷)라면 사이시옷을 못 붙인다.
   예 유리잔(琉璃盞), 소주잔(燒酒盞), 맥주잔(麥酒盞), 장미과(薔薇科), 화병(火病), 포도과(葡萄科), 초점(焦點), 전세방(傳貰房), 개수(個數), 마구간(馬廐間), 수라간(水剌間), 도매금(都賣金)

   단, '한자어+한자어'임에도 사이시옷이 표기되는 예외 6가지가 있음
   예 툇간(退間), 곳간(庫間), 셋방(貰房), 찻간(車間), 횟수(回數), 숫자(數字)

2. (❸)이 일어남.
   (❸)이 일어나지 않으면 사이시옷을 못 붙인다.

✦ 사잇소리 현상은?
① ❹
② '❺ ' 덧남
③ '❻ ' 덧남
예 인사말[인사말], 머리말[머리말], 꼬리말[꼬리말], 유리잔[유리잔], 고무줄[고무줄], 초가집[초가집], 소나기밥[소나기밥]

출좋포 27 고유어가 하나 있으면 사이시옷 추가 가능성이 높아진다.

알아두면 좋을 고유어들

- 값: 절댓값[절때깝/절땐깝], 덩칫값[덩치깝/덩칟깝], 죗값[죄:깝/줼:깝]
- 길: 등굣길[등교낄/등굗낄], 혼삿길[혼사낄/혼삳낄], 고갯길[고개낄/고갣낄]
- 집: 맥줏집[맥쭈찝/맥쭏찝], 횟집[회:찝/휃:찝], 부잣집[부:자찝/부:잗찝]
- 빛: 장밋빛[장미삗/장믿삗], 보랏빛[보라삗/보랃삗], 햇빛[해삗/핻삗]
- 말: 혼잣말[혼잔말], 시쳇말[시첸말], 노랫말[노랜말]
- 국: 만둣국[만두꾹/만둗꾹], 고깃국[고기꾹/고긷꾹], 북엇국[부거꾹/부걷꾹]

PART 05

정답
❶ 고유어 ❷ 한자어
❸ 사잇소리 현상 ❹ 된소리되기
❺ ㄴ ❻ ㄴㄴ

제34항 | 모음 'ㅏ, ㅓ'로 끝난 어간에 '-아/-어, -았-/-었-'이 어울릴 적에는 준 대로 적는다.

붙임 1 'ㅐ, ㅔ' 뒤에 '-어, -었-'이 어울려 줄 적에는 준 대로 적는다.

개어 → 개　　내어 → 내　　베어 → 베
세어 → 세　　개었다 → 갰다　　내었다 → 냈다
베었다 → 벴다　　세었다 → 셌다

출·좋·포 28 제34항 붙임 1

❶ ____, ❷ ____ + ❸ ____ = '❹ ____' 탈락

붙임 2 '하여'가 한 음절로 줄어서 '해'로 될 적에는 준 대로 적는다.

하여 → 해　　더하여 → 더해　　흔하여 → 흔해
하였다 → 했다　　더하였다 → 더했다　　흔하였다 → 흔했다

출·좋·포 29 제34항 붙임 2

하+여 = ❺ ____

제35항 | 모음 'ㅗ, ㅜ'로 끝난 어간에 '-아/-어, -았-/-었-'이 어울려 'ㅘ/ㅝ, 왔/웠'으로 될 적에는 준 대로 적는다.

꼬아 → 꽈　　보아 → 봐　　쏘아 → 쏴　　두어 → 둬
쑤어 → 쒀　　주어 → 줘　　꼬았다 → 꽜다　　보았다 → 봤다
쏘았다 → 쐈다　　두었다 → 뒀다　　쑤었다 → 쒔다　　주었다 → 줬다

놓이다'의 준말 '뇌다'
'놓이어'가 줄어진 형태는 '뇌어'가 아니라 '놓여'로 적는다.

붙임 1 '놓아'가 '놔'로 줄 적에는 준 대로 적는다.

굳어진 '띄어쓰기, 띄어 쓰다, 띄어 놓다'
관용상 '뜨여쓰기, 뜨여 쓰다, 뜨여 놓다' 같은 형태가 사용되지 않는다.

붙임 2 'ㅚ' 뒤에 '-어, -었-'이 어울려 'ㅙ, 왰'으로 될 적에도 준 대로 적는다.

괴어 → 괘　　되어 → 돼　　뵈어 → 봬
쐬어 → 쐐　　괴었다 → 괬다　　되었다 → 됐다
쇠었다 → 쇘다　　쐬었다 → 쐤다　　꾀었다 → 꽸다
죄었다 → 좼다　　사뢰었다 → 사뢨다　　되뇌었다 → 되뇄다
쇠어 → 쇄　　뵈었다 → 뵀다

정답
❶ ㅔ ❷ ㅐ ❸ ㅓ ❹ ㅓ
❺ 해

출좋포 30 제35항 모음 축약

ㅚ+ㅓ = ❶ ____ (모음 축약)

• 되다 : 이렇게 만나게 돼서(← ❷ ____) 반갑다.
  뵈다 : 오랜만에 부모님을 봬서(← ❸ ____) 기뻤다.

예 2022년에 공무원이 돼요(← 되어요).
그럼 내일 함께 부모님을 ❹ ____ (← 뵈어요).
어느덧 가을이 됐다(← 되었다).
어제 부모님을 뵀다(← 뵈었다).

제38항 | 'ㅏ, ㅗ, ㅜ, ㅡ' 뒤에 '-이어'가 어울려 줄어질 적에는 준 대로 적는다.

싸이어 → 쌔어, 싸여	보이어 → 뵈어, 보여
쏘이어 → 쐬어, 쏘여	누이어 → 뉘어, 누여
뜨이어 → 띄어	*쓰이어 → 씌어, 쓰여
트이어 → 틔어, 트여	

출좋포 31 제38항 모음 축약

'-이어'가 결합되는 경우에는 ❺ ____ 도 축약이 가능하고, ❻ ____ 도 축약이 가능하다.

제40항 | 어간의 끝음절 '하'의 'ㅏ'가 줄고 'ㅎ'이 다음 음절의 첫소리와 어울려 거센소리로 될 적에는 거센소리로 적는다.

거북하지 → 거북지	생각하건대 → 생각건대
생각하다 못하여 → 생각다 못해	깨끗하지 않다 → 깨끗지 않다
넉넉하지 않다 → 넉넉지 않다	못하지 않다 → 못지않다
섭섭하지 않다 → 섭섭지 않다	익숙하지 않다 → 익숙지 않다

출좋포 32 제40항 '하'의 준말

1. 어간의 끝 음절 '하'가 ❼ ____ (ㄱ, ㄷ, ㅂ, ㅅ 등) 뒤에서 아예 탈락된다.
   예 생각하+지 않다, 답답하+지 않다 = 답답잖다
2. 어간의 끝 음절 '하'가 ❽ ____ (모음, ㄴ, ㄹ, ㅁ, ㅇ) 뒤에서 'ㅏ'만 탈락하여 자음 축약이 일어난다.
   예 편하+지 않다=편찮다, 변변하+지 않다=변변찮다
3. 단, '서슴다, 삼가다'는 '❾ ____ , ❿ ____ '로 활용된다.

정답

❶ ㅙ ❷ 되어서 ❸ 뵈어서
❹ 봬요 ❺ 앞 ❻ 뒤 ❼ 안울림소리
❽ 울림소리 ❾ 서슴지 ❿ 삼가지

제39항 | 어미 '-지' 뒤에 '않-'이 어울려 '-잖-'이 될 적과 '-하지' 뒤에 '않-'이 어울려 '-찮-'이 될 적에는 준 대로 적는다.

'-스럽-+-이'='-스레'
예 '사랑스럽-+-이'=사랑스레'
'천연스럽-+-이'='천연스레'

그렇지 않은 → 그렇잖은	적지 않은 → 적잖은
만만하지 않다 → 만만찮다	변변하지 않다 → 변변찮다
달갑지 않다 → 달갑잖다	마뜩잖다 → 마뜩하지 않다
오죽하지 않다 → 오죽잖다	당찮다 → 당하지 않다
*시답잖다 → 시답지 않다	편찮다 → 편하지 않다

출•좋•포 33 제39항 '잖, 찮'

'잖', '찮'은 반드시 '❶ ______', '❷ ______'으로 표기해야 한다.

제51항 | 부사의 끝음절이 분명히 '이'로만 나는 것은 '-이'로 적고, '히'로만 나거나 '이'나 '히'로 나는 것은 '-히'로 적는다.

'이'로 적는 것 암기팁
: 형부첩ㅅㅂㄱ

출•좋•포 34 제51항 '이'와 '히'의 구별

1. '이'로 적는 것

① ❸ ______ 뒤 : 같이, 높이, 많이, 실없이, 헛되이 등
② ❹ ______ 뒤(제25항 2 참조) : 곰곰이, 더욱이, 일찍이, 오뚝이 등
③ ❺ ______ 명사 뒤 : 일일이, 집집이, 번번이, 푼푼이, 낱낱이, 곳곳이, 샅샅이 등
④ ❻ ' ______ ' 받침 뒤 : 깨끗이, 버젓이, 번듯이, 지긋이 등
⑤ ❼ ' ______ ' 불규칙 용언의 어간 뒤 : 가벼이, 괴로이, 기꺼이, 쉬이, 너그러이 등
⑥ ❽ ' ______ ' 뒤 : 나지막이, 느지막이, 깊숙이

2. '히'로 적는 것

① **'-하다'가 붙는 어근 뒤(단, 'ㅅ' 받침 제외) :**
꼼꼼히(꼼꼼하다), 급급히(급급하다), 푼푼히(푼푼하다), 번번히(번번하다), 간편히(간편하다), 고요히(고요하다)

② **나머지**
익히(← 익숙히), 특히(← 특별히), ❾ ______, ❿ ______

제53항 | 다음과 같은 어미는 예사소리로 적는다.

다만, 의문을 나타내는 다음 어미들은 된소리로 적는다.

-(으)ㄹ까	-(으)ㄹ꼬?	-(스)ㅂ니까?
-(으)리까?	-(으)ㄹ쏘냐?	

정답
❶ 잖 ❷ 찮 ❸ 형용사 ❹ 부사 ❺ 첩어 ❻ ㅅ ❼ ㅂ ❽ ㄱ ❾ 딱히 ❿ 작히

제56항 | '-더라, -던'과 '-든지'는 다음과 같이 적는다.

1. 지난 일을 나타내는 어미는 '-더라, -던'으로 적는다.

지난겨울은 몹시 춥더라.
깊던 물이 얕아졌다.
그렇게 좋던가?
그 사람 말 잘하던데!
얼마나 놀랐던지 몰라.

2. 선택의 뜻을 나타내는 조사와 어미는 '-든지'로 적는다.

배든지 사과든지 마음대로 먹어라.
가든지 오든지 마음대로 해라.

출좋포 35 제56항 과거의 '-던' VS 선택의 '-든'

1. ❶ ________의 의미 : -던

예 오랜만에 만났더니 반갑더라. / 선생님도 이젠 늙으셨더구나.
그림을 잘 그렸던데 여기에 걸자. / 선생님은 교실에 계시던걸.

2. ❷ ________의 의미 : -든

예 사과를 먹든지 감을 먹든지 하렴. / 가든(지) 말든(지) 상관없다.

출좋포 36 제56항 주의해야 할 어미

-ㄹ는지 (-ㄹ런지 ×)	예 그 사람이 과연 올는지(올런지×). / 자네도 같이 떠날는지.(떠날런지×)
-려 (-ㄹ려 ×)	예 편지를 쓰려면(쓸려면×) 서둘러야 한다. 떼려야(뗄레야×) 뗄 수 없다. 시험에 붙으려나(붙을려나×) 모르겠어요. 내가 그 음식을 만들려고(○) 한다.
-느냐/-으냐 /-냐	• '-느냐'는 동사 어간 뒤에, '-으냐'는 형용사 어간 뒤에 쓰인다. 예 어디에 가느냐? / 방이 넓으냐? • '-냐'는 현대 국어에서 '-느냐, -으냐'와 달리 주로 구어에서 '이다' 및 모든 용언에 결합할 수 있다. 예 그렇게 좋냐(좋으냐○)?

정답
❶ 과거 ❷ 선택

레벨별 亦功 기출 훈련 : Ch.3 한글 맞춤법

▶ 레벨별 역공 기출 훈련 해설 영상은 주독야독 시즌 1(2024 7월)에서 꼭 수강해 주시기 바랍니다.

적중용 亦功 최빈출

01 밑줄 친 단어의 쓰임이 올바르지 않은 것은? 2023. 지방직 9급

① 이 일은 정말 힘에 부치는 일이다.
② 그와 나는 전부터 알음이 있던 사이였다.
③ 대문 앞에 서 있는데 대문이 저절로 닫혔다.
④ 경기장에는 걷잡아서 천 명이 넘게 온 듯하다.

정답풀이 • 걷잡다 : 한 방향으로 치우쳐 흘러가는 형세 따위를 붙들어 잡다.
• 어림잡다 : 대강 짐작으로 헤아려 보다.

오답풀이 ① 부치다 : 모자라거나 미치지 못하다.
② 알음 : 사람끼리 서로 아는 일
③ 닫히다 : 열린 문짝, 뚜껑, 서랍 따위가 도로 제자리로 가 막히다. '닫다'의 피동사

02 다음의 단어를 사전에 수록된 순서대로 바르게 나열한 것은? 2011. 국가직 7급

우엉	왜가리	위상	웬만하다

① 왜가리 – 우엉 – 웬만하다 – 위상
② 우엉 – 위상 – 왜가리 – 웬만하다
③ 우엉 – 왜가리 – 웬만하다 – 위상
④ 왜가리 – 우엉 – 위상 – 웬만하다

정답풀이 자음이 아닌 모음으로 시작하는 말들이므로 모음의 순서에 유의하여 파악해야 한다. 모음을 순서대로 배열하면 'ㅏ ㅐ ㅑ ㅒ ㅓ ㅔ ㅕ ㅖ ㅗ ㅘ ㅙ ㅚ ㅛ ㅜ ㅝ ㅞ ㅟ ㅠ ㅡ ㅢ ㅣ'이다. 이에 따라 배열하면, '(ㅙ)왜가리 – (ㅜ)우엉 – (ㅞ)웬만하다 – (ㅟ)위상'이 바른 순서이다.

03 밑줄 친 부분이 어문 규정에 맞는 것은? 2017. 국가직 9급(1차)

① 병이 씻은 듯이 낳았다.
② 넉넉치 못한 선물이나 받아 주세요.
③ 그는 자물쇠로 책상 서랍을 잠갔다.
④ 옷가지를 이여서 밧줄처럼 만들었다.

정답풀이 '잠그+았다'에서 'ㅡ'가 탈락되어 '잠갔다'가 된 것이므로 어문 규정에 맞다.

오답풀이 ① '나았다'가 옳다. 기본형 '낫다'로, 모음 어미가 결합할 때, 'ㅅ'이 탈락하는 불규칙 활용이다.
② '넉넉지'가 옳다. '하' 앞에 받침소리로 [ㄱ, ㄷ, ㅂ] 이 오면 '하'가 아예 탈락되기 때문이다.
반대로 '하' 앞에 받침소리로 울림소리가 오면 'ㅎ'이 남아 뒤의 예사소리와 함께 축약되어 거센소리가 된다.
예 만만하지(만만치)
④ '이어서'가 옳다. 기본형은 '잇다'로, 모음 어미가 결합할 때, 'ㅅ'이 탈락하는 불규칙 활용이다. '잇+어서'가 '이어서'가 된다.

04 다음 중 '[발음]–표기'가 잘못 연결된 것은? 2014. 국회직 9급

① [눈꼽] – 눈곱
② [법썩] – 법석
③ [싹뚝] – 싹뚝
④ [잔뜩] – 잔뜩
⑤ [멀쩡] – 멀쩡

정답풀이 'ㄱ, ㅂ' 받침 뒤의 예사소리가 된소리로 발음되는 경우에는 자연스럽게 발음에서 된소리되기가 일어나므로 굳이 된소리로 표기할 필요가 없다. 따라서 '싹둑'은 [싹뚝]으로 발음되지만 표기는 된소리로 적지 아니한다.

오답풀이 ① '눈곱'은 '눈'과 '곱'이 결합된 말로 합성어이므로 울림소리 뒤의 예사소리는 된소리로 발음된다. 이는 사잇소리 현상이 일어난 것이다.
② 안울림소리와 안울림소리가 만나면 100% 된소리가 일어난다. 따라서 법의 'ㅂ'과 '석'의 'ㅅ'이 만나 [법썩]으로 발음된다. 'ㄱ, ㅂ' 받침 뒤의 예사소리가 된소리로 발음되는 경우에는 자연스럽게 발음에서 된소리되기가 일어나므로 굳이 된소리로 표기할 필요가 없다. 따라서 '법석'으로 표기는 된소리로 적지 아니한다.
④⑤ 한 단어 안에서 뚜렷한 까닭 없이 나는 된소리이므로 다음 음절의 첫소리를 된소리로 적어야 한다.

05 **밑줄 친 부분이 맞춤법에 맞지 않는 것은?**

2015. 국가직 9급

① 하나에 백 원씩 처주마.
② 여름이 되니 몸이 축축 처지네.
③ 아궁이에서 쓰레기를 처대고 있지.
④ 오는 길에 처박힌 자전거를 보았어.

정답풀이 '처주다'는 사전에 등재되지 않은 비표준어이다. ①에는 '셈을 맞추어 주다.'를 의미하는 '쳐주다'가 와야 하므로 '쳐주마'가 옳은 표기이다.

오답풀이 ② 처지다 : 감정 혹은 기분 따위가 바닥으로 잠겨 가라앉다.
③ 처대다 : 함부로 불에 대어서 살라 버리다.
④ 처박히다 : '처박다(마구 쑤셔 넣거나 푹 밀어 넣다.)'의 피동사
✓ '처지다, 처대다, 처박히다'에서 '처-'는 '마구' 또는 '많이'의 뜻을 더하는 접두사이다.

06 **밑줄 친 부분의 표기가 올바른 것은?**

2016. 기상직 9급

① 나의 소원은 조선의 독립이오.
② 앞으로는 일찍 와 주길 바래.
③ 오던가 말던가 네가 알아서 해라.
④ 종이비행기가 생각보다 잘 날라가서 놀랐어.

정답풀이 '하오체'의 종결형 어미 '-오'는 한글 맞춤법 제15항에 따라 '요'로 소리 나는 경우가 있더라도 그 원형을 밝혀 '오'로 적어야 하므로 '독립이오'는 옳다.

오답풀이 ② '바라-(어간)+-아(종결 어미)'이므로 '바래'가 아니라 '바라'가 옳다. '바래다'는 '볕이나 습기를 받아 색이 변하다.'를 의미하는 단어로 '바라다'와는 의미 자체가 아주 다르므로 표기에 유의해야 한다.
③ '-던가'는 과거의 사실에 대한 물음을 나타내는 종결 어미이므로 옳지 않다. 이 문장에서는 선택을 나타내는 종결 어미 '-든가'가 적절하므로 '오든가 말든가'로 고쳐야 한다.
④ '날-(동사 어간)'에 어미 '-라-'가 아니라 '-아-'가 결합되는 것이므로 '날아가서'가 옳다.

07 **다음은 사이시옷 규정의 일부이다. 이 조건에 부합하지 않는 것은?**

2018. 지방직 7급

> • 순우리말로 된 합성어로서 앞말이 모음으로 끝난 경우
> [1] 뒷말의 첫소리가 된소리로 나는 것
> [2] 뒷말의 첫소리 'ㄴ, ㅁ' 앞에서 'ㄴ' 소리가 덧나는 것
> [3] 뒷말의 첫소리 모음 앞에서 'ㄴㄴ' 소리가 덧나는 것
>
> • 순우리말과 한자어로 된 합성어로서 앞말이 모음으로 끝난 경우
> [1] 뒷말의 첫소리가 된소리로 나는 것
> [2] 뒷말의 첫소리 'ㄴ, ㅁ' 앞에서 'ㄴ' 소리가 덧나는 것
> [3] 뒷말의 첫소리 모음 앞에서 'ㄴㄴ' 소리가 덧나는 것

① 냇가 ② 윗옷
③ 훗날 ④ 예삿일

정답풀이 '윗옷'은 [윗옷 → (음절의 끝소리 규칙, 연음) → 위돋]으로 발음이 된다. 뒷말의 첫소리가 된소리로 나지도, 'ㄴ'소리나 'ㄴㄴ'소리가 덧나지도 않는다. 따라서 보기의 조건에 부합하지 않는 것이다.
〈한글 맞춤법〉 제30항의 조건에 부합하려면 '옷'이 모음으로 시작하는 어휘이므로, 뒷말의 첫소리 모음 앞에서 'ㄴㄴ' 소리가 덧나는 것이 맞지만, 실제 표준 발음은 그렇지 않다. 이전에는 구분하지 않았던 '웃-/윗-'을 의미와 발음에 따라 '윗-'으로 통일하여 표기한다는 표준어 규정을 보여 주는 예로 이해할 수 있다.

오답풀이 ① 냇가 : '냇물의 가장자리'를 이르는 '냇가'의 발음은 '[내:까]/[낻:까]'이다. 이는 "순우리말로 된 합성어로서 앞말이 모음으로 끝난 경우 [1] 뒷말의 첫소리가 된소리로 나는 것"에 해당한다. 한편 〈표준 발음법〉 제30항에서는 "ㄱ, ㄷ, ㅂ, ㅅ, ㅈ"으로 시작하는 단어 앞에 사이시옷이 올 때에는 이들 자음만을 된소리로 발음하는 것을 원칙으로 하되, 사이시옷을 [ㄷ]으로 발음하는 것도 허용하고 있다. 이에 따라 '냇가'는 [내:까]로 발음함이 원칙이며, [낻:까]로 발음하는 것도 허용한다.
③ 훗날 : '훗날'은 한자어 '후(後)'와 순우리말 '날'이 결합하여 만들어진 합성어로서 실제 발음은 '[훈:날]'이다. 이는 제시된 조건 중 "순우리말과 한자어로 된 합성어로서 앞말이 모음으로 끝난 경우 [2] 뒷말의 첫소리 'ㄴ, ㅁ' 앞에서 'ㄴ' 소리가 덧나는 것"에 해당한다.
④ 예삿일 : '예삿일'은 한자어 '예사(例事)'와 순우리말 '일'이 결합하여 만들어진 합성어로서 실제 발음은 '[예:산닐]'이다. 이는 "순우리말과 한자어로 된 합성어로서 앞말이 모음으로 끝난 경우 [3] 뒷말의 첫소리 모음 앞에서 'ㄴㄴ' 소리가 덧나는 것"에 해당한다.

01 ④ 02 ① 03 ③ 04 ③ 05 ① 06 ① 07 ②

PART 05

08 밑줄 친 부분이 한글 맞춤법에 맞는 것은?

2014. 지방직 7급

① 그는 발을 헛디뎌 하마트면 넘어질 뻔했다.
② 생각컨대 우두머리가 존재하지 않은 사회는 한 번도 없었다.
③ 아뭇튼 아버지에 대한 직접적인 기억은 하나도 남아 있지 않다.
④ 언니는 식구 중에 제일 먼저 일어나 마당 청소를 할 정도로 부지런타.

정답풀이 한글 맞춤법 제40항 [붙임 2]의 규정에서 '하' 앞에 울림소리가 있는 경우에는 'ㅏ'만 줄어든다. 따라서 '부지런ㅎ+다'가 결합되어 거센소리되기로 인해 '부지런타'가 된 것이므로 이는 맞춤법에 맞는 표기이다. '부지런타'는 '부지런하다'의 준말로서 맞게 쓰였다.

오답풀이 ① 하마트면(×) → 하마터면(○)
② 생각컨대(×) → 생각건대(○)
③ 아뭇튼(×) → 아무튼(○)

09 밑줄 친 말을 잘못 고친 것은?

2013. 국가직 9급

① 그는 굉장한 사업 수단으로 재산을 빠른 속도로 늘렸다. → 늘였다
② 좀 전에 제시한 것으로 의견 표명을 가름하겠습니다. → 갈음
③ 이 사건은 의협과 용기로서 대처해야 한다. → 로써
④ 나에 대한 너의 판단은 달랐어. → 틀렸어

정답풀이 '늘이다'는 '본디보다 더 길게 하다.'를 의미한다. 주로 물리적인 길이를 길게 할 때 쓰인다. '고무줄을 늘이다. / 엿가락을 늘이다.'처럼 쓴다. 그러나 '늘리다'는 '늘다'의 사동사로서 '물체의 길이나 넓이, 부피 따위가 본디보다 커지다. / 살림이 넉넉해지다.' 등의 의미를 나타낸다. '재산'의 경우는 살림이 넉넉해지는 경우에 속하므로 '늘리다'를 써야 옳다.

오답풀이 ② 가름: 쪼개거나 나누어 따로따로 되게 하는 일 / 승부나 등수 따위를 정하는 일
갈음: 다른 것으로 바꾸어 대신함.
③ 로서: 지위나 신분 또는 자격을 나타내는 격 조사
로써: 어떤 일의 수단이나 도구를 나타내는 격 조사
④ 다르다: 비교가 되는 두 대상이 서로 같지 아니하다. / 보통의 것보다 두드러진 데가 있다.
틀리다: 셈이나 사실 따위가 그르게 되거나 어긋나다.

10 밑줄 친 말이 어법에 맞는 것은?

2017. 지방직 9급

① 바닷물이 퍼레서 무서운 느낌이 든다.
② 또아리 튼 뱀은 쳐다보지 마라.
③ 머릿말에 쓸 내용을 생각해 둬라.
④ 문을 잘 잠궈야 한다.

정답풀이 '퍼레서'는 기본형 '퍼렇다'가 활용한 모양이다. '퍼렇다'에 모음 조화에 따라 모음 어미 '어'가 오면 '퍼레'로 활용된다. 이는 어간과 어미가 함께 변하는 'ㅎ' 불규칙 활용이다.

오답풀이 ② 또아리(×) → 똬리(○): '준말이 널리 쓰이고 본말이 잘 쓰이지 않는 경우에는, 준말만을 표준어로 삼는다.'는 표준어 규정 제14항에서 '똬리'만을 표준어로 인정한다.
③ 머릿말(×) → 머리말(○): 한글 맞춤법 제30항에서 '머리말'은 소리의 ㄴ 첨가가 일어나지 않고 [머리말]로 발음되기 때문에 사이시옷을 받쳐 적지 않는다. 이와 비슷한 단어로 '꼬리말, 인사말, 소개말, 흉내말, 농사일' 등이 있다.
④ 잠궈야(×) → 잠가야(○): 동사 '잠그다'는 모음 어미와 결합할 때 'ㅡ'가 탈락되는 규칙 활용이므로 '잠가야'로 적는 것이 옳은 표기이다.

11 밑줄 친 어휘의 표기가 옳은 것은?

2017. 지방직 7급

① 달걀 파동으로 먹거리에 대한 관심이 높아졌다.
② 식당에서 깎두기를 더 주문했다.
③ 손님은 종업원에게 당장 주인을 불러오라고 닥달하였다.
④ 작은 문 옆에 차가 드나들 수 있을 만큼 넓다란 길이 났다.

정답풀이 2011년에 '먹거리'는 '사람이 살아가기 위하여 먹는 온갖 것'이란 의미로 '먹을거리'와 함께 복수 표준어로 등재되었다.

오답풀이 ② '깍두기'는 '깍둑거리다(조금 단단한 물건을 크고 작게 대중없이 자꾸 썰다.)'의 어근 '깍둑-'에 명사 파생 접사 '-이'가 결합된 파생어이다. 어근의 본뜻이 인식되지 않으므로 소리나는 대로 '깍두기'라 표기한다.
③ '닦달하다'가 맞다.
④ '널따란'이 맞다. '널따랗다, 짤막하다, 얄찍하다'와 같은 단어들은 어원적으로 'ㄼ'으로 끝나는 '넓-, 짧-, 얇-'과 관련을 맺지만 겹받침을 표기하지 않고 종성의 발음을 표기에 그대로 반영했기 때문에 표기대로 발음하면 된다.

12 밑줄 친 부분의 맞춤법이 가장 옳지 않은 것은?

2020. 서울시 9급

① 남에게 존경 받는 사람이 돼라는 아버지의 유언
② 존경 받는 사람이 되었다.
③ 남에게 존경 받는 사람이 돼라.
④ 존경 받는 사람이 되고 있다.

정답풀이 돼라는(×) → 되라는(○): 동사 어간 '되-'에 간접 인용의 명령형 어미 '-라'가 붙기 때문에 '되라는'이 맞다. 직접 인용의 명령형 어미는 '-어라'가 있는데 이 문장에서는 아버지의 말을 간접적으로 인용하는 것이기 때문에 '-어라'가 붙지 못한다.

오답풀이 ② 되었다[되+었+다](○)
③ 돼라[되+어라] (○): '-어라'는 해라체의 명령형 어미로, '돼라'는 모음 축약을 보여 준다. 한글 맞춤법 제35항을 보면, 모음 'ㅗ, ㅜ'로 끝난 어간에 '-아/-어, -았-/-었-'이 어울려 'ㅘ/ㅝ, ㅘㅆ/ㅝㅆ'으로 될 적에는 준 대로 적는다.
④ 되고[되+고] (○): 동작상으로 볼 때 '진행'의 의미를 지닌다.

13 밑줄 친 부분이 바르게 쓰이지 않은 것은?

2021. 지방직 9급

① 바쁘다더니 여긴 웬일이야?
② 결혼식이 몇 월 몇 일이야?
③ 굳은살이 박인 오빠 손을 보니 안쓰럽다.
④ 그는 주말이면 으레 친구들과 야구를 한다.

정답풀이 '몇 일'이라고 쓰이는 경우는 아예 없다. '며칠'만 표준어임을 기억해야 한다. '며칠'은 하나의 단어로서 명사로 쓰인다.

오답풀이 ① '웬일'이란 '어떻게 된 일'이라는 뜻으로 쓰이는 명사이므로 옳다. '왠일'이라는 표현은 옳지 않음을 주의해야 한다.
⊙ 웬: 어떠한. 어찌 된.
예 웬일, 웬만큼, 웬만치, 웬만하다, 웬간하다('웬만하다'의 잘못. '엔간하다'라는 말은 존재한다.)
⊙ 왠지: '왜 그런지 모르게'의 준말
③ '굳은살이 박이다'는 옳은 표현이다. '박이다'란 '「2」 손바닥, 발바닥 따위에 굳은살이 생기다.'를 의미한다. '굳은살이 박히다, 배기다'라는 표현은 옳지 않음을 주의해야 한다.
⊙ 박히다: 박음을 당하다.
예 벽에 박힌 못, 그 인상이 강하게 뇌리에 박혔다. 물방울 무늬가 점점이 박혀 있다.
⊙ '배기다 01' = 몸에 단단한 것이 받치는 힘을 느끼게 되다.
예 엉덩이가 배기다.
⊙ '배기다 02' = 참기 어려운 일을 잘 참고 견디다.
예 그 등쌀에 배겨 낼 수가 없소.
④ '으레'는 옳은 표현이다. '표준어 규정 제10항 다음 단어는 모음이 단순화한 형태를 표준어로 삼는다'라는 조항에 의해 '으례'가 아닌 '으레'를 표준어로 삼는다. '으레'는 '두말할 것 없이. 당연히.'를 의미한다.

14 밑줄 친 부분이 어법상 적절하지 않은 것은?

2020. 국가직 7급

① 그토록 찾던 그 친구를 오늘 우연찮게 길에서 만났다.
② 당시 변변한 직업이 없던 그는 어디든 취업하길 바랐다.
③ 칠칠치 못하게 그 중요한 문서를 아무 데나 흘리고 다니느냐.
④ 친구가 그렇게 안절부절하는 모습을 보니 나까지 불안한 마음이 들었다.

정답풀이 표준어 규정 제25항의 예시에서 '안절부절못하다'만 표준어로 제시하고 있다. '마음이 초조하고 불안하여 어찌할 바를 모르는 모양'이라는 뜻의 부사 '안절부절'에서 나온 말로서, '안절부절하다'는 표준어가 아니다!

오답풀이 ① 한글 맞춤법 제39항에서는 '-지 않-', '-치 않-'이 한 개 음절로 줄어지는 경우는 모두 무조건 '잖, 찮'으로 적어야 한다고 했다.
② 형용사 '변변하다'는 '됨됨이나 생김새가 흠이 없고 어지간하다.', '지체나 살림살이가 남보다 떨어지지 아니하다.'는 긍정적인 의미로 쓰인다. 따라서 뒤의 '없던'과 결합하여 사용하면 문맥상 자연스러우므로 '변변한'을 쓰는 것이 옳다. 반면 형용사 '변변찮다'는 '됨됨이나 생김새가 흠이 있다.'는 뜻으로 이 문맥에는 어울리지 않는다.
③ '칠칠하다'는 '성질이나 일 처리가 반듯하고 야무지다.'는 긍정적인 의미이다. 따라서 부정적인 의미로 사용할 때는 '칠칠하지 못하다', '칠칠하지 않다', '칠칠맞지 못하게'로 쓰면 된다. '칠칠하게'나 '칠칠맞게'는 '야무지게'라는 긍정적인 의미이므로 부정적인 의미로 쓰고 싶을 땐 반드시 '못하다, 않다'와 함께 써 줘야 한다.

Answer

08 ④ 09 ① 10 ① 11 ① 12 ① 13 ② 14 ④

PART 05

15 **다음 밑줄 친 부분 중 한글 맞춤법에 따라 바르게 표기된 것은?**

2017. 서울시 9급

① 방학 동안 몸이 부는 바람에 작년에 산 옷이 맞지 않았다.
② 넉넉치 않은 형편에도 불구하고 도움을 주셔서 감사합니다.
③ 오늘 뒤풀이는 길 건너에 있는 맥줏집에서 하도록 하겠 습니다.
④ 한문을 한글로 풀이한 이 책은 중세 국어의 자료로써 가치가 있다.

정답풀이 '뒤풀이'는 명사 '뒤' 이후에 나오는 '풀이'가 이미 거센소리로 시작되기 때문에 사이시옷이 오지 못한다. 결합하는 뒤 단어의 첫소리가 된소리나 거센소리일 때에는 사이시옷을 적지 않는다. (뒤풀이, 뒤끝, 붕어빵 등)
'맥줏집'은 '한자어[맥주(麥酒)+순우리말(집)]' 구성의 합성어이다. 이는 사이시옷 표기 조건을 잘 만족시킨다. 즉 고유어(순우리말)가 있으며 앞말이 모음으로 끝나고 뒤 단어의 초성이 '집[찝]'으로 된소리 발음이 나므로 사이시옷을 표기하는 것이다.

오답풀이 ① 부는(×) → 붇는(○): 문맥상 '살이 쪘다'는 의미이므로 기본형은 '분량이나 수효가 많아지다.'라는 의미를 가진 '붇다'이다. 따라서 '몸이 붇는 바람에'와 같이 표기해야 한다. 밑줄 친 부분은 '불다'를 기본형으로 잡아서 '부는'이 된 것인데, '불다'는 '바람이 일어나다, 입술을 오므리고 입김을 내어 보내다.'의 의미이므로 적절하지 않다.
② 넉넉치(×) → 넉넉지(○): 한글 맞춤법 제40항에 따르면, 어간의 끝음절 '하'의 앞의 소리가 안울림소리면 '하'가 탈락된다. 따라서 '넉넉지 않다'가 맞다. 이외에 '생각지 않다, 익숙하지 않다, 못지 않다, 섭섭지 않다'도 같은 사례이다.
④ 자료로써(×) → 자료로서(○): 지위나 신분 또는 자격을 나타내는 격 조사인 '로서'를 쓰는 것이 적절하다. '로써'는 '어떤 물건의 재료나 원료를 나타내는 격 조사, 어떤 일의 수단이나 도구를 나타내는 격 조사, 시간을 셈할 때 셈에 넣는 한계를 나타내거나 어떤 일의 기준이 되는 시간임을 나타내는 격 조사'의 의미를 갖는다.

16 **밑줄 친 부분이 바르게 쓰이지 않은 것은?**

2020. 국가직 9급

① 지금쯤 골아떨어졌겠지?
② 그 친구, 생각이 깊던데 책깨나 읽었겠어.
③ 갖은 곤욕과 모멸과 박대는 각오한 바이다.
④ 김 과장은 그러고 나서 서류를 보완해 달라고 했다.

정답풀이 '곯아떨어지다'가 맞다.
곯아떨어지다: 몹시 곤하거나 술에 취하여 정신을 잃고 자다.
예 술에 곯아떨어지다.

오답풀이 ② 명사 '책' 뒤에 붙었으므로 조사 '깨나'를 쓰는 것이 옳다. '깨나'는 '어느 정도 이상의 뜻'을 나타내는 보조사이다.
③ '심한 모욕, 또는 참기 힘든 일'의 '곤욕'이 옳다. '곤욕'과 비슷한 단어로, '곤혹'은 '곤란한 일을 당하여 어찌할 바를 모름.'의 의미로 쓰인다. 곤혹은 '곤란한 일' 정도이다. 예를 들어, '예기치 못한 질문에 곤혹을 느끼다.'로 쓰인다.
④ 동사 '그러다'에 보조 용언 '나다'가 결합된 것이므로 '그러고 나서'와 같이 적는 것이 옳다. '그리고 나서'는 아예 옳지 않은 표현이다. '그리고'는 문장 접속 부사로, 보조 용언과 결합될 수 없다.

17 **한자어의 사이시옷 표기가 옳지 않은 것은?**

2021. 의무소방원

① 갯수(個數)
② 곳간(庫間)
③ 횟수(回數)
④ 셋방(貰房)

정답풀이 갯수(個數) → 개수(個數): 보통의 한자어는 '[개:쑤]'처럼 사잇소리 현상이 나더라도 사이시옷을 적을 수 없다.

오답풀이 '퇴! 고세 차 회수'로 외우면 된다.
'툇간(退間), 곳간, 셋방, 찻간, 횟수, 숫자'만 유일하게 한자어임에도 사이시옷을 적는 예외이다.

18 다음 규정에 근거할 때 옳지 않은 것은? 2022. 국가직 9급

> 한글 맞춤법 제30항
> 사이시옷은 다음과 같은 경우에 받치어 적는다.
> (가) 순우리말로 된 합성어로서 앞말이 모음으로 끝나면서 뒷말의 첫소리가 된소리로 나는 것
> (나) 순우리말과 한자어로 된 합성어로서 앞말이 모음으로 끝나면서 뒷말의 첫소리가 된소리로 나는 것

① (가)에 따라 '아래 + 집'은 '아랫집'으로 적는다.
② (가)에 따라 '쇠 + 조각'은 '쇳조각'으로 적는다.
③ (나)에 따라 '전세 + 방'은 '전셋방'으로 적는다.
④ (나)에 따라 '자리 + 세'는 '자릿세'로 적는다.

정답풀이 '전세'와 '방'은 모두 한자어이므로 아예 사이시옷을 적을 수 없다.

오답풀이 ① [아래찝/아랟찝]으로 사잇소리 현상이 일어나며, '아래, 집' 모두 순우리말이므로 (가)에 해당된다.
② [쇠쪼각/쉗쪼각]으로 사잇소리 현상이 일어나며, '쇠, 조각' 모두 순우리말이므로 (가)에 해당된다.
④ [자리쎄/자릳쎄]로 사잇소리 현상이 일어나며, '자리'는 순우리말, '세(貰)'는 한자어이므로 (나)에 해당된다.

19 다음 중 '한글 맞춤법'에 맞는 문장은? 2016. 서울시 7급

① 인삿말을 쓰느라 밤을 새웠다.
② 담뱃값 인상으로 흡연률이 줄고 있다.
③ 생각치도 않은 반응 때문에 적잖이 놀랐다.
④ 무슨 일을 하든지 최선을 다해야 한다.

정답풀이 연결 어미 '-든'은 '선택의 의미'를 가지므로 '무슨 일을 하든지'는 적절하다. 어떤 일이 과거에 일어났다는 의미를 지닌 '-던'과 잘 구별해야 한다.

오답풀이 ① 인삿말(×) → 인사말(○) : '인사말'의 표준 발음은 [인사말]이므로 'ㄴ'소리가 나지 않는다. 이는 사이시옷의 음운론적 조건에 부합하지 않는다. 사이시옷이 첨가되려면 현실 발음에서 'ㄴ'이 첨가된 채로 발음되어야 한다.
② 흡연률(×) → 흡연율(○): 모음이나 'ㄴ' 받침 뒤에 이어지는 '렬, 률'은 '열, 율'로 적는다. 따라서 '흡연률'을 '흡연율'로 고쳐야 한다. 이와 같은 예로, 내재율, 실패율(失敗率) 백분율(百分率) 등이 있다.
③ 생각치도 않은(×) → 생각지도 않은(○): 어간의 끝음절 '하'의 앞의 소리가 안울림소리면 '하'가 탈락되므로 '생각지도'라고 고쳐야 한다.

20 다음 중 맞춤법에 맞는 것은? 2015. 국가직 7급

① 뒷뜰에 있는 옥수수나 따서 가져올게.
② 짐작건대, 그 사람은 야속다고 푸념만 한 것 같아.
③ 거름을 다 처내고 나서 어르신을 뵈러 길을 떠난대요.
④ 답을 얻기 위해 눈 덮힌 산야를 하염없이 헤매고 있을 거야.

정답풀이 한글 맞춤법 제40항 [붙임 2]의 규정에서 '하' 앞에 'ㄱ, ㅂ, ㅅ' 등과 같은 안울림소리 받침이 있는 경우에는 '하'가 통째로 줄어진다. 따라서 '짐작하건대'는 '짐작건대'로, '야속하다고'는 '야속다고'로 써야 한다.

오답풀이 ① 뒷말이 된소리나 거센소리로 시작될 때에는 사이시옷을 표기하지 않으므로 '뒷뜰'이 아니라 '뒤뜰'이 옳다.
③ '처내다'는 '불길이나 연기 따위가 쏟아져 나오다.'라는 뜻이므로 적절하지 않다. 문맥상 '깨끗하지 못한 것을 쓸어 모아서 일정한 곳으로 가져가다.'를 의미하는 '쳐내다'를 쓰는 것이 옳다.
④ '덮다'의 피동사는 '덮다'에 피동 접사 '-히-'가 아니라 '-이-'가 결합된 '덮이다'가 와야 하므로 '눈 덮인'이 옳다.

Answer
15 ③ 16 ① 17 ① 18 ③ 19 ④ 20 ②

PART 05

21 〈보기〉는 「한글 맞춤법」 제30항 사이시옷 표기의 일부이다. ㉠, ㉡, ㉢에 들어갈 단어가 바르게 연결된 것은?
2016. 서울시 7급

〈보기〉
제30항 사이시옷은 다음과 같은 경우에 받치어 적는다.
1. 순우리말로 된 합성어로서 앞말이 모음으로 끝난 경우
(1) 뒷말의 첫소리가 된소리로 나는 것
고랫재　귓밥 ············ ㉠
(2) 뒷말의 첫소리 ㄴ, ㅁ 앞에서 ㄴ 소리가 덧나는 것
뒷머리　아랫마을 ······ ㉡
(3) 뒷말의 첫소리 모음 앞에서 ㄴㄴ 소리가 덧나는 것
도리깻열　뒷윷 ········· ㉢

	㉠	㉡	㉢
①	못자리	멧나물	두렛일
②	쳇바퀴	잇몸	훗일
③	잇자국	툇마루	나뭇잎
④	사잣밥	곗날	예삿일

정답풀이 '못자리', '멧나물', '두렛일'은 모두 순우리말로 된 합성어이다.
'못자리'는 '[몯짜리/모짜리]'에서 보듯, ㉠ 뒷말의 첫소리가 된소리로 발음되는 경우이다.
'멧나물'은 '[멘나물]'에서 보듯, ㉡ 뒷말 첫소리 ㄴ, ㅁ 앞에서 ㄴ 소리가 덧나는 경우이다.
'두렛일'은 '[두렌닐]'에서 보듯, ㉢ 뒷말 첫소리 모음 앞에서 ㄴㄴ 소리가 덧나는 경우이다.

오답풀이 ② ㉠ '쳇바퀴', ㉡ '잇몸'은 부합한다. 하지만 ㉢ '훗일'은 한자 '後'와 우리말 '일'이 결합한 합성어이므로 순우리말 구성이 아니다.
③ ㉠ '잇자국', ㉢ '나뭇잎'은 부합한다. 하지만 ㉡ '툇마루'는 한자 '退'와 우리말 '마루'가 결합한 합성어이므로 순우리말 구성이 아니다.
④ 다 부합하지 않는다. ㉠ '사잣밥'은 한자 '使者'와 우리말 '밥'이 결합한 합성어이므로 순우리말 구성이 아니다. ㉡ '곗날'은 한자 '契'와 우리말 '날'이 결합한 합성어이므로 순우리말 구성이 아니다. ㉢ '예삿일'은 한자 '例事'와 우리말 '일'이 결합한 합성어이므로 순우리말 구성이 아니다.

22 밑줄 친 부분이 어법상 가장 적절한 것은?
2019. 국가직 7급

① 시간 내에 역에 도착하려면 가능한 빨리 달려야 합니다.
② 그는 그들에 뒤지지 않는 근력을 길렀기에 메달과 인연을 맺을 수 있었습니다.
③ 자율 학습 시간을 줄이는 대신 보충 수업 시간을 늘리는 것에 대해 매우 부정적입니다.
④ 그다지 효과적이지 않는 논평이 계속 이어지면서 발표 대회의 분위기는 급격히 안 좋아졌습니다.

정답풀이 '늘리다'는 '수나 분량, 시간 따위를 본디보다 많아지게 하다.'는 뜻을 갖는 동사이다. 그러나 '늘이다'는 주로 '고무줄을 늘이다.'와 같이 '물체의 길이를 더 길게 하다.'는 뜻으로 쓰이므로 확실히 구분해야 한다.

오답풀이 ① 가능한(×) → 가능한 한(○): '가능한 조건하에서'라는 의미를 갖는 경우에는 용언(형용사) '가능하다' 뒤에 명사 '한'이 와서 수식을 받아야 한다. 따라서 '가능한 한 빨리'로 써야 옳다.
② 그들에(×) → 그들에게(○): 사람을 뜻하는 대명사 '그들'에는 부사격 조사 '에게'를 써야 한다. 부사격 조사 '에'는 무정 명사에 쓰인다.
예 역공녀는 학생들에 답변을 남겼다. (→ 학생들에게)
학생들은 시험 오류를 정부에게 항의했다. (→ 정부에)
④ 효과적이지 않는(×) → 효과적이지 않은(○): 보조 용언 '지 아니하다(않다)'는 앞에 오는 본용언의 품사를 따라간다. 그런데 본용언 자리에 '효과적(체언)+이다(서술격 조사)'는 형용사와 활용 형태가 같으므로, '효과적이지 않은'이 맞다. '-는'이 붙으려면 '효과적이다'가 동사처럼 활용해야 하는데, '효과적(체언)+이다(서술격 조사)'는 형용사처럼 활용하므로 '효과적이지 않은'이 맞다.

23 **밑줄 친 부분의 고쳐쓰기에 대한 설명으로 적절하지 않은 것은?** 2018. 지방직 7급

① 그 일을 한 사람은 민국예요.
→ '민국이'와 '이에요'가 결합하였으므로, '민국예요'는 '민국이예요'로 바꾸어야 한다.

② 교실에서는 좀 조용히 해 주십시오.
→ 문장을 종결하는 어미가 나와야 하므로, '주십시요'로 바꾸어야 한다.

③ 자신이 한 말은 반듯이 책임을 져야 한다.
→ '반듯이'는 '반듯하게'의 의미이므로 문맥에 맞게 '꼭'이라는 의미의 '반드시'로 고쳐야 한다.

④ 선수들의 잇딴 부상으로 전력에 문제가 생겼다.
→ 동사 '잇달-'과 어미 '-은'이 결합한 활용형은 '잇단'이므로, '잇딴'은 '잇단'으로 바꾸어야 한다.

정답풀이 '주십시오'는 명령형의 '하십시오'체로서 바르게 쓰였다. '요'는 높임의 보조사로 종결 어미 뒤에 붙거나 어떤 사물이나 사실 따위를 열거할 적에 연결 어미로 쓰인다. (밥먹어요. 저번에 먹은 것이 이거요, 저거요, 그거입니다.)

오답풀이 ① 어조를 고르는 인칭 접미사 '-이'가 붙은 '민국이'까지가 체언이다. '이에요'는 서술격 조사 '이다'와 '해요'체의 종결 어미 '-에요'를 결합한 형태이다. '민국이(체언)+이(서술격 조사 어간)+에요(어미)'는 '민국이이에요'도 가능하고 '민국이예요'처럼 '이(서술격 조사 어간)+에요(어미)'가 축약된 표현도 가능하다.

③ '반드시'는 '틀림없이 꼭'이라는 뜻으로, 문맥상 '반드시'로 고치는 것이 적절하다.

④ '잇따르다'와 '잇달다'는 유의어로, '뒤를 이어 따르다.'의 뜻이 있다. 하지만 '잇따르다'와 '잇달다'는 활용 형태가 다르다. '잇따르다'는 'ㅡ' 규칙 활용을 하여 '잇따른'이지만 '잇달다'는 'ㄹ' 규칙 활용을 하여 '잇단'으로 표기한다. 따라서 '잇단'으로 바꾸어야 한다는 설명은 적절하며, '잇단' 말고 '잇따른'으로 표기해도 된다.

24 **맞춤법이 가장 옳지 않은 것은?** 2018. 서울시 9급

① 철수는 열심히 일함으로써 보람을 느꼈다.
② 이제 각자의 답을 정답과 맞혀 보도록 해라.
③ 강아지가 고깃덩어리를 넙죽 받아먹었다.
④ 아이가 밥을 먹었을는지 모르겠어.

정답풀이 '답을 정답과 맞춰(=맞추어) 보다.'가 맞춤법에 맞다. 이때의 '맞추다'는 '둘 이상의 일정한 대상들을 나란히 놓고 비교하여 살피다.'의 뜻이다.
'맞히다'는 '정답을 맞게 하다.'의 의미를 가진다. 어려운 경우에는 뜻을 넣어 읽어 보면 생각보다 쉽게 풀린다. '이제 각자의 답을 정답과 '정답을 맞게 하여' 보도록 해라.'→ 확실히 어색하다.

오답풀이 ① 수단과 방법을 의미하는 '-ㅁ으로써'가 적절하게 쓰였다.
③ '고깃덩어리', '넙죽'이 모두 맞다. '넙죽'은 어원이 분명하지 않거나 본뜻에서 멀어진 경우이므로 원형을 밝혀 적지 않는 경우이다. '넓죽'은 틀린 표기이다.
④ '-는지'는 연결 어미이며 적절한 표기이다. '-른지'는 무조건 틀린 표기이다.

25 **다음 중 준말의 표기가 옳은 것을 모두 고른 것은?** 2018. 서울시 7급(2차)

㉠ 되었다 – 됐다	㉡ 쓰이어 – 쓰여
㉢ 뜨이어 – 띄어	㉣ 적지 않은 – 적잖은
㉤ 변변하지 않다 – 변변찮다	

① ㉠, ㉡　　② ㉡, ㉢
③ ㉡, ㉣　　④ ㉡, ㉤

정답풀이 'ㅏ, ㅗ, ㅜ, ㅡ' 뒤에 '-이어'가 어울려 줄어질 적에는 준 대로 적으므로 ㉡ '쓰이어-씌어/쓰여'는 옳은 표기이다. 마찬가지로 ㉢ '뜨이어-뜨여/띄어'도 옳은 표기이다.

오답풀이 ㉠ 'ㅚ' 뒤에 '-어, -었-'이 어울려 'ㅙ, ㅙㅆ'으로 될 적에도 준 대로 적는다는 한글 맞춤법 제35항에 따라 '됬다'가 아니라 '됐다'가 옳다.
㉣, ㉤ 어미 '-지' 뒤에 '않-'이 어울려 '-잖-'이 될 적과 '-하지' 뒤에 '않-'이 어울려 '-찮-'이 될 적에는 준 대로 적는다는 한글 맞춤법 제39항에 따라 각각 '적쟎은, 변변챦은'이 아니라 '적잖은, 변변찮다'가 옳다.

Answer
21 ① 22 ③ 23 ② 24 ② 25 ②

26 〈보기〉에 제시된 한글 맞춤법의 규정이 바르게 적용되지 않은 것은? 2014. 경찰 2차

〈보기〉
제12항 한자음 '라, 래, 로, 뢰, 루, 르'가 단어의 첫머리에 올 적에는 두음 법칙에 따라 '나, 내, 노, 뇌, 누, 느'로 적는다.
[붙임 1] 단어의 첫머리 이외의 경우에는 본음대로 적는다.
[붙임 2] 접두사처럼 쓰이는 한자가 붙어서 된 단어는 뒷말을 두음 법칙에 따라 적는다.

① 낙원(樂園), 실락원(失樂園)
② 내일(來日), 왕래(往來)
③ 노인(老人), 상노인(上老人)
④ 누각(樓閣), 광한루(廣寒樓)

정답풀이 '실락원(失樂園)'이 아니라 실낙원(失樂園)이다. '실-'은 접두사처럼 쓰이는 한자이므로 '락원'과 결합할 때 두음 법칙이 적용된 후에 결합되어야 하므로 '실낙원'이 옳다.

오답풀이 나머지는 한글 맞춤법 규정을 잘 따르고 있다.
③ '상노인'은 접두사처럼 쓰이는 한자이므로 '로인'과 결합할 때 두음법칙이 적용되어 '상노인'이 되는 것이다.

27 다음 〈보기〉의 한글 맞춤법 규정이 적용된 단어로 적절하지 않은 것은? 2021. 경찰직 2차

〈보기〉
[붙임 2] 접두사처럼 쓰이는 한자가 붙어서 된 단어는 뒷말을 두음법칙에 따라 적는다.

① 이 지역에 내래월(來來月)까지 비가 온다고 한다.
② 그의 이론은 현실적으로 볼 때 비논리적(非論理的)이다.
③ 멀리 격리되어 몇 달 동안 중노동(重勞動)에 처함을 어찌 면하겠나?
④ 육십을 갓 넘겼는데 그의 얼굴은 칠십의 상노인(上老人)같이 늙어 보였다.

정답풀이 내래월 → 내내월(來來月)
: '접두사처럼 쓰이는 한자가 붙어서 된 말이나 합성어에서, 뒷말의 첫소리가 'ㄴ' 소리로 나더라도 두음 법칙에 따라 적는다.'는 붙임 조항에 따라 '내내월'로 고쳐야 한다. '내(來)+래월(來月)'은 두음 법칙이 적용되지 않은 것이기 때문이다. (내내월=내달의 다음 달. (내달 : 이달의 다음 달.))

오답풀이 나머지는 '접두사처럼 쓰이는 한자가 붙어서 된 말이나 합성어에서, 뒷말의 첫소리가 'ㄴ' 소리로 나더라도 두음 법칙에 따라 적는다.'를 잘 지키고 있다.
② 비(非)- : 부정(否定)의 뜻을 나타내는 말.
비(非)+론리적(論理的)=비논리적
③ 중(重)- : '심한'의 뜻을 더하는 접두사.
중(重)+로동(勞動)=중노동
④ 상(上)+로인(老人)=상노인

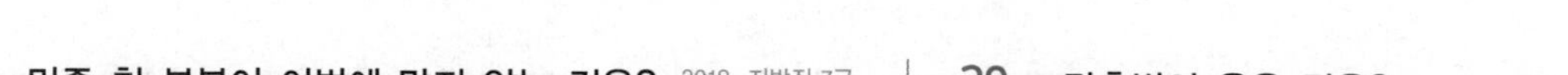

28 **밑줄 친 부분이 어법에 맞지 않는 것은?** 2018. 지방직 7급

① 밥이 차져서 내 입맛에 맞았다.
② 아기가 이쁘디이쁜 미소를 짓고 있다.
③ 그녀가 내 소맷깃을 슬며시 잡아당겼다.
④ 동생은 안경을 맞춘 지 얼마 되지 않아서 안경 도수를 더 돋구었다.

정답풀이 윗옷의 좌우에 있어 두 팔을 꿰는 부분'을 가리키는 '소매'에 '저고리나 두루마기의 목에 둘러대어 앞에서 여밀 수 있도록 된 부분'을 뜻하는 '옷깃'의 준말인 '깃'을 합성해 '소맷깃'이라고 쓰는 것은 옳지 않다. '옷깃'은 윗옷의 위쪽에 달려 있는 것이지 소매에 달려 있는 것이 아니다. '소맷깃'의 옳은 말은 '소맷귀'이며 '소맷귀'에서 '귀'는 '두루마리나 저고리의 섶 끝부분'을 뜻한다.

오답풀이 ① "끝소리가 'ㄹ'인 말과 딴 말이 어울릴 적에 'ㄹ' 소리가 나지 아니하는 것은 아니 나는 대로 적는다."는 한글 맞춤법 제28항 규정에 따라 '차지다'로 적는 것이 맞다. 참고로, 2015년 개정 시 '찰지다' 역시 '차지다'의 원말로 표준어로 인정되었다.
② '이쁘다'는 '예쁘다'의 비표준어였으나 2015년 11월 개정으로 인해 '예쁘다'와 복수 표준어로 인정되었다. 활용 형태인 '이쁘디이쁘다'도 표준어로 인정되었다.
④ '안경의 도수 따위를 더 높게 하다.'라는 뜻의 동사는 '돋구다'가 맞다. 흔히 '돋구다'와 '돋우다'를 혼동하여 쓰는 경우가 있는데 '돋우다'는 '높아지게 하다, 끌어올리다'라는 뜻으로 쓰는 것이 통례이다.

29 **맞춤법이 옳은 것은?** 2017. 국가직 7급

① 이상을 실현하기 위해서는 그만큼의 댓가를 치뤄야 한다.
② 매일 만나는 사람인데 오늘따라 왠지 멋있어 보인다.
③ 살코기는 장에 졸여 먹고 창자는 젓갈을 담궈 먹는다.
④ 명절에 아랫사람들은 윗어른께 인사를 드린다.

PART 05

정답풀이 '왜인지'에서 줄어든 말이 '왠지'이다. '왜인지'를 넣어 보면 쉽게 확인할 수 있다. '매일 만나는 사람인데 오늘따라 왜인지 멋있어 보인다.'로 볼 때 자연스럽다. '웬지'로 적는 경우가 많은데 '웬지'는 사전에 없는 단어이다.
'웬일'이 있기는 하다. '웬일'은 '어찌 된 일'을 뜻하는 명사로, '웬일인지 그가 왔다!, 웬일로 여기까지 다 왔니?'등으로 쓰인다.

오답풀이 ① • 댓가(×) → 대가(○) : '대가(代價)'는 사잇소리현상이 일어나 [대:까]로 발음하지만 한자로 이루어졌으므로 사이시옷을 표기하지 않는다. 사이시옷을 표기할 수 있으려면, 앞말 혹은 뒷말에 반드시 고유어가 와야 한다.
예외) 한자어 중 사이시옷을 표기하는 예외 : 곳간(庫間), 셋방(貰房), 숫자(數字), 찻간(車間), 툇간(退間), 횟수(回數)]
• 치뤄야(×) → 치러야(○) : '치르다'의 어간 '치르-'에 모음으로 시작하는 연결 어미 '-어야'가 올 때는 'ㅡ 규칙 활용'을 적용하여 '치러야'로 적는다. 이 세상에 '치루다'라는 말은 없다!
③ • 살코기 (○) : '살코기'의 '살'은 과거 '살ㅎ'으로, 'ㅎ' 종성 체언이었다. '살ㅎ'과 '고기'를 결합할 때에는 한글 맞춤법 제31항에 따라 '살코기'로 표기한다.
• 졸여(×) → 조려(○) : '양념을 한 고기나 생선, 채소 따위를 국물에 넣고 바짝 끓여서 양념이 배어들게 하다.'란 의미의 동사는 '조리다'로 적는다. '생선조림, 두부조림' 등이 있다. '졸다'는 '찌개, 국, 한약 따위의 물이 증발하여 분량이 적어지다.'의 의미를 갖는다. '졸이다'는 '졸다'의 사동사로 '속을 태우다시피 초조해하다.'란 의미로 쓰인다.
• 담궈(×) → 담가(○) : '담그다'의 어간 '담그-'에 모음으로 시작하는 연결 어미 '-아'가 올 때는 'ㅡ'가 탈락되는 규칙 활용으로 '담가'로 표기한다.
④ • 윗어른(×) → 웃어른(○) : '아래, 위'의 대립이 없는 단어는 '웃-'으로 발음되는 형태를 표준어로 삼는다는 표준어 규정 제12항에 따라 '웃어른'이라 적는다.

Answer

26 ① **27** ① **28** ③ **29** ②

30 **맞춤법에 맞는 것은?** 2016. 지방직 9급

① 희생을 치뤄야 대가를 얻을 수 있다.
② 내로라하는 선수들이 뒤쳐진 이유가 있겠지.
③ 방과 후 삼촌 댁에 들른 후 저녁에 갈 거여요.
④ 가스 밸브를 안 잠궈 화를 입으리라고는 전혀 생각지 못했다.

정답풀이 '지나는 길에 잠깐 들어가 머무르다.'의 의미로 쓸 때에는 '들르다'로 표기한다. '들리다'는 '소리가 귀청을 울려 감각이 일어나다.'는 뜻을 지닌 말이다.
'거어요'는 의존 명사 '거' 뒤에, 서술격 조사 어간 '이-', 어미 '-어요/-에요'가 붙어 '여요/예요'로 줄어 쓰이므로, '거여요/거예요'로 쓰일 수 있다.

오답풀이 ① 치뤄야(×) → 치러야(○) : '치루다'는 사전에 없는 단어이다!
'치르다'가 바른 표기이므로 '치러야'로 고쳐야 한다. ('ㅡ' 탈락 규칙 활용)
⊙ '대가(代價)'와 같은 한자어와 한자어 사이이므로 사이시옷을 쓰지 않도록 주의하자. '댓가(×)'
② 뒤쳐진(×) → 뒤처진(○) : '뒤쳐지다'는 '물건이 뒤집혀서 젖혀지다.'의 의미이므로 문맥에 맞지 않는다. '어떤 수준이나 대열에 들지 못하고 뒤로 처지거나 남게 되다'의 의미인 '뒤처지다'로 써야 한다.
'내로라하다'는 바르게 쓰였다. '어떤 분야를 대표할 만하다'의 뜻이다.
④ 잠궈(×) → 잠가(○) : 기본형 '잠그다'에 모음 어미 'ㅏ'가 온 것이므로 '잠가'로 고쳐야 한다. ('ㅡ' 탈락 규칙 활용)
'생각하지 못했다'는 줄어들 경우, 어간의 끝음절 '하' 앞에 안울림소리 'ㄱ, ㄷ, ㅂ'가 있으므로 '하'가 탈락되어 '생각지 못했다'로 적는다.

31 **다음 한글 맞춤법 제6항에 대한 설명으로 옳지 않은 것은?** 2017. 국가직 9급(2차)

> 'ㄷ, ㅌ' 받침 뒤에 종속적 관계를 가진 '-이(-)'나 '-히-'가 올 적에는, 그 'ㄷ, ㅌ'이 'ㅈ, ㅊ'으로 소리 나더라도 'ㄷ, ㅌ'으로 적는다.

① 예시로는 '해돋이, 같이'가 있다.
② 위 조항은 한글 맞춤법 총칙 중 '어법에 맞게 적는다'는 원리를 따른 것이다.
③ 종속적 관계란 체언, 어근, 용언 어간 등에 조사, 접사, 어미 등이 결합하는 관계를 말한다.
④ '잔디, 버티다'는 하나의 형태소에서 'ㄷ, ㅌ'과 'ㅣ'가 만난 것으로서 위 조항의 예에 해당된다.

정답풀이 제시된 한글 맞춤법 제6항은 '구개음화'와 관련된 규정이다. 구개음화는 '잔디', '버티다'와 같은 하나의 형태소 내에서는 일어나지 않는다. 구개음화가 일어나려면 'ㄷ, ㅌ' 받침 뒤에 종속적 관계를 가진 '-이(-)'나 '-히-'가 와야 하는데, '잔디'의 '디'와 '버티다'의 '티'는 하나의 형태소 안에서 'ㄷ, ㅌ'과 'ㅣ'가 결합하였을 뿐, 종속적 관계를 가진 '-이(-)'나 '-히-'와 결합한 것은 아니다. 따라서 한글 맞춤법 제6항의 예에 해당한다는 ④의 진술은 옳지 않다.

오답풀이 ② 구개음화가 일어나더라도 소리대로 적지 않고 'ㄷ, ㅌ'으로 적는다고 했으므로, 이는 '어법에 맞게 적는다'는 원리를 따른 것이다.

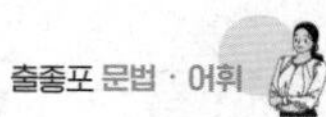

32 **다음 한글 맞춤법 규정의 예로 옳지 않은 것은?**

2018. 지방직 9급

> (가) 제19항 어간에 '-이'나 '-음/ㅁ'이 붙어서 명사로 된 것과 '-이'나 '-히'가 붙어서 부사로 된 것은 그 어간의 원형을 밝히어 적는다.
> (나) 제19항 [붙임] 어간에 '-이'나 '-음' 이외의 모음으로 시작된 접미사가 붙어서 다른 품사로 바뀐 것은 그 어간의 원형을 밝히어 적지 아니한다.
> (다) 제20항 명사 뒤에 '-이'가 붙어서 된 말은 그 명사의 원형을 밝히어 적는다.
> (라) 제20항 [붙임] '-이' 이외의 모음으로 시작된 접미사가 붙어서 된 말은 그 명사의 원형을 밝히어 적지 아니한다.

① (가) : 미닫이, 졸음, 익히
② (나) : 마개, 마감, 지붕
③ (다) : 육손이, 집집이, 곰배팔이
④ (라) : 끄트머리, 바가지, 이파리

정답풀이 (나)는 '-이'나 '-음' 이외의 모음으로 시작된 접미사가 붙어 품사가 달라지는 단어들의 예이다. 그런데 '지붕(집+웅)'은 명사 '집' 뒤에 접미사 '웅'('-이' 이외의 모음으로 시작된 접미사)이 붙었지만, 품사가 그대로 명사이므로 (나)의 예가 될 수 없다. '지붕'으로 원형을 밝혀 적지 않았기 때문에 오히려 (라)에 해당된다. '마개(막+애)', '마감(막+암)'은 (나)의 예로 적절하다. '막-'이라는 동사가 접미사로 인해 '명사'가 되었기 때문이다.

오답풀이 ① (가) '미닫이'는 어간에 '-이'가 붙어서 명사로 품사가 바뀐 것[미닫-(동사) → 미닫이(명사)]의 예이고, '졸음'은 어간에 '-음'이 붙어서 명사로 품사가 바뀐 것[졸-(동사) → 졸음(명사)]의 예, '익히'는 어간에 '-히'가 붙어서 부사로 품사가 바뀐 것[익-(동사) → 익히(부사)]의 예에 해당한다.
③ (다) '육손이', '곰배팔이'는 명사 뒤에 '-이'가 붙어 명사가 된 예이고, '집집이'는 명사 뒤에 '-이'가 붙어 부사로 된 것의 예에 해당한다.
④ (라) '끄트머리', '바가지', '이파리'는 모두 '-이' 이외의 모음으로 시작된 접미사가 붙어 된 말의 예에 해당한다.

33 **다음 중 사이시옷의 쓰임이 모두 옳은 것은?**

2017. 국회직 8급

① 아랫집, 볏가리, 선짓국, 댓가지, 가게집
② 화젯거리, 수랏간, 푯말, 나뭇잎, 연둣빛
③ 꼭짓점, 횟배, 킷값, 구둣발, 공기밥
④ 버드나뭇과, 장밋과, 봇둑, 무싯날, 쇳조각
⑤ 개수, 귀갓길, 사삿일, 시래깃국, 노잣돈

정답풀이 '개수'는 한자어에도 사이시옷이 붙는 예외 6개에 포함되지 않으므로 사이시옷이 표기되지 않는다.
'귀갓길'은 한자어 '귀가(歸家)'와 고유어 '길'이 결합하면서 '[귀가낄/귀갇낄]'로 된소리가 난다. 따라서 사이시옷을 받치어 적는 것이 옳다.
'사삿일'은 한자어 '사사(私私)'와 고유어 '일'이 결합하면서 '[사산닐]'로 발음된다. 'ㄴㄴ'이 덧나기 때문에 사이시옷을 받치어 적는 것이 옳다.
'시래깃국'은 고유어 '시래기'와 고유어 '국'이 결합하면서 '[시래기꾹/시래긷꾹]'으로 된소리가 난다. 따라서 사이시옷을 받치어 적는 것이 옳다.
'노잣돈'은 한자어 '노자(路資)'와 고유어 '돈'이 결합하면서 '[노자똔/노잗똔]'으로 된소리가 난다. 따라서 사이시옷을 받치어 적는 것이 옳다.

오답풀이 ① 가게집(×) → 가겟집(○) : '가겟집'은 고유어 '가게'와 고유어 '집'이 결합하면서 '[가:게찝/가:겓찝]'으로 된소리가 난다. 따라서 사이시옷을 받치어 적는 것이 옳다.
② 수랏간(×) → 수라간(○) : '수라간(水剌間)'처럼 한자어로만 된 합성어인 경우에는 사이시옷을 적을 수 없다. 따라서 '수라간'이 옳다. 사이시옷이 표기되려면 적어도 하나는 고유어여야 한다.
③ 공기밥(×) → 공깃밥(○) : '공깃밥'은 고유어 '공기'와 고유어 '밥'이 결합하면서 '[공기빱/공긷빱]'으로 된소리가 난다. 따라서 사이시옷을 받치어 적는 것이 옳다.
④ 장밋과(×) → 장미과(○) : '장미과(薔薇科)[장미꽈]'도 '수라간'과 같은 경우다.

Answer

30 ③ **31** ④ **32** ② **33** ⑤

Chapter **04**

띄어쓰기

1 1순위 빈출 띄어쓰기

만	의존 명사	시간, 거리, 횟수를 나타내는 말 예 떠난 지 사흘 만에 돌아왔다. / 세 번 만에 시험에 합격했다.
	조사	• 다른 것으로부터 제한하여 어느 것을 한정함. 예 하나만 알고, 둘은 모른다. / 이것은 그것만 못하다. • 앞말이 나타내는 정도에 달함 예 집채만 한 파도가 몰려온다. 청군이 백군만 못하다. 안 가느니만 못하다.
지	의존 명사	지금까지의 동안을 나타냄. (시간의 경과) 예 그를 만난 지도 꽤 오래되었다. 집을 떠나온 지 어언 3년이 지났다.
	어미	어미의 일부(-ㄴ지, -ㄹ지) 예 집이 큰지 작은지 모르겠다. / 어떻게 해야 할지 모르겠다.
데	의존 명사	'곳'이나 '장소', '일'이나 '것', '경우'의 뜻을 나타냄. 예 지금 가는 데가 어디인데? / 그 책을 다 읽는 데 삼 일이 걸렸다. 사람을 돕는 데 애 어른이 어디 있겠습니까? / 머리 아픈 데 먹는 약 이 그릇은 귀한 거라 손님을 대접하는 데 쓴다.
	어미	연결 또는 종결 어미로 쓰이는 '-ㄴ데' 예 여기가 우리 고향인데 인심 좋고 경치 좋은 곳이지. 나무가 정말 큰데 대체 몇 살인 걸까?
바	의존 명사	'-니까'를 넣었을 때 말이 안 됨. 예 평소에 느낀 바를 말해라. / 어찌할 바를 모르다. 어차피 매를 맞을 바에는 먼저 맞겠다.
	어미	'-니까'를 넣었을 때 말이 됨. 예 서류를 검토한바 몇 가지 미비한 사항이 발견되었다. 그는 나와 동창인바 그를 잘 알고 있다. 너의 죄가 큰바 응당 벌을 받아야 한다.
망정	의존 명사	괜찮거나 잘된 일이라는 뜻을 나타냄. 예 그 집은 마침 네 눈에 띄었기에 망정이다.
	어미	'-ㄹ망정' 연결 어미 예 머리는 나쁠망정 손은 부지런하다.
같이	부사격 조사	체언 뒤 예 얼음장같이 차가운 방바닥 / 눈같이 흰 박꽃
	부사	뒤의 용언을 수식 예 친구와 같이 사업을 하다. / 모두 같이 갑시다.

밖에	보조사	'그것 말고는', '그것 이외에는', '피할 수 없는'의 뜻을 지님. (보통 뒤에 부정어가 옴.) 예 공부밖에 모르는 학생. 널 사랑할 수밖에 없다.
	명사	'바깥.'을 넣었을 때 말이 됨. 예 교실 밖에 그가 와 있다. 시험 범위 밖에 있는 단원이다.
	어미	-ㄹ밖에(='-ㄹ 수밖에'의 준말) 예 선생님이 시키는데 할밖에 없다. 어른들이 다 가시니 나도 갈밖에.
씨(氏)	의존 명사	특정인 뒤 예 그 일은 김 씨가 맡기로 했네. 길동 씨, 홍길동 씨
	접미사	'그 성씨 자체', '그 성씨의 가문이나 문중' 예 김씨, 이씨, 박씨 부인
간(間)	의존 명사	'한 대상에서 다른 대상까지의 사이'나 '둘 사이' 또는 '어느 경우든지 관계없이'의 뜻을 나타냄. 예 서울과 광주 간 열차 / 부모 자식 간에 / 음식을 먹든지 말든지 간에
	합성어	부부간, 부자간, 부녀간, 모자간, 모녀간 / 고부간 / 동기간, 인척간 / 피차간, 좌우간, 조만간, 국제간, 천지간
	구	부모∨간, 자식∨간(혈육∨간) / 친구∨간, 친척∨간 / 국가∨간, 남녀∨간
	접미사	'동안'의 뜻을 나타냄. 예 이틀간 / 한 달간

2 자주 나오는 한 글자 띄어쓰기

시	의존 명사	((일부 명사나 어미 '-을' 뒤에 쓰여)) 어떤 일이나 현상이 일어날 때나 경우 예 비행 시에는 휴대 전화를 사용하면 안 된다. 규칙을 어겼을 시에는 처벌을 받는다. 여행 시 주의사항
	접미사	'그렇게 여김.', '그렇게 봄.'의 뜻을 나타냄. 예 등한시, 백안시, 적대시
초(初)	의존 명사	어떤 기간의 처음이나 초기 예 학기 초, 조선 초, 20세기 초, 내년 초
중(中)	의존 명사	「1」 여럿의 가운데 「2」 무엇을 하는 동안 예 회의 중, 건설 중 / 꽃 중의 꽃 / 임신 중, 수감 중 / 그는 오늘내일 중으로 출국할 예정이다. / 공기 중에 떠다니는 바이러스
	합성어	예 무의식중 / 한밤중 / 부재중 / 은연중
말(末)	의존 명사	어떤 기간의 끝이나 말기. 예 학기 말, 조선 말, 20세기 말, 내년 말
내(內)	의존 명사	일정한 범위의 안 예 범위 내, 건물 내, 일주일 내
	부사화 접미사	그 기간의 처음부터 끝까지 예 봄내, 여름내, 저녁내

외(外)	의존 명사	일정한 범위나 한계를 벗어남 예 그 외에 다른 것은 필요 없다. / 병실에 가족 외의 사람은 출입을 제한한다.
차(次)	의존 명사	• '-던 차에', '-던 차이다' 구성으로 쓰이는 의존 명사 예 고향에 갔던 차에 선을 보았다. / 마침 가려던 차였다. • ((주로 한자어 수 뒤에 쓰여)) '번', '차례'의 뜻을 나타냄. 예 제일 차 세계 대전 / 그들은 선생님 댁을 수십 차 방문했다. • ((일정한 기간을 나타내는 명사구 뒤에 쓰여)) 주기나 경과의 해당 시기를 나타냄. 예 입사 3년 차 / 결혼 10년 차에 내 집을 장만했다.
	접미사	체언 뒤에서 목적의 뜻을 나타냄. 예 인사차 들렀다. / 사업차 왔다. / 연구차 입학했다.
판	의존 명사	승부를 겨루는 일을 세는 단위성 의존 명사 예 바둑 한 판 두자. / 장기를 세 판이나 두었다.
	합성어의 어근	예 노름판 / 씨름판 / 웃음판

3 원리만 알면 쉬운 띄어쓰기

만큼	의존 명사	관형사형 어미 '-는/ㄴ/ㄹ/던' 뒤. 예 볼 만큼 보았다. / 애쓴 만큼 얻는다.
	조사	체언 뒤 예 중학생이 고등학생만큼 잘 안다. / 키가 전봇대만큼 크다.
듯	의존 명사	관형사형 어미 '-는/ㄴ/ㄹ/던' 뒤. 예 아기는 아버지를 빼다 박은 듯 닮았다. / 잠을 잔 듯 만 듯 정신이 하나도 없다. 안타깝게도 수돗물은 나올 듯 나올 듯 하면서도 나오지 않았다.
	어미	어간 바로 뒤 예 땀이 비 오듯 하다. / 그는 물 쓰듯 돈을 쓴다. 내가 전에도 말했듯 저 앤 정말 공을 잘 차.
대로	의존 명사	관형사형 어미 '-는/ㄴ/ㄹ/던' 뒤 예 아는 대로 말한다. / 예상했던 대로 시험 문제는 까다로웠다.
	조사	체언 뒤 예 법대로 / 약속대로
뿐	의존 명사	• 관형사형 어미 '-는/ㄴ/ㄹ/던' 뒤 예 웃을 뿐이다. / 만졌을 뿐이다. • (('-다 뿐이지' 구성으로 쓰여)) 오직 그렇게 하거나 그러하다는 것을 나타내는 말 예 이름이 나지 않았다 뿐이지 참 성실한 사람이다.
	조사	체언이나 부사어 뒤 예 남자뿐이다 / 셋뿐이다 / 학교에서뿐만 아니라 집에서도
들	의존 명사	두 개 이상의 사물을 열거하는 구조에서 '그런 따위'란 뜻을 나타냄. 예 쌀, 보리, 콩, 조, 기장 들을 오곡(五穀)이라 한다.
	접미사	체언 뒤 예 남자들 / 학생들

Chapter

05 문장 부호

1 마침표(.)

(1) 제목이나 표어에는 쓰지 않음을 원칙으로 한다.

예 압록강은 흐른다 / 꺼진 불도 다시 보자 / 건강한 몸 만들기

(2) 아라비아 숫자만으로 연월일을 표시할 때 쓴다. 맨 마지막에도 마침표를 쓴다.

예 1919. 3. 1. / 10. 1. ~ 10. 12.

2 물음표(?)

(1) 한 문장 안에 몇 개의 선택적인 물음이 이어질 때는 맨 끝의 물음에만 쓰고, 각 물음이 독립적일 때는 각 물음의 뒤에 쓴다.

예 너는 중학생이냐, 고등학생이냐?
너는 여기에 언제 왔니? 어디서 왔니? 무엇하러 왔니?

붙임 의문의 정도가 약할 때는 물음표 대신 마침표를 쓸 수 있다.

예 도대체 이 일을 어쩐단 말이냐.
이것이 과연 내가 찾던 행복일까.

다만, 제목이나 표어에는 쓰지 않음을 원칙으로 한다.

예 역사란 무엇인가　　아직도 담배를 피우십니까

(2) 모르거나 불확실한 내용임을 나타낼 때 쓴다.

예 최치원(857 ~?)은 통일 신라 말기에 이름을 떨쳤던 학자이자 문장가이다.
조선 시대의 시인 강백(1690? ~ 1777?)의 자는 자청이고, 호는 우곡이다.

3 쉼표(,)

(1) 같은 자격의 어구를 열거할 때 그 사이에 쓴다.

예 근면, 검소, 협동은 우리 겨레의 미덕이다.
충청도의 계룡산, 전라도의 내장산, 강원도의 설악산은 모두 국립 공원이다.

(2) 문장의 연결 관계를 분명히 하고자 할 때 절과 절 사이에 쓴다.

예 콩 심은 데 콩 나고, 팥 심은 데 팥 난다.
저는 신뢰와 정직을 생명과 같이 여기고 살아온바, 이번 비리 사건과는 무관하다는 점을 분명히 밝힙니다.
떡국은 설날의 대표적인 음식인데, 이걸 먹어야 비로소 나이도 한 살 더 먹는다고 한다.

(3) 문장 중간에 끼어든 어구의 앞뒤에 쓴다.

예 나는, 솔직히 말하면, 그 말이 별로 탐탁지 않아.
영호는 미소를 띠고, 속으로는 화가 치밀어 올라 잠시라도 견딜 수 없을 만큼 괴로웠지만, 그들을 맞았다.

붙임 1 이때는 쉼표 대신 줄표를 쓸 수 있다.

예 나는 — 솔직히 말하면 — 그 말이 별로 탐탁지 않아.
영호는 미소를 띠고 — 속으로는 화가 치밀어 올라 잠시라도 견딜 수 없을 만큼 괴로웠지만 — 그들을 맞았다.

붙임 2 끼어든 어구 안에 다른 쉼표가 들어 있을 때는 쉼표 대신 줄표를 쓴다.

예 이건 내 것이니까 — 아니, 내가 처음 발견한 것이니까 — 절대로 양보할 수가 없다.

(4) 한 문장 안에서 앞말을 '곧', '다시 말해' 등과 같은 어구로 다시 설명할 때 앞말 다음에 쓴다.

예 책의 서문, 곧 머리말에는 책을 지은 목적이 드러나 있다.
원만한 인간관계는 말과 관련한 예의, 즉 언어 예절을 갖추는 것에서 시작된다.
호준이 어머니, 다시 말해 나의 누님은 올해로 결혼한 지 20년이 된다.

(5) 문장 앞부분에서 조사 없이 쓰인 제시어나 주제어의 뒤에 쓴다.

예 돈, 돈이 인생의 전부이더냐?
열정, 이것이야말로 젊은이의 가장 소중한 자산이다.
지금 네가 여기 있다는 것, 그것만으로도 나는 충분히 행복해.

4 가운뎃점(·)

(1) 열거할 어구들을 일정한 기준으로 묶어서 나타낼 때 쓴다.

예 민수 · 영희, 선미 · 준호가 서로 짝이 되어 윷놀이를 하였다.
지금의 경상남도 · 경상북도, 전라남도 · 전라북도, 충청남도 · 충청북도 지역을 예부터 삼남이라 일러 왔다.

(2) 짝을 이루는 어구들 사이에 쓴다.

예 한(韓) · 이(伊) 양국 간의 무역량이 늘고 있다.
우리는 그 일의 참 · 거짓을 따질 겨를도 없었다.
하천 수질의 조사 · 분석
빨강 · 초록 · 파랑이 빛의 삼원색이다.

다만, 이때는 가운뎃점을 쓰지 않거나 쉼표를 쓸 수도 있다.

예 한(韓) 이(伊) 양국 간의 무역량이 늘고 있다.
우리는 그 일의 참 거짓을 따질 겨를도 없었다.
하천 수질의 조사, 분석
빨강, 초록, 파랑이 빛의 삼원색이다.

(3) 공통 성분을 줄여서 하나의 어구로 묶을 때 쓴다.

예 상·중·하위권　　　금·은·동메달　　　통권 제54·55·56호

붙임 이때는 가운뎃점 대신 쉼표를 쓸 수 있다.

예 상, 중, 하위권　　　금, 은, 동메달　　　통권 제54, 55, 56호

5 쌍점(:)

(1) 표제 다음에 해당 항목을 들거나 설명을 붙일 때 쓴다.

예 문방사우: 종이, 붓, 먹, 벼루
일시: 2014년 10월 9일 10시

(2) 시와 분, 장과 절 등을 구별할 때 쓴다.

예 오전 10:20(오전 10시 20분)
두시언해 6:15(두시언해 제6권 제15장)

(3) 의존 명사 '대'가 쓰일 자리에 쓴다.

예 65:60(65 대 60)　　　청군:백군(청군 대 백군)

붙임 쌍점의 앞은 붙여 쓰고 뒤는 띄어 쓴다.

6 빗금(/)

(1) 대비되는 두 개 이상의 어구를 묶어 나타낼 때 그 사이에 쓴다.

예 먹이다/먹히다　　　남반구/북반구
금메달/은메달/동메달
(　)이/가 우리나라의 보물 제1호이다.

(2) 기준 단위당 수량을 표시할 때 해당 수량과 기준 단위 사이에 쓴다.

예 100미터/초　　　1,000원/개

붙임 빗금의 앞뒤는 (1)과 (2)에서는 붙여 쓴다. 단, (1)에서 대비되는 어구가 두 어절 이상인 경우에는 빗금의 앞뒤를 띄어 쓸 수 있다.

(3) 시의 행이 바뀌는 부분임을 나타낼 때 쓴다.

예 산에 / 산에 / 피는 꽃은 / 저만치 혼자서 피어 있네

다만, 연이 바뀜을 나타낼 때는 두 번 겹쳐 쓴다.

예 산에는 꽃 피네 / 꽃이 피네 / 갈 봄 여름 없이 / 꽃이 피네 // 산에 / 산에 / 피는 꽃은 / 저만치 혼자서 피어 있네

붙임 (3)에서는 띄어 쓰는 것을 원칙으로 하되 붙여 쓰는 것을 허용한다.

7 큰따옴표(“ ”)

(1) 글 가운데에서 직접 대화를 표시할 때 쓴다.

예 “어머니, 제가 가겠어요.” / “아니다. 내가 다녀오마.”

(2) 말이나 글을 직접 인용할 때 쓴다.

예 나는 “어, 광훈이 아니냐?” 하는 소리에 깜짝 놀랐다.

8 작은따옴표(‘ ’)

(1) 인용한 말 안에 있는 인용한 말을 나타낼 때 쓴다.

예 그는 “여러분! ‘시작이 반이다.’라는 말 들어 보셨죠?”라고 말하며 강연을 시작했다.

(2) 마음속으로 한 말을 적을 때 쓴다.

예 나는 ‘일이 다 틀렸나 보군.’ 하고 생각하였다.
‘이번에는 꼭 이기고야 말겠어.’ 호연이는 마음속으로 몇 번이나 그렇게 다짐하며 주먹을 불끈 쥐었다.

9 소괄호(( ))

(1) 주석이나 보충적인 내용을 덧붙일 때 쓴다.

예 니체(독일의 철학자)의 말을 빌리면 다음과 같다.
문인화의 대표적인 소재인 사군자(매화, 난초, 국화, 대나무)는 고결한 선비 정신을 상징한다.

(2) 우리말 표기와 원어 표기가 같을 때 쓴다.

예 기호(嗜好), 자세(姿勢)　　커피(coffee), 에티켓(étiquette)

10 중괄호({ })

(1) 같은 범주에 속하는 여러 요소를 세로로 묶어서 보일 때 쓴다.

예 주격 조사 {이 / 가}　　국가의 성립 요소 {영토 / 국민 / 주권}

(2) 열거된 항목 중 어느 하나가 자유롭게 선택될 수 있음을 보일 때 쓴다.

예 아이들이 모두 학교{에, 로, 까지} 갔어요.

11 대괄호([ ])

(1) 고유어와 한자어의 음이 서로 다를 때 쓴다.

예 나이[年歲] 낱말[單語] 손발[手足]

(2) 소괄호가 이미 쓰였을 때 바깥쪽의 괄호로 쓴다.

예 어린이날이 새로 제정되었을 당시에는 어린이들에게 경어를 쓰라고 하였다. [윤석중 전집(1988), 70쪽 참조]
이번 회의에는 두 명[이혜정(실장), 박철용(과장)]만 빼고 모두 참석했습니다.

(3) 원문에 대한 이해를 돕기 위해 설명이나 논평 등을 덧붙일 때 쓴다.

예 그것[한글]은 이처럼 정보화 시대에 알맞은 과학적인 문자이다.
신경준의 《여암전서》에 "삼각산은 산이 모두 돌 봉우리인데, 그 으뜸 봉우리를 구름 위에 솟아 있다고 백운(白雲)이라 하며 [이하 생략]"
그런 일은 결코 있을 수 없다. [원문에는 '업다'임.]

Chapter 06

로마자 표기

제1장 표기의 기본 원칙

제1항 | 국어의 로마자 표기는 국어의 표준 발음법에 따라 적는 것을 원칙으로 한다.

제2항 | 로마자 이외의 부호는 되도록 사용하지 않는다.

제2장 표기 일람

제1항 | 모음은 다음 각 호와 같이 적는다.

1. 단모음

ㅏ	ㅓ	ㅗ	ㅜ	ㅡ	ㅣ	ㅐ	ㅔ	ㅚ	ㅟ
a	eo	o	u	eu	i	ae	e	oe	wi

2. 이중 모음

ㅑ	ㅕ	ㅛ	ㅠ	ㅒ	ㅖ	ㅘ	ㅙ	ㅝ	ㅞ	ㅢ
ya	yeo	yo	yu	yae	ye	wa	wae	wo	we	ui

① 'ㅢ'는 'ㅣ'로 소리 나더라도 'ui'로 적는다.

예 광희문 Gwanghuimun

② 장모음의 표기는 따로 하지 않는다.

제2항 | 자음은 다음 각 호와 같이 적는다.

1. 파열음

ㄱ	ㄲ	ㅋ	ㄷ	ㄸ	ㅌ	ㅂ	ㅃ	ㅍ
g, k	kk	k	d, t	tt	t	b, p	pp	p

2. 파찰음

ㅈ	ㅉ	ㅊ
j	jj	ch

3. 마찰음

ㅅ	ㅆ	ㅎ
s	ss	h

4. 비음

ㄴ	ㅁ	ㅇ
n	m	ng

5. 유음

ㄹ
r, l

붙임 1 'ㄱ, ㄷ, ㅂ'은 모음 앞에서는 'g, d, b'로, 자음 앞이나 어말에서는 'k, t, p'로 적는다.([ ] 안의 발음에 따라 표기함.)

붙임 2 'ㄹ'은 모음 앞에서는 'r'로, 자음 앞이나 어말에서는 'l'로 적는다. 단, 'ㄹㄹ'은 'll'로 적는다.

구리 Guri
설악 Seorak
칠곡 Chilgok
임실 Imsil
울릉 Ulleung
대관령[대괄령] Daegwallyeong

제 3 장 표기상의 유의점

제1항 | 음운 변화가 일어날 때에는 변화의 결과에 따라 다음 각호와 같이 적는다.

1. 자음 사이에서 동화 작용이 일어나는 경우(비음화, 유음화)

백마[뱅마] Baengma
신문로[신문노] Sinmunno
종로[종노] Jongno
왕십리[왕심니] Wangsimni
별내[별래] Byeollae
신라[실라] Silla

2. 'ㄴ, ㄹ'이 덧나는 경우

학여울[항녀울] Hangnyeoul
알약[알략] allyak

3. 구개음화가 되는 경우

해돋이[해도지] haedoji
같이[가치] gachi
굳히다[구치다] guchida

4. 용언의 자음 축약

좋고[조코] joko
놓다[노타] nota
잡혀[자펴] japyeo
낳지[나치] nachi

다만, 체언의 자음 축약은 표기에 반영하지 않는다.

묵호 Mukho
집현전 Jiphyeonjeon

붙 임 된소리되기는 표기에 반영하지 않는다.

압구정 Apgujeong
낙동강 Nakdonggang
죽변 Jukbyeon
합정 Hapjeong
낙성대 Nakseongdae
울산 Ulsan
샛별 saetbyeol
팔당 Paldang

제2항 | 발음상 혼동의 우려가 있을 때에는 음절 사이에 붙임표(-)를 쓸 수 있다.

중앙 Jung-ang
'준강'과 구별

반구대 Ban-gudae
'방우대'와 구별

세운 Se-un
'순'과 구별

해운대 Hae-undae
'하운대'와 구별

제3항 | 고유 명사는 첫 글자를 대문자로 적는다.

부산 Busan　　세종 Sejong

제4항 | 인명은 성과 이름의 순서로 띄어 쓴다. 이름은 붙여 쓰는 것을 원칙으로 하되 음절 사이에 붙임표(-)를 쓰는 것을 허용한다. [(　) 안의 표기를 허용함.]

1. 이름에서 일어나는 음운 변화는 표기에 반영하지 않는다.

민용하 Min Yongha(Min Yong-ha)
송나리 Song Nari(Song Na-ri)

2. 성의 표기는 따로 정한다.

한복남 Han Boknam(Han Bok-nam)
홍빛나 Hong Bitna(Hong Bit-na)

제5항 | '도, 시, 군, 구, 읍, 면, 리, 동'의 행정 구역 단위와 '가'는 각각 'do, si, gun, gu, eup, myeon, ri, dong, ga'로 적고, 그 앞에는 붙임표(−)를 넣는다. 붙임표(−) 앞뒤에서 일어나는 음운 변화는 표기에 반영하지 않는다.

의정부시 Uijeongbu−si
도봉구 Dobong−gu
삼죽면 Samjuk−myeon
당산동 Dangsan−dong
제주도 Jeju−do
양주군 Yangju−gun
신창읍 Sinchang−eup
인왕리 Inwang−ri

종로 2가 Jongno 2(i)−ga
봉천 1동 Bongcheon 1(il)−dong
충청북도 Chungcheongbuk−do
퇴계로 3가 Toegyero 3(sam)−ga

붙 임 '시, 군, 읍'의 행정 구역 단위는 생략할 수 있다.

청주시 Cheongju　함평군 Hampyeong　순창읍 Sunchang

» 도로명 주소 등 표기에 관한 법률(2008. 2. 29.) 및 시행령(2007. 4. 5.)에 따른 새 주소 체계에서 기존 행정 구역 단위를 대체하는 '대로(大路)', '로(路)', '길'은 각각 'daero', 'ro', 'gil'로 적고, 그 앞에는 붙임표(−)를 넣는다.

예 강남대로 Gangnam-daero　세종로 Sejong-ro　개나리길 Gaenari-gil

제6항 | 자연 지물명, 문화재명, 인공 축조물명은 붙임표(−) 없이 붙여 쓴다.

남산 Namsan
금강 Geumgang
경복궁 Gyeongbokgung
연화교 Yeonhwagyo
안압지 Anapji
화랑대 Hwarangdae
현충사 Hyeonchungsa
오죽헌 Ojukheon
종묘 Jongmyo
속리산 Songnisan
독도 Dokdo
무량수전 Muryangsujeon
극락전 Geungnakjeon
남한산성 Namhansanseong
불국사 Bulguksa
독립문 Dongnimmun
촉석루 Chokseongnu
다보탑 Dabotap

붙 임 로마자 표기 시 붙임표를 쓰는 경우

1. 붙임표를 반드시 써야 하는 경우
   ① 행정 구역 단위('do, si, gun, gu, eup, myeon, ri, dong, ga, daero, ro, gil')
2. 보통은 붙임표를 안 쓰지만 쓰는 것을 허용하는 경우
   ① 발음상 혼동의 우려가 있을 때
   ② 사람의 이름 사이에

Chapter 07

외래어 표기

제1장 표기 원칙

제1항 | 외래어는 국어의 현용 24자모만으로 적는다.

이 조항은 우리말에는 없는, 외국어의 소리를 나타내기 위해 맞춤법에 정한 24자모 이외의 특수한 기호나 문자를 만들어서는 안 된다는 것이다.

자음(14개)	ㄱ, ㄴ, ㄷ, ㄹ, ㅁ, ㅂ, ㅅ, ㅇ, ㅈ, ㅊ, ㅋ, ㅌ, ㅍ, ㅎ
모음(10개)	ㅏ, ㅑ, ㅓ, ㅕ, ㅗ, ㅛ ,ㅜ, ㅠ, ㅡ, ㅣ

제2항 | 외래어의 1 음운은 원칙적으로 1 기호로 적는다.

[f]의 경우 'ㅎ'과 'ㅍ'으로 쓸 수 있지만, 1 음운은 1 기호로 적는다는 원칙에 의해 일관되게 'ㅍ'으로 적는다.

구 분	바른 표기(○)	틀린 표기(×)
family	패밀리	훼밀리
fighting	파이팅	화이팅

제3항 | 받침에는 'ㄱ, ㄴ, ㄹ, ㅁ, ㅂ, ㅅ, ㅇ'만을 쓴다.

구 분	바른 표기(○)	틀린 표기(×)
racket	라켓	라켙
diskette	디스켓	디스켙
biscuit	비스킷	비스킽
market	마켓	마켙
chocolate	초콜릿	초콜릳
workshop	워크숍	워크숖
Gallup	갤럽	갤렆

제4항 | 파열음 표기에는 된소리를 쓰지 않는 것을 원칙으로 한다.

1. [p, t, k]나 [b, d, g] 등의 **파열음은 국어에서 된소리나 된소리에 가깝게 발음하는 경향이 있으나 표기에는 된소리를 쓰지 않는다.**

구 분	바른 표기(○)	틀린 표기(×)
Paris	파리	빠리
conte	콩트	꽁트

2. 서구 외래어의 경우에는 **마찰음 'ㅅ'과 파찰음 'ㅈ'을 된소리 'ㅆ, ㅉ'으로 표기하지 않는다.**

구 분	바른 표기(○)	틀린 표기(×)
self service	셀프 서비스	쎌프 써비스
Mozart	모차르트	모짜르트
suntan	선탠	썬탠

제5항 | 이미 굳어진 외래어는 관용을 존중하되, 그 범위와 용례는 따로 정한다.

1. '카메라(camera), 라디오(radio)' 등 **이미 굳어진 외래어는 외래어 표기법 원칙을 준수하지 않고 관용에 따른다**(캐머러×, 레이디오×).

구 분	관용 존중(○)	원칙이지만 인정 안 함(×)
camera	카메라	캐머러
radio	라디오	레이디오
mania	마니아	매니아
observer	옵서버	옵저버
閨秀	규수	큐수
condenser	콘덴서	컨덴서
accent	악센트	액센트
technology	테크놀로지	테크날로지

2. 뜻에 따라 외래어 **표기 원칙을 준수하거나 관용 표기가 모두 사용되는 경우도 있다.**

구 분	외래어 표기 원칙	관용 표기
cut	컷(인쇄물의 작은 사진)	커트(머리를 자름)
type	타이프(글자를 찍는 기계)	타입(유형)

PART 05

출.좋.포 문법·어휘

Part 06

어휘

Chapter 01

혼동 어휘 구별

가름 : 그들의 끈기가 이 경기의 승패를 가름했다.
갈음 : 오늘 이것으로 치사를 갈음하고자 합니다.
가늠 : 전봇대의 높이를 가늠할 수 있겠니?

▶ 가름 : 쪼개거나 나누어 따로따로 되게 하는 일 / 승부나 등수 따위를 정하는 일
갈음 : 다른 것으로 바꾸어 대신함.
가늠 : 사물을 어림잡아 헤아리다.

결제(決濟) : 그 회사는 어음을 결제하지 못해 부도 처리가 됐다.
결재(決裁) : 사장님의 결재를 받았다.

▶ 결제(決濟) : 증권이나 대금의 수수(授受)에 의해서 매매 당사자 간의 거래 관계를 끝맺음.
결재(決裁) : 상관이 부하가 제출한 안건을 검토하여 승인함.

구별(區別) : 그 형제는 너무 닮아서 누가 동생이고 누가 형인지 구별할 수 없다.
구분(區分) : 문학은 서정 갈래, 서사 갈래, 교술 갈래, 극 갈래로 구분할 수 있다.
분류(分類) : 서정 갈래, 서사 갈래, 교술 갈래, 극 갈래를 문학으로 분류할 수 있다.

▶ 구별(區別) : 성질이나 종류에 따라 차이가 남. 또는 성질이나 종류에 따라 갈라놓음.
구분(區分) : 일정한 기준에 따라 나눔.
분류(分類) : 일정한 기준에 따라 묶음.

경신(更新) : 마라톤 세계 기록 경신. 그의 이론은 논리학과 철학에 경신을 일으켰다.
갱신(更新) : 카드를 갱신하였다. 계약을 갱신하였다.

▶ 경신(更新) : 종전의 기록을 깨뜨림. 이미 있던 것을 고쳐 새롭게 함.
갱신(更新) : 법률관계의 존속 기간이 끝났을 때 그 기간을 연장하는 일

계발(啓發) : 교사는 학생이 잠재된 창의성을 계발하도록 해야 한다.
개발(開發) : 경치가 좋은 곳을 관광지로 개발하려고 한다.
교사는 학생이 잠재된 창의성을 개발하도록 해야 한다.
첨단 산업을 개발하고 육성하다.

▶ 계발(啓發) : 슬기나 재능, 사상 따위를 일깨워 줌.
개발(開發) :
- 토지나 천연자원 따위를 유용하게 만듦.
- 지식이나 재능 따위를 발달하게 함.
- 산업이나 경제 따위를 발전하게 함.
- 새로운 물건을 만들거나 새로운 생각을 내어놓음.

개재(介在) : 이번 협상에는 수많은 변수가 개재되어 있다.
게재(揭載) : 학술지에 논문을 게재하였다
계제(階梯) : 공부에는 밟아야 되는 계제가 있다.
지금은 이것저것 가릴 계제가 아니다.
변명할 계제가 없었다.

▶ 개재(介在) : 어떤 것들 사이에 끼여 있음. '끼어듦', '끼여 있음'
게재(揭載) : (글이나 사진, 그림 따위를) 신문이나 잡지에 실음.
계제(階梯) : • 일이 되어 가는 순서나 절차를 비유적으로 이르는 말
• 어떤 일을 할 수 있게 된 형편이나 기회

혼동(混同) : 자유와 방종을 혼동하였다.
혼돈(混沌) : 외래문화의 무분별한 수입은 가치관의 혼돈을 초래하였다.
혼란(混亂) : 불이 나자 선생님들은 혼란을 수습하였다.

▶ 혼동(混同) : 어떤 현상을 잘못 판단하다.
'A, B를 헷갈려 한다'로 많이 사용된다.

▶ 혼돈(混沌) : 마구 뒤섞여 있어 갈피를 잡을 수 없음. 또는 그런 상태
혼란(混亂) : 뒤죽박죽이 되어 어지럽고 질서가 없음.

곤욕(困辱) : 철수는 갖은 곤욕과 모멸, 박대를 당했다.
곤혹(困惑) : 나는 그녀의 예기치 못한 행동에 곤혹을 느꼈다.

▶ 곤욕(困辱) : 심한 모욕.
곤혹(困惑) : 곤란한 일을 당하여 어찌할 바를 모름.

사단(事端) : 그 탐정은 그 끔찍한 일의 사단을 구하고 있었다.
사달 : 사달이 생겨 일이 뜻대로 되지 않았다.

▶ 사단(事端) : 사건의 단서, 실마리
사달 : 사고나 탈

방증(傍證) : 그 저서는 저자의 해박함을 방증하는 역작이다.
반증(反證) : 그 논리의 오류를 입증할 수 있는 반증을 제시해 보십시오.

▶ 방증(傍證) : 사실을 증명할 수 있는 증거가 되지는 않지만, 주변의 상황을 밝힘으로써 범죄의 증명에 간접적으로 도움이 되는 증거.
반증(反證) : 어떤 사실이나 주장에 대해 증거를 들어 그것을 부정하는 일.

한창 : 가을 숲의 잎이 한창 물들고 있었다.
한참 : 철수는 영희의 눈을 한참 바라보더니 도망갔다.

▶ 한창 : 가장 활기 있고 왕성하게
한참 : 시간이 상당히 지나는 동안. 오랜 동안

햇빛 : 햇빛에 눈이 부셔서 힘들다.
햇볕 : 양지바른 곳에 앉아 햇볕을 쬐면서 이야기를 나누었다.

▶ 햇빛 : 해의 빛. 태양 광선
햇볕 : 해에서 내리쬐는 뜨거운 기운

껍데기 : 달걀 껍데기
껍질 : 나무껍질, 돼지 껍질

▶ 껍데기 : 단단한 물질
껍질 : 딱딱하지 않은 물체의 겉을 싼 질긴 물질

지향(志向)하다 : 평화를 지향하다.
지양(止揚)하다 : 흡연을 지양해야 한다.

▶ 지향(志向)하다 : 어떤 목적으로 뜻이 쏠리어 향함.
지양(止揚)하다 : 어떤 것을 하지 않음.

애먼 : 애먼 사람을 잡지 마라.
엄한 : 철수는 자식에게 엄한 아버지였다.

▶ 애먼 : 엉뚱하게 느껴지는.
엄한 : 엄격하다

반드시 : 약속은 반드시 지켜라.
반듯이 : 고개를 반듯이 들어라.

▶ 반드시 : 틀림없이 꼭
반듯이 : 비뚤어지거나 기울거나 굽지 않고 바르게

지그시 : 놀부는 흥부의 발을 지그시 밟았다.
지긋이 : 영희는 나이가 지긋이 들어 보였다

▶ 지그시 : 슬며시 힘을 주는 모양
지긋이 : 나이가 비교적 많아 듬직하게

이따가 : 이따가 오너라.
있다가 : 돈은 있다가도 없다.
여기에 며칠 더 있다가 갈게.

▶ 이따가 : '조금 지난 뒤에'라는 뜻을 나타내는 부사
있다가 : '있다'의 '있-'에 어떤 동작이나 상태가 끝나고 다른 동작이나 상태로 옮겨지는 뜻을 나타내는 어미 '-다가'가 붙은 형태이다. '이따가'도 어원적인 형태는 '있- + -다가'로 분석되는 것이지만, 그 어간의 본뜻에서 멀어진 것이므로 소리 나는 대로 적는다.

하노라고 : 하노라고 한 것이 이 모양이다.
하느라고 : 공부하느라고 밤을 새웠다.

- -노라고 : 자기 나름대로 꽤 노력했음.
  -느라고 : 앞의 내용이 뒤에 오는 내용의 목적이나 원인이 됨.

걷잡다 : 걷잡을 수 없는 상태
겉잡다 : 겉잡아서 이틀 걸릴 일

- 걷잡다 : 한 방향으로 치우쳐 흘러가는 형세 따위를 붙들어 잡다. 마음을 진정하거나 억제하다.
  겉잡다 : 겉으로 보고 대강 짐작하여 헤아리다.

바치다 : 나라를 위해 목숨을 바쳤다.
받치다 : 우산을 받치고 간다.
책받침을 받친다.
이 영화는 배경 음악이 장면을 잘 받쳐 주어서 더욱 감동적이다.
맨바닥에서 잠을 자려니 등이 받쳐서 잠이 오지 않는다.
받히다 : 이장님이 쇠뿔에 받혔다.
고추 백 근을 시장 상인에게 받혔다.
밭치다 : 삶은 국수를 찬물에 헹군 후 체에 밭쳐 놓았다.

- 바치다 : 신이나 웃어른께 드리다. 무엇을 위하여 모든 것을 아낌없이 내놓거나 쓰다.
  받치다 : 물건의 밑이나 옆 따위에 다른 물체를 대다. 어떤 일을 잘할 수 있도록 뒷받침해 주다.
  받히다 : '받다(머리나 뿔 따위로 세차게 부딪치다.)'의 피동사 / '받다(사다)'의 사동사
  밭치다 : '밭다(건더기와 액체가 섞인 것을 체 따위에 따라서 액체만을 따로 받아 내다.)'를 강조

늘이다 : 엿가락(바짓단, 고무줄)을 늘인다.
늘리다 : 엿가락(바짓단, 고무줄)의 나머지

- 늘이다 : 본디보다 더 길어지게 하다.
  늘리다 : 물체의 부피 따위를 본디보다 커지게 하다. 수나 분량 따위를 본디보다 많아지게 하다.

두껍다 : 추워서 옷을 두껍게 입었다.
선수층은 두껍다.
안개가 두껍게 깔렸다.
두텁다 : 친분이 두텁다. 두터운 은혜.

- 두껍다 : 두께가 두툼하다. 층의 높이나 집단의 규모가 크다. 어둠이나 안개 따위가 짙다.
  두텁다 : 신의, 믿음, 관계, 인정 따위가 굳고 깊다.

다치다 : 부주의로 손을 다쳤다.
닫치다 : 그가 문을 힘껏 닫쳤다.
닫히다 : 문이 저절로 닫혔다.

- 다치다 : 신체에 상처가 생기다.
  닫치다 : 문짝 따위를 세게 닫다. 입을 굳게 다물다.
  닫히다 : '닫다(문짝 따위를 제자리로 가게 하여 막다.)'의 피동사

부딪치다 : 차와 차가 마주 부딪쳤다.
자동차가 가로수에 부딪쳤다.
부딪히다 : 마차가 화물차에 부딪혔다.
공공 정책은 강력한 반대에 부딪혀 공공 갈등을 유발한다.

- 부딪치다 : '부딪다'를 강조
  부딪히다 : '부딪다'의 피동사. 부딪음을 당하다.

맞히다 : 여러 문제를 더 맞혔다.
화살을 과녁에 정확하게 맞혔다.
꼬마들에게는 주사를 맞히기가 힘들다.
이런 날씨에 비를 맞히니 멀쩡한 사람도 병이 나지.
맞추다 : 시험이 끝나고 나와 철호는 서로의 답을 맞춰 보았다.
이제 각자의 답을 정답과 맞춰 보도록 해라.

- 맞히다 : 문제에 대한 답을 틀리지 않게 하다. 자연 현상에 따라 내리는 눈, 비 따위를 맞게 하다.
  맞추다 : '맞추다'는 '대상끼리 서로 비교한다.'는 의미를 가져서 '답안지를 정답과 맞추다.'와 같은 경우에만 쓴다.

부치다 : 힘이 부치는 일이다. 편지를 부친다. 논밭을 부친다.
붙이다 : 우표를 붙인다. 별명을 붙인다. 책상을 벽에 붙였다.
흥정을 붙인다. 불을 붙인다. 감시원을 붙인다. 조건을 붙인다.

- '붙이다'에는 '붙게 하다'의 의미가 있는 반면, '부치다'에는 그런 의미가 없다.
- '부치다'에는 다음과 같은 의미가 있다.
  ① 모자라거나 미치지 못하다. 예 그 일은 이제 기력이 **부쳐** 할 수 없다.
  ② 편지나 물건 따위를 상대에게 보내다. 예 아들에게 학비와 용돈을 **부치**다.
  ③ 논밭을 이용하여 농사를 짓다. 예 **부쳐** 먹을 내 땅 한 평 없다.
  ④ 프라이팬 따위에 기름을 바르고 빈대떡 따위의 음식을 만들다. 예 전을 **부치다**.
  ⑤ 어떤 행사나 특별한 날에 즈음하여 어떤 의견을 나타내다. 예 젊은 세대에 **부치는** 서(書). 식목일에 **부치**는 글.
  ⑥ 어떤 문제를 다른 곳이나 다른 기회로 넘기어 맡기다. 예 안건을 회의에 **부치다**.
  ⑦ 원고를 인쇄에 넘기다. 예 접수된 원고를 편집하여 인쇄에 **부쳤다**.
  ⑧ 먹고 자는 일을 제집이 아닌 다른 곳에서 하다. 예 삼촌 집에 숙식을 **부치다**.
- '붙이다'에는 다음과 같은 의미가 있다.
  ① 맞닿아 떨어지지 아니하게 하다. 예 우표를 **붙이다**.
  ② 물체와 물체 따위를 서로 바짝 가깝게 놓다. 예 가구를 벽에 **붙이다**.
  ③ 겨루는 일 따위가 서로 어울려 시작되게 하다. 예 싸움을 **붙이다**.
  ④ 불을 옮겨 타게 하다. 예 연탄에 불을 **붙이다**.
  ⑤ 사람 등을 딸려 붙게 하다. 예 아이에게 가정 교사를 **붙여** 주다.
  ⑥ 조건, 이유, 구실 따위를 달다. 예 계약에 조건을 **붙이다**.
  ⑦ 어떤 감정이나 감각이 생겨나게 하다. 예 공부에 흥미를 **붙이다**. 아이와 정을 **붙이다**.
  ⑧ 이름 따위를 만들어 주다. 예 별명을 **붙이다**.

아름 : 세 아름 되는 둘레
알음 : 전부터 알음이 있는 사이
앎 : 앎이 힘이다.

▶ 아름 : 두 팔을 둥글게 모아서 만든 둘레 또는 그러한 둘레의 길이를 나타내는 단위
알음 : 사람끼리 서로 아는 일, 지식이나 지혜가 있음.
앎 : '아는 일'이라는 뜻의 말이다.

안치다 : 밥을 안친다.
앉히다 : 윗자리에 앉힌다.
그는 책을 읽다가 중요한 것을 여백에 앉히는 습관이 있다.
선생님은 아이들에게 인사하는 버릇을 앉혀 주셨다.

▶ 안치다 : 음식을 만들기 위하여 그 재료를 솥이나 냄비 따위에 넣고 불 위에 올리다.
앉히다 : '앉다'의 사동사로 쓰이거나, 문서에 줄거리를 따로 적어 놓다, 버릇을 가르치다.

저리다 : 다친 다리가 저리다.
절이다 : 김장 배추를 절이다.

▶ 저리다 : 뼈마디나 몸의 일부가 쑤시듯이 아프다, 몸의 일부가 오래 눌려서 피가 잘 통하지 못해 감각이 둔하고 아리다.
절이다 : 푸성귀나 생선 따위에 소금기나 식초, 설탕 따위를 배어들게 하다.

조리다 : 생선을 조린다. / 통조림, 병조림
졸이다 : 마음을 졸인다. / 찌개를 졸이다

▶ 조리다 : 양념을 한 고기나 생선, 채소 따위를 국물에 넣고 바짝 끓여서 양념이 배어들게 하다.
졸이다 : 속을 태우다시피 초조해하다.

썩히다 : 음식을 썩혀 거름을 만들다.
그는 시골구석에서 재능을 썩히고 있다.
썩이다 : 여태껏 부모 속을 썩이거나 말을 거역한 적이 없었다.

▶ 썩히다 : 부패하게 하다. 물건이나 사람, 사람의 재능 따위가 쓰이지 못하고 내버려진 상태로 있게 하다.
썩이다 : 마음이 몹시 괴로운 상태가 되게 만들다.

삭히다 : 김치를 삭히다. 멸치젓을 삭히다.
삭이다 : 철수는 분을 삭이다.

▶ 삭히다 : 발효시키다.
삭이다 : 분한 마음을 가라앉히다.

돋구다 : 눈이 침침한 걸 보니 안경의 도수를 돋굴 때가 되었나 보다.
돋우다 : 농무는 신명을 돋우고 있었다.

▶ 돋구다 : 안경의 도수 따위를 더 높게 하다.
돋우다 : '돋구다'를 제외한 나머지

그슬다 : 바닷가에서 새우를 불에 그슬어서 먹었다.
그을다 : 들판 곳곳에는 까맣게 그을린 농부들이 있다.

▶ 그슬다 : 불에 쬐어 거죽만 살짝 타게 하다.
그을다 : 햇볕·연기 등을 오래 쐬어 검게 되다.

띄다 : 서로 책상과의 간격을 띄어야 한다.
원고에 가끔 오자가 눈에 띈다.
띠다 : 중대한 임무를 띠다. 대화는 열기를 띠기 시작했다.

▶ 띄다 : 간격을 띄다, 눈에 띄다.
띠다 : '띄다'를 제외한 나머지

좇다 : 명예를 좇는 젊은이. 아버지의 유언을 좇다.
쫓다 : 파리를 쫓았다. 어머니는 아들을 쫓아 방에 들어갔다.

▶ 좇다 : 긍정적 대상을 추구하다.
쫓다 : 떠나도록 내몰다. 부정적인 상황에서 잡기 위해 급히 따르다.

-대 : 영희가 그러는데 철수는 아주 똑똑하대. / 철수도 오겠대? / 대체 왜 그랬대?
-데 : 어제 시험을 봤는데 시험이 아주 어렵데.

▶ -대 : '-다고 해'가 줄어든 말. 남이 말한 내용을 간접적으로 전달함. 의문형 종결 어미
-데 : '-더라'가 줄어든 말. 화자가 직접 목격한 사실을 말함.

-느니보다[어미] : 나를 찾아오느니보다 집에 있어라.
-는 이보다[의존 명사] : 오는 이가 가는 이보다 많다.

▶ -느니보다 : '-는 것보다'
-는 이보다 : '-는 사람보다'

-(으)리만큼[어미] : 나를 미워하리만큼 그에게 잘못한 일이 없다.
-(으)ㄹ 이만큼[의존 명사] : 찬성할 이도 반대할 이만큼이나 많을 것이다.

▶ -(으)리만큼 : '-(으)ㄹ 정도로'
-(으)ㄹ 이만큼 : '-(으)ㄹ 사람만큼'

−(으)러[목적] : 공부하러 간다.
−(으)려[의도] : 서울 가려 한다.

- −(으)러 : 가거나 오거나 하는 동작의 목적
  −(으)려(고) : 어떤 행동을 할 의도나 욕망을 가지고 있음.

(으)로서[자격] : 사람으로서 그럴 수는 없다.
(으)로써[수단] : 닭으로써 꿩을 대신했다.

- (으)로서 : '지위나 신분, 자격'
  (으)로써 : '재료, 수단, 도구'
- 한편 '(으)로써'는 '어떤 일의 기준이 되는 시간'의 의미로 쓰이기도 한다.

−(으)므로[어미] : 그가 나를 믿으므로 나도 그를 믿는다.
(−ㅁ, −음)으로(써)[조사] : 그는 믿음으로(써) 산 보람을 느꼈다.

- −(으)므로 : 까닭을 나타내는 어미
  −(으)ㅁ으로(써) : '-(으)ㅁ'에 조사 '으로(써)'가 결합한 형태이다.
  어미 '-(으)므로'에는 '써'가 결합하지 않는다.

Chapter

02 출제 가능한 한자 어휘 50

독해 최빈출 어휘

1 각축(角逐) [角 뿔 각 逐 쫓을 축]
서로 이기려고 다투며 덤벼듦. 예 중국 시장을 둘러싼 각국의 각축은 더욱 치열해질 것 같다.

2 간과(看過) [看 볼 간 過 지날 과]
큰 관심 없이 대강 보아 넘김. 예 나는 그가 따라 주는 술을 마시면서도 그 사실을 결코 간과하지 않았다. ≪전상국, 외딴길≫

3 견지(見地) [見 볼 견 地 땅 지]
어떤 사물을 판단하거나 관찰하는 입장. 예 예술가의 견지로 보면 하찮은 돌멩이도 훌륭한 작품 소재가 된다.

4 고소(苦笑) [苦 쓸 고 笑 웃음 소]
어이가 없거나 마지못하여 짓는 웃음. 예 고소를 띠다.

5 관념(觀念) [觀 볼 관 念 생각 념(염)]
(1) 어떤 일에 대한 견해나 생각. 예 이 식당의 종업원은 위생에 대한 관념이 철저하지 못하다.
(2) 현실에 의하지 않는 추상적이고 공상적인 생각. 예 관념에 빠지다.

6 교착(膠着) [膠 아교 교 着 붙을 착]
(1) 아주 단단히 달라붙음. 예 이 풀은 교착이 잘되지 않는다.
(2) 어떤 상태가 굳어 조금도 변동이나 진전이 없이 머묾. 예 회담이 교착 상태에 빠져 진전이 없었다.

7 금자탑(金字塔) [金 쇠 금 字 글자 자 塔 탑 탑]
길이 후세에 남을 뛰어난 업적을 비유적으로 이르는 말. 예 역사에 길이 남을 금자탑을 이룩하다.

8 가공(可恐) [可 옳을 가 恐 두려울 공]
두려워하거나 놀랄 만함. 예 언론의 위력은 가공할 만하다.

9 개안(開眼) [開 열 개 眼 눈 안]
(1) 눈을 뜸.
예 모자에 대한 관심이 어찌도 깊었던지 혼취하여 자다가도 개안 일 번 첫 밭으로 찾는 것은 "내 모자!" 하고 부르짖을 지경이었다. ≪변영로, 명정 40년≫
(2) 깨달아 아는 일.
예 조병수는 그 다져진 터전에 실로 많은 빛을 던져 주었던 것이다. 그중 하나가 예술에 대한 휘의 개안이었다. ≪박경리, 토지≫

10 개전(改悛) [改 고칠 개 悛 고칠 전]
행실이나 태도의 잘못을 뉘우치고 마음을 바르게 고쳐먹음. 예 죄인에게 개전의 기회를 주다.

11 구가(謳歌) [謳 노래 구 歌 노래 가]
(1) 여러 사람이 입을 모아 칭송하여 노래함.
(2) 행복한 처지나 기쁜 마음 따위를 거리낌 없이 나타냄. 또는 그런 소리.
예 인생의 신음 소리보다는 인생의 구가가 듣고 싶은 욕망이 더욱 끓어올랐다. ≪이태준, 화관≫

12 귀감(龜鑑) [龜 거북 귀 鑑 거울 감]
거울로 삼아 본받을 만한 모범. 예 신사임당은 한국 여성의 귀감이다.

13 논증(論證) [論 논할 론(논) 證 증거 증]
옳고 그름을 이유를 들어 밝힘. 또는 그 근거나 이유. 예 논증이 불가능한 일을 근거로 내세울 수는 없다.

14 도외시(度外視) [度 법도 도 外 바깥 외 視 볼 시]
상관하지 아니하거나 무시함. 예 현실을 도외시하다.

15 맹목적(盲目的) [盲 눈멀 맹 目 눈 목 的 과녁 적]
주관이나 원칙이 없이 덮어놓고 행동하는. 예 그녀는 부모님께 맹목적으로 순종했다.

16 모순(矛盾) [矛 창 모 盾 방패 순]
어떤 사실의 앞뒤, 또는 두 사실이 이치상 어긋나서 서로 맞지 않음을 이르는 말.
예 체제의 모순을 극복하다.

17 반증(反證) [反 돌이킬 반 證 증거 증]
(1) 어떤 사실이나 주장이 옳지 아니함을 그에 반대되는 근거를 들어 증명함. 또는 그런 증거.
예 그의 주장은 논리가 워낙 치밀해서 반증을 대기가 어렵다.
(2) 어떤 사실과 모순되는 것 같지만, 거꾸로 그 사실을 증명하는 것.
예 그들이 이토록 조용한 것은 더 큰 음모들을 꾸미고 있다는 반증이기 때문이다. ≪홍성원, 육이오≫

18 반추(反芻) [反 돌이킬 반 芻 꼴 추]
(1) 한번 삼킨 먹이를 다시 게워 내어 씹음. 예 소나 염소 따위는 먹이를 반추하는 동물이다.
(2) 어떤 일을 되풀이하여 음미하거나 생각함. 또는 그런 일.
예 푸념을 하는 것도 실은 그 시절의 영광의 헛된 반추에 지나지 않을지도 모르겠다. ≪박완서, 엄마의 말뚝≫

19 부유(浮遊) [浮 뜰 부 遊 놀 유]
(1) 물 위나 물속, 또는 공기 중에 떠다님. 예 새어 들어온 햇빛 속에는 미세한 공기 입자들이 부유하고 있었다.
(2) 행선지를 정하지 아니하고 이리저리 떠돌아다님. 예 그는 집도 없이 부유 생활을 하고 있다.

20 **비견(比肩) [比 견줄 비 肩 어깨 견]**
서로 비슷한 위치에서 견줌. 또는 견주어짐. 예 흔히 설악산과 금강산을 비견한다.

21 **비방(誹謗) [誹 헐뜯을 비 謗 헐뜯을 방]**
남을 비웃고 헐뜯어서 말함. 예 불만이 쌓이고 쌓인 나머지 그는 상사에 대한 비방을 서슴지 않고 했다.

22 **백안시(白眼視) [白 흰 백 眼 눈 안 視 볼 시]**
남을 업신여기거나 무시하는 태도로 흘겨봄. 중국의 진나라 때 죽림칠현의 한 사람인 완적(阮籍)이 반갑지 않은 손님은 백안(白眼)으로 대하고, 반가운 손님은 청안(青眼)으로 대한 데서 유래한다.
예 고향에 돌아와 사람들로부터 받은 백안시, 그리고 수모가 그녀의 가슴에 적개심으로 남아 있었다. ≪최일남, 거룩한 응달≫

23 **보편성(普遍性) [普 넓을 보 遍 두루 편 性 성품 성]**
모든 것에 두루 미치거나 통하는 성질.
예 그의 이론은 보편성이 부족하여 일반적인 상황에 적용시키기에는 무리가 있다.

24 **사주(使嗾) [使 하여금 사 嗾 부추길 주]**
남을 부추겨 좋지 않은 일을 시킴. 예 사주를 받다.

25 **상쇄(相殺) [相 서로 상 殺 빠를 쇄]**
상반되는 것이 서로 영향을 주어 효과가 없어지는 일. 예 위로가 나의 정신적 고통이 상쇄가 될 수는 없다.

26 **상정(上程) [上 윗 상 程 한도 정]**
토의할 안건을 회의 석상에 내어놓음. 예 그 안건은 본회의에 상정되었다.

27 **소거(掃去) [掃 쓸 소 去 갈 거]**
부정적인 것을 모조리 없앰. 예 학생 보호 구역에서 담배 피우는 사람들을 소거하다.

28 **쇄도(殺到) [殺 빠를 쇄 到 이를 도]**
⑴ 전화, 주문 따위가 한꺼번에 세차게 몰려듦. 예 방문객의 쇄도로 안내원은 정신이 없었다.
⑵ 어떤 곳을 향하여 세차게 달려듦. 예 놀이공원 많은 이용자의 쇄도로 연일 성황을 이루었다.

29 **승화(昇華) [昇 오를 승 華 빛날 화]**
⑴ 어떤 현상이 더 높은 상태로 발전하는 일. 예 철수는 드디어 진정한 황제로 승화하였다.
⑵ 고체에 열을 가하면 액체가 되는 일이 없이 곧바로 기체로 변하는 현상. 예 상온에서 승화 현상을 볼 수 있다.

30 **시사(示唆) [示 보일 시 唆 부추길 사]**
어떤 것을 미리 간접적으로 표현해 줌. 예 낙관적인 시사를 던져 주다.

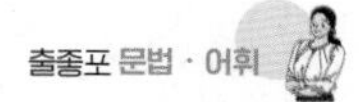

31 실존(實存) [實 열매 실 存 있을 존]
실제로 존재함. 또는 그런 존재. 예 그 영화의 주인공은 실존 인물을 바탕으로 만들어졌다.

32 실증(實證) [實 열매 실 證 증거 증]
실제로 증명함. 또는 그런 사실.
예 부끄러움을 느낀다는 것은 인간이 한낱 동물이 아니고 깊고 높은 인격의 차원 속에서 살고 있다는 것을 실증하는 것이다. ≪안병욱, 사색인의 향연≫

33 애환(哀歡) [哀 슬플 애 歡 기쁠 환]
슬픔과 기쁨을 아울러 이르는 말. 예 이산가족의 애환과 염원.

34 어용(御用) [御 거느릴 어 用 쓸 용]
자신의 이익을 위하여 권력자나 권력 기관에 영합하여 줏대 없이 행동하는 것을 낮잡아 이르는 말.
예 그들은 어용 문인들을 내세워 새로운 정치 세력의 당위성을 대대적으로 선전했다.

35 여한(餘恨) [餘 남을 여 恨 한 한]
풀지 못하고 남은 원한. 예 막내가 결혼하는 것까지 보았으니 이제 죽어도 여한이 없다.

36 역린(逆鱗) [逆 거스를 역 鱗 비늘 린(인)]
임금의 노여움을 이르는 말. 용의 턱 아래에 거꾸로 난 비늘을 건드리면 용이 크게 노하여 건드린 사람을 죽인다고 한다.
예 그들이 이번의 사건을 왕비께 아뢸 때에 왕비의 역린은 컸다. 당장에 이활민파 및 그의 제자 전부를 잡아서 찢어 죽이라 하였다. ≪김동인, 젊은 그들≫

37 역설(力說) [力 힘 력(역) 說 말씀 설]
자기의 뜻을 힘주어 말함. 또는 그런 말. 예 선생님의 역설에 귀를 기울이다.

38 와중(渦中) [渦 소용돌이 와 中 가운데 중]
일이나 사건 따위가 시끄럽고 복잡하게 벌어지는 가운데.
예 그 승려의 얼굴엔 치열한 경쟁의 와중을 뚫고 직장을 잡은 자 특유의 자부가 흐르고 있었다. ≪김성동, 만다라≫

39 융합(融合) [融 녹을 융 合 합할 합]
다른 종류의 것이 녹아서 서로 구별이 없게 하나로 합하여지거나 그렇게 만듦. 또는 그런일.
예 모든 종교는 그 나라의 고유 신앙에 조금씩은 융합하기 마련이다.

40 이견(異見) [異 다를 이 見 볼 견]
어떠한 의견에 대한 다른 의견. 또는 서로 다른 의견. 예 이견을 가지다.

41 자문(諮問) [諮 물을 자 問 물을 문]
어떤 일을 좀 더 효율적이고 바르게 처리하려고 그 방면의 전문가나, 전문가들로 이루어진 기구에 의견을 물음.
예 자문에 응하다.

42 자성(自省) [自 스스로 자 省 살필 성]
자기 자신의 태도나 행동을 스스로 반성함. 예 부유층에서 과소비에 대한 자성의 목소리가 높아지고 있다.

43 자조(自嘲) [自 스스로 자 嘲 비웃을 조]
자기를 비웃음. 예 자조의 웃음을 짓다.

44 재고(再考) [再 두 재 考 생각할 고]
어떤 일이나 문제 따위에 대하여 다시 생각함. 예 그 일의 결과는 너무나 뻔하므로 재고의 여지도 없다.

45 저촉(抵觸) [抵 막을 저 觸 닿을 촉]
법률이나 규칙 따위에 위반되거나 거슬림. 예 선거법 저촉 여부를 검토하다.

46 절충(折衝) [折 꺾을 절 衝 찌를 충]
적의 전차(戰車)를 후퇴시킨다는 뜻으로, 이해관계가 서로 다른 상대와 교섭하거나 담판함을 이르는 말.
예 막판 절충을 벌이다.

47 조소(嘲笑) [嘲 비웃을 조 笑 웃음 소]
흉을 보듯이 빈정거리거나 업신여기는 일. 또는 그렇게 웃는 웃음. = 비웃음. 예 입가에 조소를 머금다.

48 조장(助長) [助 도울 조 長 길 장]
바람직하지 않은 일을 더 심해지도록 부추김. 예 과소비 조장.

49 족적(足跡) [足 발 족 跡 발자취 적]
(1) 발로 밟고 지나갈 때 남는 흔적. 또는 그때 나는 소리. = 발자취. 예 족적을 남기다.
(2) 지나온 과거의 역정을 비유적으로 이르는 말. 예 그는 현대사에 큰 족적을 남겼다.

50 중첩(重疊) [重 무거울 중 疊 겹쳐질 첩]
거듭 겹치거나 포개어짐. 예 앞으로 고난은 중첩이오. 그런 만큼 일하는 보람은 있겠지만요. ≪박경리, 토지≫

51 천부적(天賦的) [天 하늘 천 賦 부세 부 的 과녁 적]
태어날 때부터 지닌. 예 그 사람은 남을 웃기고 즐겁게 하는 데에 천부적인 재능을 지녔다.

52 추상적(抽象的) [抽 뽑을 추 象 코끼리 상 的 과녁 적]
(1) 어떤 사물이 직접 경험하거나 지각할 수 있는 일정한 형태와 성질을 갖추고 있지 않은. 예 추상적 그림.
(2) 구체성이 없이 사실이나 현실에서 멀어져 막연하고 일반적인. 예 추상적 언급.

53 추이(推移) [推 밀 추 移 옮길 이]
일이나 형편이 시간의 경과에 따라 변하여 나감. 또는 그런 경향. 예 사건의 추이를 살피다.

54 통찰(洞察) [洞 골 동 察 살필 찰]
예리한 관찰력으로 사물을 꿰뚫어 봄.
예 밝은 이성에 의한 깊은 통찰과 굳센 의지에 의한 조용한 인내를 그는 무엇보다도 강조한다. ≪안병욱, 사색인의 향연≫

55 투영(投影) [投 던질 투 影 그림자 영]
(1) 물체의 그림자를 어떤 물체 위에 비추는 일. 또는 그 비친 그림자.
예 두 명은 불빛들로 밝혀진 하늘에 그림자를 뚜렷하게 투영하고서 점차 블록 담 쪽으로 접근해 오고 있었다. ≪조선작, 영자의 전성시대≫
(2) 어떤 상황이나 자극에 대한 해석, 판단, 표현 따위에 심리 상태나 성격을 반영함.
예 그는 타인의 고통에 불행했던 자신을 투영하면서 위안을 얻는다.

56 폄하(貶下) [貶 낮출 폄 下 아래 하]
가치를 깎아내림. 예 신라의 정통성을 강조하기 위한 백제사의 폄하는 올바르지 않다.

57 포괄(包括) [包 쌀 포 括 묶을 괄]
일정한 대상이나 현상 따위를 한데 묶어서 어떤 범위나 한계 안에 모두 들게 함.
예 한국어란 우리말과 우리글을 포괄하는 용어이다.

58 포착(捕捉) [捕 잡을 포 捉 잡을 착]
(1) 꼭 붙잡음. 예 좋은 인물 사진은 구도와 표정의 포착에 성패가 달려 있다.
(2) 요점이나 요령을 얻음. 예 기자들은 김 의원 발언의 요점 포착을 위해 애를 썼다.
(3) 어떤 기회나 정세를 알아차림. 예 그녀는 자신이 나서야 할 시기의 포착에 뛰어났다.
(4) 증거나 단서 등을 조사하여 발견함. 예 경찰은 이미 모든 증거가 포착이 되었다고 말했다.

59 피력(披瀝) [披 헤칠 피 瀝 거를 력(역)]
생각하는 것을 털어놓고 말함. 예 수상 소감의 피력.

60 함의(含意) [含 머금을 함 意 뜻 의]
말이나 글 속에 어떠한 뜻이 들어 있음. 또는 그 뜻.
예 우리는 파격적인 그의 그림이 무엇을 함의하고 있는가를 어렴풋이 느낄 수 있었다.

61 호도(糊塗) [糊 죽 호 塗 칠할 도]
풀을 바른다는 뜻으로, 명확하게 결말을 내지 않고 일시적으로 감추거나 흐지부지 덮어 버림을 비유적으로 이르는 말.
예 흐지부지 넘기는 걸 호도라고 하는 건 알겠지? ≪윤후명, 별보다 멀리≫

62 혼곤(昏困) [昏 어두울 혼 困 곤할 곤]
정신이 흐릿하고 고달픔. 예 이 환자는 출혈이 심해 정신이 혼곤하다.

63 해학(諧謔) [諧 화할 해 謔 희롱할 학]
익살스럽고도 품위가 있는 말이나 행동. 예 해학이 넘치는 재담.

64 형극(荊棘) [荊 가시나무 형 棘 가시 극]
(1) 나무의 온갖 가시.
(2) '고난'을 비유적으로 이르는 말.
예 점심 한 끼 고의로 굶어 본 적이 없고 첩첩산중으로 밤길을 나서 본 적 없던 서성구로서는 차마 배겨 내기 힘든 형극의 하루하루였던 것이다. ≪김원일, 불의 제전≫

Part

07

출.좋.포 문법·어휘

어휘 실전 모의 3회

1회 문맥적 의미 추론
2회 유사한 표현으로 바꾸기(고유어→한자어)
3회 유사한 표현으로 바꾸기(한자어→고유어)

어휘 실전 모의: 1회 문맥적 의미 추론

▶ 레벨별 어휘 실전 모의 해설 영상은 주독야독 시즌 1(2024 7월)에서 꼭 수강해 주시기 바랍니다.

01 ㉠의 문맥적 의미와 가장 유사한 것은?

> 통증은 조직 손상이 ㉠ 일어나거나 일어나려고 할 때 의식적인 자각을 주는 방어적 작용으로 감각의 일종이다.

① 감기로 오한과 두통이 일어났다.
② 겨울 외투 속의 솜털이 일어났다.
③ 망해 가던 회사가 일어나 안정을 찾았다.
④ 그는 갑자기 자리에서 일어나 앞으로 나왔다.

정답풀이 ㉠의 문맥적 의미는 '자연이나 인간 따위에게 어떤 현상이 발생하다.'로, ①의 '일어났다'도 이와 유사한 뜻이다.

오답풀이 ② '위로 솟거나 부풀어 오르다.'의 뜻이다.
③ '약하거나 희미하던 것이 성하여지다.'의 뜻이다.
④ '누웠다가 앉거나 앉았다가 서다.'의 뜻이다.

02 문맥상 ⓐ~ⓓ의 단어와 가장 가까운 의미로 쓰인 것은?

> (가) 많은 전통적 인식론자는 임의의 명제에 대해 우리가 세 가지 믿음의 태도 중 하나만을 ⓐ 가질 수 있다고 본다.
> (나) 조건화 원리에 ⓑ 따르면, 어떤 명제가 참인지 거짓인지 새롭게 알게 되더라도 그 명제와 관련 없는 명제에 대한 믿음의 정도는 변하지 않아야 한다.
> (다) 베이즈주의자는 이렇게 상식적으로 당연하게 여겨지는 생각을 정당화하기 위해 기존의 믿음의 정도를 유지함으로써 ⓒ 얻을 수 있는 실용적 효율성에 호소할 수 있다.
> (라) 베이즈주의자는 특별한 이유 없이 기존의 믿음의 정도를 ⓓ 바꾸는 것도 이와 유사하게 에너지를 불필요하게 소모한다고 볼 수 있다.

① ⓐ: 어제 친구들과 함께 만나는 자리를 가졌다.
② ⓑ: 법에 따라 모든 절차가 공정하게 진행됐다.
③ ⓒ: 그는 젊었을 때 얻은 병을 아직 못 고쳤다.
④ ⓓ: 매장에서 헌 냉장고를 새 선풍기와 바꿨다.

정답풀이 선택지의 '따라'와 (나)의 '따르면' 모두 '어떤 경우, 사실이나 기준 위에 의거하다.'라는 뜻으로 사용되었다.

오답풀이 ① ⓐ는 '생각, 태도, 사상 따위를 마음에 품다.'라는 뜻으로 사용되었고, '자리를 가졌다'의 '가지다'는 '모임을 치르다.'라는 뜻으로 사용되었다.
③ ⓒ는 '긍정적인 태도·반응·상태 따위를 가지거나 누리게 되다.'라는 뜻으로 사용되었고, '얻은 병을 못 고쳤다'의 '얻다'는 '병을 앓게 되다.'라는 뜻으로 사용되었다.
④ ⓓ는 '원래의 내용이나 상태를 다르게 고치다.'라는 뜻으로 사용되었고, '선풍기와 바꿨다'의 '바꾸다'는 '자기가 가진 물건을 다른 사람에게 주고 대신 그에 필적할 만한 다른 사람의 물건을 받다.'라는 뜻으로 사용되었다.

03 문맥상 의미가 ㉠과 가장 가까운 것은?

> 을이 그림 A를 넘겨주지 않은 까닭은 갑으로부터 매매 대금을 받은 뒤에 을의 과실로 불이 나 그림 A가 타 없어졌기 때문이다. 결국 채무는 이행불능이 되었다. 소송을 하더라도 불능의 내용을 이행하라는 판결은 ㉠ 나올 수 없다.

① 오랜 연구 끝에 만족할 만한 실험 결과가 나왔다.
② 우리 마을은 라디오가 잘 안 나오는 산간 지역이다.
③ 이 책에 나오는 옛날이야기 한 편을 함께 읽어 보자.
④ 그동안 우리 지역에서는 걸출한 인물들이 많이 나왔다.

정답풀이 ㉠의 문맥적 의미는 '처리나 결과로 이루어지거나 생기다.'이다. 이와 의미가 가장 가까운 것은 '오랜 연구 끝에 만족할 만한 실험 결과가 나왔다.'의 '나왔다'이다.

오답풀이 ② '우리 마을은 라디오가 잘 안 나오는 산간 지역이다.'라는 문장에서 '나오는'의 뜻은 '방송을 듣거나 볼 수 있다.'이다.
③ '이 책에 나오는 옛날이야기 한 편을 함께 읽어 보자.'라는 문장에서 '나오는'의 뜻은 '책, 신문 따위에 글, 그림 따위가 실리다.'이다.
④ '그동안 우리 지역에서는 걸출한 인물들이 많이 나왔다.'라는 문장에서 '나왔다'의 뜻은 '상품이나 인물 따위가 산출되다.'이다.

04 ㉠의 문맥적 의미와 가장 유사한 것은?

> 고대 그리스인들은 몸짓, 언어, 그리고 멜로디와 리듬으로 감정과 충동을 표현하는 활동에 심취하여 사제를 통해 신과 교감하는 상태인 엔투시아스모스에 이를 수 있다고 믿었다. 그리고 이러한 활동에서 춤, 시, 음악이 ㉠ 나왔다고 생각하였다.

① 이 상품은 시장에 나온 후에 바로 큰 인기를 끌었다.
② 상대가 비열하게 나오면 우리도 더 이상 참을 수 없다.
③ 우리 학교 신문에 내 친구의 사진이 큼지막하게 나왔다.
④ 경기에서 상대에게 진 것은 욕심에서 나온 그의 행동 때문이다.

정답풀이 ㉠의 '나오다'는 문맥상 '어떠한 근원에서 발생하다.'의 뜻으로, '욕심에서 나온 행동'의 '나오다'도 같은 뜻으로 사용되었다.

오답풀이 ① '새 상품이 시장에 나타나다.'를 뜻하므로 적절하지 않다.
② '어떠한 태도를 취하여 겉으로 드러내다.'를 뜻하므로 적절하지 않다.
③ '책, 신문 따위에 글, 그림 따위가 실리다.'를 뜻하므로 적절하지 않다.

05 문맥상 ㉠의 의미와 가장 가까운 의미로 쓰인 것은?

> 채권의 신용 등급은 신용 위험의 변동에 따라 조정될 수 있다. 다른 조건이 일정한 가운데 신용 위험이 커지면 채권 시장에서 해당 채권의 가격이 ㉠ 떨어진다.

① 오늘 아침에는 기온이 영하로 떨어졌다.
② 과자 한 봉지를 팔면 내게 100원이 떨어진다.
③ 더위를 먹었는지 입맛이 떨어지고 기운이 없다.
④ 신발이 떨어져서 걸을 때마다 빗물이 스며든다.

정답풀이 ㉠은 '값, 기온, 수준, 형세 따위가 낮아지거나 내려가다.'라는 의미이다. '오늘 아침에는 기온이 영하로 떨어졌다.'에서의 '떨어졌다'는 이러한 뜻으로 쓰인 사례이다.

오답풀이 ② '이익이 남다.'라는 뜻의 사례이다.
③ '입맛이 없어지다.'라는 뜻의 사례이다.
④ '옷이나 신발 따위가 해어져서 못 쓰게 되다.'라는 뜻의 사례이다.

06 ㉠의 문맥적 의미와 가장 가까운 것은?

> 한편 성리학은 개개인의 도덕성을 현실에서 실현하는 데에 차이가 생겨나는 이유를 기(氣)에서 ㉠ 찾는다.

① 그는 자기가 하는 일에서 삶의 의미를 찾는다.
② 감기로 병원을 찾는 환자가 부쩍 늘었다.
③ 나는 저금했던 돈을 은행에서 찾았다.
④ 어떤 손님은 항상 이 과자만 찾는다.

정답풀이 ①은 ㉠의 경우처럼, '모르는 것을 알아내고 밝혀내려고 애쓰다. 또는 그것을 알아내고 밝혀내다.'의 뜻으로 쓰였다.

오답풀이 ②는 '어떤 사람이나 기관 따위에 도움을 요청하다.'의 뜻으로 쓰였다.
③은 '맡겼던 것을 돌려받아 가지게 되다.'의 뜻으로 쓰였다.
④는 '어떤 것을 구하다.'의 뜻으로 쓰였다.

Answer

01 ① 02 ② 03 ① 04 ④ 05 ① 06 ①

07 문맥상 ㉠의 의미와 가장 가까운 것은?

> 청약과 승낙의 합치에 의해 성립하는 계약이 실시간 의사소통에 의해 이루어질 때는 청약자가 청약을 받은 이에게서 승낙의 의사가 담긴 말을 ㉠ 들은 시점에 계약이 성립한다.

① 굵은 빗방울이 지붕에 듣는다.
② 그 약은 다른 약보다 내게 잘 듣는다.
③ 나는 아내에게서 그 소식을 듣고 기뻤다.
④ 운전 중에 브레이크가 말을 듣지 않아 사고가 날 뻔했다.

정답풀이 ㉠은 '다른 사람에게서 일정한 내용을 가진 말을 전달받다.'의 뜻으로 사용되었으며, ③의 '듣고'도 이와 같은 뜻으로 사용되었다.

오답풀이 ① '눈물, 빗물 따위의 액체가 방울져 떨어지다.'의 뜻으로 사용되었다.
② '주로 약 따위가 효험을 나타내다.'의 뜻으로 사용되었다.
④ '기계, 장치 따위가 정상적으로 움직이다.'의 뜻으로 사용되었다.

08 문맥상 ⓐ~ⓓ와 가장 가까운 의미로 쓰인 것은?

> (가) 이런 경우에도 사진이 사실성을 갖고 있다고 볼 수 있을지에 대해 여러 사진 미학 이론에서 다양한 논의를 ⓐ 펼쳤다.
> (나) 렌즈 면이 굽을수록 더 많이 굴절되므로 광축에 평행으로 입사한 빛들은 광축의 한 점에 ⓑ 모인다.
> (다) 조리개는 렌즈 바로 뒤에 있는 구멍으로, 그 면적을 늘리거나 ⓒ 줄일 수 있도록 만들어져 있다.
> (라) 조리개와 셔터에는 다른 기능도 있다. 조리개는 사진의 심도에 영향을 ⓓ 미친다.

① ⓐ: 독수리가 창공에서 날개를 펼쳤다.
② ⓑ: 올해는 동아리 신입 회원이 세 명밖에 모이지 않았다.
③ ⓒ: 사무실 평수를 줄여 휴게실을 만들었다.
④ ⓓ: 선수가 결승점에 못 미쳐서 넘어지고 말았다.

정답풀이 ⓒ의 '줄이다'는 '물체의 길이나 넓이, 부피 따위를 본디보다 작아지게 하다.'라는 뜻으로 쓰였다. ③의 '줄이다' 역시 이러한 문맥적 의미로 쓰였다.

오답풀이 ① 선지의 '펼치다'는 '접히거나 개킨 것 따위를 넓찍하게 펴다.'의 뜻으로 쓰였는데, ⓐ는 '생각 따위를 전개하거나 발전시키다.'의 뜻으로 쓰였다.
② 선지의 '모이다'는 '여러 사람이 한곳에 오거나 한 단체에 들다.'의 뜻으로 쓰였는데, ⓑ는 '한데 합쳐지다.'의 뜻으로 쓰였다.
④ 선지의 '미치다'는 '공간적 거리나 수준 따위가 일정한 선에 닿다.'의 뜻으로 쓰였는데, ⓓ는 '영향이나 작용 따위를 대상에 가하다.'의 뜻으로 쓰였다.

09 문맥상 ⓐ~ⓓ의 단어와 가장 가까운 의미로 쓰인 것은?

> (가) 정부의 관직을 ⓐ 두고 정기적으로 시행되는 공개 시험인 과거제가 도입되었다.
> (나) 황종희는 지방의 관료가 자체적으로 관리를 초빙해서 시험한 후에 추천하는 '벽소'와 같은 옛 제도를 ⓑ 되살리는 방법으로 과거제를 보완 하자고 주장했다.
> (다) 과거제를 시행했던 국가들에서는 수백 년에 ⓒ 걸쳐 과거제를 개선하라는 압력이 있었다.
> (라) 많은 인재들이 수험 생활에 장기간 ⓓ 매달리면서 재능을 낭비하는 현상도 낳았다.

① ⓐ: 그가 열쇠를 방 안에 두고 문을 잠가 버렸다.
② ⓑ: 우리는 그 당시의 행복했던 기억을 되살렸다.
③ ⓒ: 협곡 사이에 구름다리가 멋지게 걸쳐 있었다.
④ ⓓ: 사소한 일에만 매달리면 중요한 것을 놓친다.

정답풀이 ⓓ의 '매달리다'는 '어떤 일에 관계하여 거기에만 몸과 마음이 쏠려 있다.'를 뜻한다. '사소한 일에만 매달리면'의 '매달리다' 역시 동일한 뜻이다.

오답풀이 ① ⓐ의 '두다'는 '행위의 준거점, 목표, 근거 따위를 설정하다.'를 뜻한다. '열쇠를 방 안에 두고'의 '두다'는 '일정한 곳에 놓다.'를 뜻한다.
② ⓑ의 '되살리다'는 '죽거나 없어졌던 것이 다시 살다.'를 뜻하며 '되살다'의 사동형이다. '기억을 되살렸다'의 '되살리다'는 '잊었던 감정이나 기억, 기분 따위가 다시 일다.'를 뜻하며 '되살다'의 사동형이다.
③ ⓒ의 '걸치다'는 '일정한 횟수나 시간, 공간을 거쳐 이어지다.'를 뜻한다. '구름다리가 멋지게 걸쳐'의 '걸치다'는 '가로질러 걸리다.'를 뜻한다.

Answer

07 ③ 08 ③ 09 ④

어휘 실전 모의: 2회
유사한 표현으로 바꾸기(고유어 → 한자어)

▶ 레벨별 어휘 실전 모의 해설 영상은 주독야독 시즌 1(2024 7월)에서 꼭 수강해 주시기 바랍니다.

01 **문맥상 ㉠~㉣과 가장 가까운 의미로 쓰인 것은?**

> (가) 일반적으로 액체나 기체처럼 물질을 구성하고 있는 입자가 쉽게 움직이거나 입자 간의 상대적인 위치를 쉽게 변화시킬 수 있는 물질을 유체라고 ㉠ 부른다.
> (나) 유체에 작용하는 힘과 유체의 운동 원리를 ㉡ 다루는 유체역학에서는 응력과 점성이라는 개념을 사용하여 유체의 특성을 설명한다.
> (다) 이후 유체를 ㉢ 이루는 입자들은 일정한 속도로 운동하기 시작하고 그에 따라 유체는 연속적으로 그 모습이 변형된다.
> (라) 변형이 없다가 항복응력이라고 지칭되는 일정한 전단응력을 초과하면 변형이 ㉣ 일어나는 빙햄 유체 등이 있다.

① ㉠: 그 가게에서는 값을 비싸게 불렀다.
② ㉡: 회의에서 물가 안정을 주제로 다루었다.
③ ㉢: 우리는 모두 작자의 소원을 이루었다.
④ ㉣: 경기가 시작되자 사람들이 자리에서 일어났다.

정답풀이 ㉡에서 '다루다'는 어떤 것을 소재나 대상으로 삼다의 뜻으로 사용되었으므로 적절하다.

오답풀이 ① ㉠에서 '부르다'는 '무엇이라고 가리켜 말하거나 이름을 붙이다.'의 뜻으로 사용되었고 여기에서는 '값이나 액수 따위를 얼마라고 말하다.'의 뜻으로 사용되었으므로 적절하지 않다.
③ ㉢에서 '이루다'는 '몇 가지 부분이나 요소들을 모아 일정한 성질이나 모양을 가진 존재가 되게 하다.'의 뜻으로 사용되었고 여기에서는 '뜻한 대로 되게 하다'의 뜻으로 사용되었으므로 적절하지 않다.
④ ㉣에서 '일어나다'는 '자연이나 인간 따위에게 어떤 현상이 발생하다.'의 뜻으로 사용되었고, 여기에서는 '누웠다가 앉거나 앉았다가 서다.'의 뜻으로 사용되었으므로 적절하지 않다.

02 **문맥상 ⓐ~ⓓ와 바꾸어 쓸 수 있는 말로 적절하지 않은 것은?**

> (가) 고전 역학에 ⓐ 따르면, 물체의 크기에 관계없이 초기 운동 상태를 정확히 알 수 있다.
> (나) 팽이의 회전 방향은 관찰하기 이전에 이미 정해져 있으며, 다만 관찰을 통해 ⓑ 알게 되는 것뿐이다.
> (다) 미시 세계에 대한 이러한 연구 성과는 거시 세계에 대해 우리가 자연스럽게 ⓒ 지니게 된 상식적인 생각들에 근본적인 의문을 ⓓ 던진다.

① ⓐ: 의거(依據)하면
② ⓑ: 인지(認知)하게
③ ⓒ: 소지(所持)하게
④ ⓓ: 제기(提起)한다

정답풀이 ⓒ의 '지니게'는 '바탕으로 갖추고 있게'라는 뜻으로 쓰였다. 이것을 한자어로 바꿀 경우 '가지고 있거나 간직하고 있다'는 뜻의 '보유(保有: 保 지킬 보 有 있을 유)하다' 정도가 적절하다. '소지(所持: 所 바 소 持 가질 지)하다'는 '물건을 지니고 있다.'라는 뜻이므로 적절하지 않다. '상식적인 생각'들이 물건은 아니기 때문이다.

오답풀이 ① ⓐ는 '따르면'으로 사전적 의미는 '관례, 유행이나 명령, 의견 따위를 그대로 실행하면'에 해당하고, 문맥적 의미는 고전 역학에 '근거하면'이라는 뜻이므로 '어떤 사실이나 원리 따위에 근거하다.'는 뜻의 '의거(依據: 依 의지할 의 據 근거 거)하다'로 바꾸어 쓰는 것은 적절하다.
② ⓑ는 '알게'로 사전적 의미는 '어떤 사실이나 존재, 상태에 대해 의식이나 감각으로 깨닫거나 느끼게'에 해당하고, 문맥적 의미는 몰랐던 사실을 알게 되는 것이므로 '어떤 사실을 인정하여 알다.'는 뜻의 '인지(認知: 認 알 인 知 알 지)하다.'는 적절하다.
④ ⓓ는 '던진다.'로 사전적 의미는 '어떤 문제 따위를 제기하다.'에 해당하고, 문맥적 의미도 같으므로 사전적 의미에 포함되어 있는 '의견이나 문제를 내어놓다.'는 뜻의 '제기(提起: 提 끌 제 起 일어날 기)하다'는 적절하다.

01 ② **02** ③

03 **문맥상 ㉠~㉣과 바꿔 쓰기에 적절하지 않은 것은?**

> (가) 하나는 장자가 타인의 정원에 넘어 들어갔다는 것도 모른 채, 기이한 새의 뒤를 ㉠ 홀린 듯 쫓는 이야기이다.
> (나) 이롭다거나 좋다고 생각하는 것만을 과장하거나 왜곡해서 ㉡ 받아들이고 그렇지 않은 것들은 배격하게 된다.
> (다) 편견과 아집의 상태에서 ㉢ 벗어나 세계와 자유롭게 소통하는 합일의 경지에 도달할 수 있음을 의미한다.
> (라) 자아와 타자는 서로의 존재를 온전히 전제할 때 자신들의 존재가 ㉣ 드러날 수 있다고 그는 말한다.

① ㉠: 미혹(迷惑)된
② ㉡: 수용(受容)하고
③ ㉢: 탈피(脫皮)하여
④ ㉣: 출현(出現)할

정답풀이 ‘출현(出現: 出 날 출 現 나타날 현)하다’는 ‘나타나거나 또는 나타나서 보이다.’라는 뜻의 단어로서 주로 시각적인 대상에 주로 사용된다. ㉣의 ‘드러나다’는 ‘가려 있거나 보이지 않던 것이 보이게 되다.’라는 뜻의 단어인데, 전후 문맥을 고려할 때 ‘드러나다’는 ‘속에 있거나 숨은 것이 밖으로 나타나다.’라는 뜻의 ‘발현하다’와 바꿔 쓰는 것이 바람직하다.

오답풀이 ① ‘미혹(迷惑: 迷 미혹할 미 惑 미혹할 혹)되다’는 ‘무엇에 홀려 정신이 차려지지 못하다.’라는 뜻의 단어이므로 ‘홀리다’와 바꿔 쓸 수 있다.
② ‘수용(受容: 受 받을 수 容 얼굴 용)하다’는 ‘어떠한 것을 받아들이다.’라는 뜻의 단어이므로 ‘받아들이다’와 바꿔 쓸 수 있다.
③ ‘탈피(脫皮: 脫 벗을 탈 皮 가죽 피)하다’는 ‘일정한 상태나 처지에서 완전히 벗어나다.’라는 뜻의 단어이므로 ‘벗어나다’와 바꿔 쓸 수 있다.

04 **문맥상 ㉠~㉣과 바꿔 쓰기에 적절하지 않은 것은?**

> (가) 세계의 신비’를 푸는 데 거의 기여하지 못한다고 ㉠ 여겼기 때문이다.
> (나) 어떤 원리에 의거하며 결코 이성에 못지않은 위상과 가치를 지닌다는 주장을 ㉡ 펼친다.
> (다) 실용적 유익성, 교훈적 내용 등 일체의 다른 맥락이 ㉢ 끼어들지 않아야 하는 것이다.
> (라) 규정적 판단의 객관적 보편성과 구별되는 ‘주관적 보편성’을 ㉣ 지니는 것으로 설명된다.

① ㉠: 간주했기
② ㉡: 피력한다
③ ㉢: 개입하지
④ ㉣: 소지하는

정답풀이 ‘지니다’는 ‘바탕으로 갖추고 있다.’라는 뜻을 지닌 단어이다. ‘소지하다’는 ‘가지고 있다.’라는 뜻을 지닌 단어로 물리적 대상에만 적용된다.

오답풀이 ① ‘여기다’는 ‘마음속으로 그러하다고 인정하거나 생각하다.’라는 뜻을 지닌 단어이다. ‘간주하다’는 ‘상태, 모양, 성질 따위가 그와 같다고 보거나 그렇다고 여기다.’라는 뜻을 지닌 단어이므로 ‘여기다’와 바꿔 쓸 수 있다.
② ‘펼치다’는 ‘생각, 꿈, 계획 따위를 실현하다.’라는 뜻을 지닌 단어이다. ‘피력하다’는 ‘생각하는 것을 털어놓고 말하다.’라는 뜻을 지닌 단어이므로 ‘펼치다’와 바꿔 쓸 수 있다.
③ ‘끼어들다’는 ‘자기 순서나 자리가 아닌 틈 사이를 비집고 들어서다.’라는 뜻을 지닌 단어이다. ‘개입하다’는 ‘자신과 직접적인 관계가 없는 일에 끼어들다.’라는 뜻을 지닌 단어이므로 ‘끼어들다’와 바꿔 쓸 수 있다.

05 문맥상 ㉠~㉣과 바꿔 쓰기에 가장 적절한 것은?

(가) 이는 기업 간의 결합 형태에 따라 수평적, 수직적, 다각적 인수합병으로 ㉠ 나눌 수 있다.
(나) 큰 규모에서 생산이 이루어지게 되므로 인수합병한 기업은 생산량을 ㉡ 늘릴 수 있게 된다.
(다) 그러나 수평적 인수합병 이후에 독과점으로 인한 폐해가 ㉢ 일어날 경우, 이는 규제의 대상이 되기도 한다.
(라) 이렇게 수직적 인수합병이 ㉣ 이루어지면 생산 단계의 효율성이 증가한다.

① ㉠: 구분할 ② ㉡: 실현할
③ ㉢: 촉구될 ④ ㉣: 포함되면

정답풀이 ㉠의 '나누다'는 '여러 가지가 섞인 것을 구분하여 분류하다.'라는 뜻이며, '구분하다'는 '일정한 기준에 따라 전체를 몇 개로 갈라 나누다'라는 뜻이므로 문맥상 '구분할'로 바꿔 쓰는 것이 적절하다.

오답풀이 ② '늘리다'는 '늘다'의 사동사로 '수나 분량 따위를 본디보다 많아지게 하거나 무게를 더 나가게 하다.'라는 뜻이므로 문맥상 '실현할'로 바꿔 쓰는 것은 적절하지 않다.
③ '일어나다'는 '어떤 일이 생기다.'라는 뜻이므로 문맥상 '촉구될'로 바꿔 쓰는 것은 적절하지 않다.
④ '이루어지다'는 '어떤 대상에 의하여 일정한 상태나 결과가 생기거나 만들어지다.'라는 뜻이므로 문맥상 '포함되면'으로 바꿔 쓰는 것은 적절하지 않다.

06 ㉠과 바꿔 쓰기에 가장 적절한 것은?

바디우는 탐색을 통해 사건에 충실한 것으로 분류된 요소들이 진리를 ㉠ 이룬다고 말한다. 즉 바디우에게 있어 진리란 거짓에 반대되는 사실을 가리키는 것이 아니라, 사건을 계기로 이루어진 탐색의 결과이자 사회 안에서 사건에 충실한 요소들의 집합체이다.

① 구성(構成)한다고 ② 탐구(探究)한다고
③ 포괄(包括)한다고 ④ 표방(標榜)한다고

정답풀이 ㉠은 '몇 가지 부분이나 요소들을 모아 일정한 성질이나 모양을 가진 존재가 되게 하다.'의 뜻이다. 그러므로 ㉠을 '몇 가지 부분이나 요소들을 모아서 일정한 전체를 짜 이루다.'라는 뜻을 가진 '구성(構成: 構 얽을 구 成 이룰 성)한다고'로 바꾸어 쓸 수 있다.

오답풀이 ② '탐구(探究: 探 찾을 탐 究 연구할 구)'는 '진리, 학문 따위를 파고들어 깊이 연구함.'을 뜻한다.
③ '포괄(包括: 包 쌀 포 括 묶을 괄)'은 '일정한 대상이나 현상 따위를 한데 묶어서 어떤 범위나 한계 안에 모두 들게 함.'을 뜻한다.
④ '표방(標榜: 標 표할 표 榜 방 붙일 방)'은 '「1」 어떤 명목을 붙여 주의나 주장 또는 처지를 앞에 내세움. 「2」 남의 착한 행실을 기록하여 여러 사람에게 보임.'을 뜻한다.

07 문맥상 ㉠과 바꿔 쓸 수 있는 것은?

기본 음렬을 구성할 때는 중요한 음이나 중심이 되는 화음 없이 12음 각각에 동등한 자격을 ㉠ 주어야 하며, 구성한 후에는 배열된 음들의 정해진 순서를 지켜야 한다.

① 부여(附與)해야
② 수여(授與)해야
③ 위임(委任)해야
④ 전가(轉嫁)해야

정답풀이 ㉠의 '주어야'의 문맥상 의미는 '사물에 자격이나 가치를 붙여 주어야'이다. 이는 '부여(附與: 附 붙을 부 與 더불 여)하다'의 의미인 '사람에게 권리, 명예, 임무 따위를 지니도록 해 주거나 사물이나 일에 가치, 의의 따위를 붙여 줌'과 뜻이 통한다. 그러므로 '주어야'는 '부여해야'로 바꾸어 쓸 수 있다.

오답풀이 ② 수여(授與: 授 줄 수 與 더불 여): 증서, 상장, 상품 등을 줌.
③ 위임(委任: 委 맡길 위 任 맡길 임): 어떤 일을 책임지워 맡김.
④ 전가(轉嫁: 轉 구를 전 嫁 시집갈 가): 「1」 허물이나 책임 따위를 남에게 넘겨 씌움. 「2」 감정이 다른 대상에도 미치는 일.

03 ④ 04 ④ 05 ① 06 ① 07 ①

08 문맥상 ㉠~㉣과 바꿔 쓰기에 적절하지 않은 것은?

(가) 그중에서 가장 알맞은 것을 선택하여 사용하는 것은 의료인의 지혜요, 능력이며 그러한 혜택을 제한 없이 ㉠ 누리는 것이 인류의 행복이라고 할 수 있다.
(나) 어떤 때는 무속의 의식을 이용하기도 하였고, 어떤 때는 종교적 설명을 ㉡ 이끌어들이기도 하였다.
(다) 이러한 세포의 변화를 종양, 결손, 염증, 퇴행성 변화로 ㉢ 나누어 이런 병명이 어디에 생기느냐에 따라 임상적 병명을 붙이게 된다.
(라) 이 상태가 지속되면 언젠가는 화재가 ㉣ 일어나게 될 것이다. 그런데 녹이 슨다든가 가스가 샌다든가 하는 일이 발생하지 않도록 관리하는 방법과 화재가 일어났을 때 이를 진화하는 방법은 다르다.

① ㉠: 공유(共有)하는
② ㉡: 도입(導入)하기도
③ ㉢: 분류(分類)하여
④ ㉣: 발생(發生)하게

정답풀이 '공유(共有: 共 한가지 공 有 있을 유)하다'는 '두 사람 이상이 한 물건을 공동으로 소유하거나 이용하다.'의 뜻으로 '생활 속에서 마음껏 즐기거나 맛보다.'의 뜻인 '누리다'와 바꿔 쓸 수 있는 것은 '향유(享有: 享 누릴 향 有 있을 유)'이다.

오답풀이 ② '도입(導入 : 導 인도할 도 入 들 입)하다'는 '기술, 방법, 물자 따위를 끌어 들이다.'의 뜻으로 '이끌어들이다'와 바꿔 쓰기에 적절하다.
③ '분류(分類 : 分 나눌 분 類 무리 류(유))하다'는 '종류에 따라서 가르다.'의 뜻으로 '나누다'와 바꿔 쓰기에 적절하다.
④ '발생(發生 : 發 필 발 生 날 생)하다'는 '어떤 일이나 사물이 생겨나다.'의 뜻으로 '일어나다'와 바꿔 쓰기에 적절하다.

09 문맥상 ㉠~㉣과 바꿔 쓰기에 가장 적절한 것은?

(가) "제가 처음으로 승소하면 그때 수강료를 내겠습니다." P는 이를 ㉠ 받아들였다.
(나) 이처럼 일정한 효과의 발생이나 소멸에 제한을 ㉡ 덧붙이는 것을 '부관'이라 한다.
(다) 확정 판결 이후에 법률상의 새로운 사정이 ㉢ 생겼을 때는, 그것을 근거로 하여 다시 소송하는 것이 허용된다.
(라) 이 분쟁은 두 차례의 판결을 ㉣ 거쳐 해결될 수 있는 것이다.

① ㉠: 수취하였다
② ㉡: 부가하는
③ ㉢: 형성되었을
④ ㉣: 경유하여

정답풀이 '부가하다'는 '주된 것에 덧붙이다.'는 뜻으로 ㉡과 바꾸어 쓸 수 있다.

오답풀이 ① '수취하다'는 '거두어 모으다.', '받아서 가지다'는 뜻으로 적절하지 않다. ㉠은 '어떠한 것을 받아들이다.'는 뜻의 '수용하다'와 바꾸어 쓸 수 있다.
③ '형성되다'는 '어떤 형상이 이루어지다.'는 뜻으로 적절하지 않다. ㉢은 '어떤 일이나 사물이 생겨나게 되다.'는 뜻의 '발생되다'와 바꾸어 쓸 수 있다.
④ '경유하다'는 '어떤 곳을 거쳐 지나다.'는 뜻으로 적절하지 않다. ㉣은 '어떤 단계나 시기, 장소를 거치다.'는 뜻의 '경과하다'와 바꾸어 쓸 수 있다.

10 **㉠~㉣을 바꿔 쓸 수 있는 말로 적절하지 않은 것은?**

> (가) 20세기에 들어 음악 미학에 급격한 변화가 나타나면서 목적론적 시간성에서 ㉠ <u>벗어난</u> 음악들이 나타났다.
> (나) 이는 시간이 선적인 진행에서 벗어나 과거, 현재, 미래의 순서가 ㉡ <u>달라질</u> 수 있다.
> (다) 그는 이 기법을 음악에 나타나는 여러 가지 시간의 층이 ㉢ <u>겹친</u> 것으로 설명하였다.
> (라) 음악가들의 악곡 일부를 그대로 자신의 작품에 가져다 쓰는 콜라주 기법을 ㉣ <u>써서</u> 서로 다른 시간의 층을 동시에 보여 주었다.

① ㉠: 탈피한
② ㉡: 변모할
③ ㉢: 중첩된
④ ㉣: 활용하여

정답풀이 '변모'는 '모양이나 모습이 달라지거나 바뀜. 또는 그 모양이나 모습.'이라는 뜻이다. 그러므로 '순서가 달라질 수 있다'의 '달라지다'의 ㉡과 바꿔 쓰는 것은 적절하지 않다.

11 **문맥상 ㉠~㉣과 바꿔 쓰기에 적절하지 않은 것은?**

> (가) 영화에 제시되는 시각적 정보는 이미지 트랙에, 청각적 정보는 사운드 트랙에 ㉠ <u>실려</u> 있다.
> (나) 이로써 인물이 처한 상황에 ㉡ <u>빠져들게</u> 되어 인물의 심리를 더 깊이 이해하게 된다.
> (다) 장면과 장면의 소리가 ㉢ <u>겹쳐지게</u> 할 수도 있다.
> (라) 음향이 빠진 화면만으로는 관객이 그 화면에 담긴 내적 의미를 ㉣ <u>알기</u> 어렵다.

① ㉠: 수록(收錄)되어
② ㉡: 몰입(沒入)하게
③ ㉢: 첨가(添加)되게
④ ㉣: 파악(把握)하기

정답풀이 '첨가(添加: 添 더할 첨 加 더할 가)'는 덧붙인다는 뜻이므로 ㉢의 '겹쳐지게'의 뜻과 맞지 않다. ㉢은 문맥상 '중첩(重疊: 重 무거울 중 疊 거듭 첩)되게', '연결(連結: 連 잇닿을 련(연) 結 맺을 결)되게' 정도로 바꿔 쓸 수 있다.

오답풀이 ① '수록(收錄: 收 거둘 수 錄 기록할 록(녹))하다'는 '책이나 잡지에 싣다.'라는 뜻이므로 ㉠은 '실려'와 바꿔 쓸 수 있다.
② '몰입(沒入: 沒 빠질 몰 入 들 입)하다'는 '깊이 파고들거나 빠지다.'라는 뜻이므로 ㉡은 '빠져들게'와 바꿔 쓸 수 있다.
④ 파악(把握: 把 잡을 파 握 쥘 악)하다는 '어떤 대상의 내용이나 본질을 확실하게 이해하여 알다.'라는 뜻이므로 ㉣은 '알기'와 바꿔 쓸 수 있다.

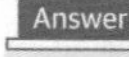

08 ① **09** ② **10** ② **11** ③

PART 07

어휘 실전 모의: 3회
유사한 표현으로 바꾸기(한자어 → 고유어)

▶ 레벨별 어휘 실전 모의 해설 영상은 주독야독 시즌 1(2024 7월)에서 꼭 수강해 주시기 바랍니다.

01 문맥상 ㉠과 바꾸어 쓸 수 있는 말로 가장 적절한 것은?

> 이차 프레임 내부의 대상과 외부의 대상 사이에는 정서적 거리감이 ㉠ 조성(造成)되기도 한다.

① 결성(結成)되기도
② 변성(變成)되기도
③ 숙성(熟成)되기도
④ 형성(形成)되기도

정답풀이 앞뒤의 문맥으로 볼 때, ㉠의 '조성(造成: 造 지을 조 成 이룰 성)되다'는 '분위기나 정세 따위가 만들어지다.'라는 뜻으로 쓰인 말이다. 따라서 '어떤 형상이 이루어지다.'라는 뜻을 지닌 '형성(形成: 形 모양 형 成 이룰 성)되다'와 바꾸어 쓸 수 있다.

오답풀이 ① '결성(結成: 結 맺을 결 成 이룰 성)되다'는 '조직이나 단체 따위가 짜여 만들어지다.'라는 뜻이다.
② '변성(變成: 變 변할 변 成 이룰 성)되다'는 '변하여 다르게 되다.'라는 뜻이다.
③ '숙성(熟成: 熟 익을 숙 成 이룰 성)되다'는 '충분히 이루어지다.'라는 뜻이다.

02 문맥상 ㉠~㉣과 바꿔 쓰기에 적절하지 않은 것은?

> (가) 열국들이 중국 천하를 ㉠ 할거하면서 끝없는 전쟁으로 패권을 다투던 혼란과 분열의 시기였다.
> (나) 담론을 ㉡ 주도했던 양주는 인간은 기본적으로 자신만을 위한다는 위아주의를 주장했다.
> (다) 개인을 희생하지 말고 자신들의 삶의 절대적 가치를 ㉢ 자각해야만 한다고 역설했다.
> (라) 전체 소비자에게 불리한 결과가 되므로, 국가는 경쟁 정책을 ㉣ 유지할 수밖에 없는 것이다.

① ㉠: 나누어 차지하면서
② ㉡: 이끌었던
③ ㉢: 스스로 깨달아야만
④ ㉣: 세울

정답풀이 ㉣의 '유지하다'는 '어떤 상태나 상황을 그대로 보존하거나 변함없이 계속하여 지탱하다.'의 뜻으로 '질서나 체계, 규율 따위가 올바르게 있게 되거나 짜이다.'의 뜻으로 사용되는 '세우다'와 바꾸어 쓸 수 없다.

오답풀이 ① '할거(割據: 割 벨 할 據 근거 거)하다'는 '땅을 나누어 차지하고 막아 지킴.'의 뜻으로 '나누어 차지하다'로 바꿔 쓰기에 적절하다.
② '주도(主導: 主 임금 주 導 인도할 도)하다'는 '앞장서서 조직이나 무리를 이끎.'의 뜻으로 '이끌다'로 바꿔 쓰기에 적절하다.
③ '자각(自覺: 自 스스로 자 覺 깨달을 각)하다'는 '현실을 판단하여 자기의 입장이나 능력 따위를 스스로 깨달음.'의 뜻으로 '스스로 깨닫다'로 바꿔 쓰기에 적절하다.

03 문맥상 ㉠~㉣과 바꿔 쓰기에 적절하지 않은 것은?

> (가) 경쟁 정책이 소비자 권익에 ㉠ 기여하는 모습은 생산적 효율과 배분적 효율의 두 측면에서 살펴볼 수 있다.
> (나) 소비자의 선택을 받고자 품질을 향상시키거나 가격을 ㉡ 인하하는 데 활용될 것이다.
> (다) 경쟁 때문에 시장에서 ㉢ 퇴출된 기업의 제품은 사후 관리가 되지 않아 일부 소비자가 피해를 보는 일이 있다.
> (라) 그렇게 만들어진 법은 상하귀천을 ㉣ 막론하고 공정하게 집행되어야 한다고 보았다.

① ㉠: 이바지하는
② ㉡: 내리는
③ ㉢: 밀려난
④ ㉣: 꼼꼼히 따지고

정답풀이 ㉣ '막론(莫論: 莫 없을 막 論 논할 론(논))하고'는 '대상을 특성에 따라 가리거나 구별하여 논하지 않고'의 뜻으로 '가리지 않고' 정도로 바꾸어 쓰는 것이 적절하다.

오답풀이 ① '기여하다'는 '도움이 되도록 이바지하다.'의 뜻으로 '이바지하다'로 바꿔 쓰기에 적절하다.
② '인하하다'는 '가격 따위를 낮추다.'의 뜻으로 '내리다'로 바꿔 쓰기에 적절하다.
③ '퇴출하다'는 '내어 놓고 나가게 하다.'의 뜻으로 '밀려나다'로 바꿔 쓰기에 적절하다.

04 ㉠과 ㉡을 공동으로 대치할 수 있는 말로 가장 적절한 것은?

> (가) 고대 그리스 음악 이론에 ㉠ 내재한 수학적인 사고에서 쉽게 찾아볼 수 있다.
> (나) 두 전통에 ㉡ 배어 있는 대립적 성향은 비단 이론뿐 아니라, 창작·연주·감상에 이르는 다양한 음악 활동을 평가하는 잣대로 자리매김하여 오늘에 이르고 있다.

① 얽혀 있는
② 들어 있는
③ 쏠려 있는
④ 안겨 있는

정답풀이 ㉠의 '내재한'의 '내재(內在 : 內 안 내 在 있을 재)하다'는 '어떤 사물이나 범위의 안에 들어 있다'는 뜻이며, ㉡의 '배어 있는'의 '배다'는 '느낌, 생각 따위가 깊이 느껴지거나 오래 남아 있다'는 뜻으로 공통적으로 적용할 수 있는 어휘는 '들어 있다'가 적절하다.

05 밑줄 친 ㉠의 뜻은?

> 오늘날 우리나라의 난신적자와 부화뇌동하여 기어이 우리 종묘사직을 ㉠ 전복(顚覆)하고, 우리의 산과 바다를 제 자원으로 만들며, 우리의 민생을 종으로 만들려 하는 도다.

① 구렁에 빠뜨리고
② 뒤집어 엎고
③ 흔들어 놓고
④ 더럽히고

정답풀이 '전복(顚覆 : 顚 엎드러질 전 覆 다시 복)'의 사전적 뜻은 '뒤집어 엎음 또는 뒤집혀 엎어짐.'이다.

06 문맥상 ㉠~㉣과 바꿔 쓰기에 적절하지 않은 것은?

> (가) 구조적 안정성을 얻을 수 있기 때문에 예로부터 동서양에서 널리 ㉠ 활용되었다.
> (나) 특별한 접착 물질로 돌과 돌을 이어 붙이지 않았음에도 ㉡ 견고하게 서 있다.
> (다) 한편 승선교의 홍예 천장에는 용머리 모양의 장식 돌이 물길을 향해 ㉢ 돌출되어 있다.
> (라) 이런 장식은 용이 다리를 건너는 사람들이 물로부터 화를 입는 것을 ㉣ 방지한다고 여겨 만든 것이다.

① ㉠ : 쓰였다
② ㉡ : 튼튼하게
③ ㉢ : 튀어나와
④ ㉣ : 그친다고

정답풀이 ㉣의 '방지한다고'는 '어떤 일이나 현상이 일어나지 못하게 막는다고'라는 뜻을 지니고 있는데, 문맥의 흐름으로 보아 '막아준다고'로 바꿔쓰는 것이 적절하다.

오답풀이 ① '활용되다'는 '도구나 물건 따위가 충분히 잘 이용되다.'의 뜻으로 '쓰다'로 바꿔 쓰기에 적절하다.
② '견고하다'는 '굳고 튼튼하다.'의 뜻으로 '튼튼하다'로 바꿔 쓰기에 적절하다.
③ '돌출되다'는 '잘 보이게 앞으로 튀어나와 있다.'의 뜻으로 '튀어나오다'로 바꿔 쓰기에 적절하다.

Answer

01 ④ 02 ④ 03 ④ 04 ② 05 ② 06 ④

07 문맥상 ㉠과 바꿔 쓰기에 가장 적절한 것은?

> 롤스는 공정으로서의 정의, 노직은 소유 권리로서의 정의, 왈처는 복합 평등으로서의 정의를 ㉠ 주창했다.

① 가늠했다
② 분석했다
③ 내세웠다
④ 제공했다

정답풀이 ㉠은 '주의나 사상을 앞장서서 주장하다.'라는 뜻이므로 '주장이나 의견 따위를 내놓고 주장하거나 지지하다.'라는 뜻의 '내세웠다'가 적절하다.

오답풀이 ① '가늠하다'는 '목표나 기준에 맞고 안 맞음을 헤아려 보다.'의 뜻이다.
② '분석하다'는 '복잡한 현상이나 대상 또는 개념을, 그것을 구성하는 단순한 요소로 분해하다.'의 뜻이다.
④ '제공하다'는 '무엇을 내주거나 갖다 바치다.'의 뜻이다.

08 문맥상 ㉠~㉣과 바꿔 쓰기에 적절하지 않은 것은?

> (가) 추가되는 명제가 이미 참이라고 ㉠ 인정한 명제와 모순이 없으면 정합적이고, 모순이 있으면 정합적이지 않다.
> (나) 전혀 관계가 없는 명제들도 모순이 ㉡ 발생하지 않는다는 이유 하나만으로 모두 정합적이고 참이 될 수 있다는 문제가 생긴다.
> (다) 이 문제를 ㉢ 해결하기 위해서 '정합적이다'를 함축으로 정의하기도 한다.
> (라) '정합적이다'를 함축으로 정의할 경우에는 참이 될 수 있는 명제가 ㉣ 과도하게 제한된다.

① ㉠: 받아들인
② ㉡: 일어나지
③ ㉢: 밝혀내기
④ ㉣: 지나치게

정답풀이 '밝혀내다'는 어떤 일의 원인이나 진상, 옳고 그름 등을 판단하여 드러냄을 뜻하는 말이다. ㉢의 '해결하다'는 제기된 문제를 잘 처리하는 것을 의미하므로 '밝혀내다'를 ㉢ 대신에 바꾸어 쓰기에는 적절하지 않다.

09 문맥상 ⓐ~ⓓ와 바꿔 쓰기에 적절하지 않은 것은?

> (가) 17세기 초부터 ⓐ 유입되기 시작한 서학 서적에 담긴 서양의 과학 지식은 사상의 변화를 이끌었다.
> (나) 아담 샬이 쓴 『주제군징(主制群徵)』의 일부를 채록하면서 자신의 생각을 ⓑ 제시하였다.
> (다) 대신 기독교를 효과적으로 ⓒ 전파하기 위해 신의 존재를 증명하려 했던 로마 시대의 생리설, 중세의 해부 지식 등이 실려 있었다.
> (라) 비록 양자 사이의 결합이 완전하지는 않았지만, 서양 의학을 ⓓ 맹신하지 않고 주체적으로 수용하여 정합적인 체계를 이루고자 하였다.

① ⓐ: 들어오기
② ⓑ: 드러내었다
③ ⓒ: 퍼뜨리기
④ ⓓ: 가리지

정답풀이 '맹신하다'는 '옳고 그름을 가리지 않고 덮어놓고 믿다.'를 뜻한다. '가리다'는 '여럿 가운데서 하나를 구별하여 고르다.'를 뜻하므로 문맥상 바꿔 쓰기에 적절하지 않다.

오답풀이 ① '유입되다'는 '문화, 지식, 사상 따위가 들어오게 되다.'를 뜻하므로 '들어오기'로 바꿔 쓸 수 있다.
② '제시하다'는 '어떠한 의사를 말이나 글로 나타내어 보이게 하다.'를 뜻하므로 '드러내었다'로 바꿔 쓸 수 있다.
③ '전파하다'는 '전하여 널리 퍼뜨리다.'를 뜻하므로 '퍼뜨리기'로 바꿔 쓸 수 있다.

Answer
07 ③ 08 ③ 09 ④

박혜선

주요 약력

고려대학교 국어국문학과 최우수 수석 졸업
고려대학교 국어국문학과 심화 전공
고려대학교 국어국문학과 중등학교 정교사 2 급 자격증
前) 대치, 반포 산에듀 온라인 오프라인 최연소 대표 강사
現) 박문각 공무원 국어 1 타 강사

주요 저서

2025 박혜선 국어 기본서 출좋포 독해 · 문학(박문각)
2025 박혜선 국어 기본서 출좋포 문법 · 어휘(박문각)
2025 박혜선 국어 독해 신유형 공부(박문각)
박혜선 국어 기본서 출좋포 어휘 · 한자(박문각)
박혜선 국어 최단기간 어문 규정(박문각)
박혜선 국어 최단기간 고전 운문(박문각)
박혜선 국어 개념도 새기는 기출 문법(박문각)
박혜선 국어 개념도 새기는 기출 문학&독해(박문각)
박혜선 국어 족집게 적중노트 88(박문각)
박혜선 국어 콤단문 문법(콤팩트한 단원별 문제풀이)(박문각)
박혜선 국어 콤단문 독해(콤팩트한 단원별 문제풀이)(박문각)
박혜선 국어 문법 출.좋.포 80(박문각)
2024 박문각 공무원 실전동형 국가직 모의고사(박문각)
2024 박문각 공무원 실전동형 지방직 모의고사(박문각)

박혜선 국어 ✧✦ **출좋포 문법·어휘**

초판 발행 2024. 7. 30. | **2쇄 발행** 2024. 10. 15. | **편저자** 박혜선
발행인 박 용 | **발행처** (주)박문각출판 | **등록** 2015년 4월 29일 제2019-000137호
주소 06654 서울시 서초구 효령로 283 서경 B/D 4층 | **팩스** (02)584-2927
전화 교재 문의 (02)6466-7202

저자와의 협의하에 인지생략

정가 17,000원
ISBN 979-11-7262-119-3